Neue

Kleine Bibliothek 122

Wolfgang Pomrehn

Heiße Zeiten

Wie der Klimawandel gestoppt werden kann

PapyRossa Verlag

Für Tjorven und Benet

Luxemburger Str. 202, D-50937 Köln

Tel.:	++49 (0) 221 - 44 85 45
Fax:	++49 (0) 221 - 44 43 05
E-Mail:	mail@papyrossa.de
Internet:	www.papyrossa.de

Titelmontage:	Carla Meurer Magalhães
Umschlag:	Willi Hölzel, Lux siebenzwo
Lektorat & Layout:	Satz für Satz Alex Feuerherdt, Bonn
Druck:	Interpress

Die Deutsche Bibliothek verzeichnet diese Publikation in der Deutschen Nationalbibliografie; detaillierte bibliografische Daten sind im Internet über http://dnb.ddb.de abrufbar

ISBN 978-3-89438-371-8

Inhalt

Vorwort

Irgendwann 1984 oder 85 habe ich in einer Fernsehsendung, vermutlich auf N3, zum ersten Mal gehört, dass der Mensch oder besser die moderne Industriegesellschaft eventuell dabei sei, das Klima auf unserem Planeten in gefährlicher Weise zu verändern. Nun bin ich ein skeptischer Mensch, der gegen Verschwörungstheorien aller Art weitgehend immun ist, und nach einer solchen sah das Ganze damals zunächst für mich aus. Zu unwahrscheinlich erschien mir, dass das, was ich – mit einigen Abstrichen wie den Atommeilern, gegen die wir damals auf die Straße gingen – für einen Segen und Ausdruck zivilisatorischen Fortschritts hielt, eine Katastrophe biblischen Ausmaßes heraufbeschwören könnte.

Vielleicht wäre ich noch lange Jahre in dieser Skepsis verharrt, wenn ich nicht bereits das Studium der Meteorologie aufgenommen hätte. Allerdings haben sich seinerzeit unsere Lehrer in Kiel nicht gerade bemüht, uns mit der in der internationalen Fachwelt beginnenden Klimadiskussion vertraut zu machen. Erstens nicht, weil ihnen die Lehre ohnehin eher ein Gräuel war, und zweitens, weil sie selbst wie seinerzeit noch viele namhafte deutsche Meteorologen und Klimawissenschaftler eine konservative Reserviertheit gegenüber dem neuen Thema pflegten. Letzteres sollte sich erst einige Jahre später, ab Ende der 1980er, ändern.

Jedenfalls hat uns Studenten der professorale Konservatismus nicht davon abhalten können, die Fachdiskussion zu verfolgen. Mir hat sie damals neben der Einsicht in die Ernsthaftigkeit der Bedrohung auch eine bis heute fortwährende Faszination für die Komplexität unserer Lebenssphäre gegeben, für die unglaubliche Vielfalt der Wechselwirkungen zwischen Land, Luft, Wasser, Flora und Fauna, die die Erde erst zu einem bewohnbaren Planeten gemacht haben, auf dem sich intelligente Lebewesen entwickeln konnten.

Schon gegen Ende des Studiums – ich war zwischenzeitlich zur Geophysik gewechselt – entstand der Wunsch in mir, mein Wissen über die drohenden Gefahren und die notwendige Umkehr in der Energie- und Verkehrspolitik aufzuschreiben, um in die öffentliche Debatte einzugreifen. Denn klar war damals schon genauso wie heute: Die wirtschaftlichen Interessen am zerstörerischen Status quo sind übermächtig und können nur durch massiven gesellschaftlichen Druck überwunden werden. Alles simulierte regierungsamtliche Engagement, sei es seinerzeit von Helmut Kohl oder heute von Angela Merkel (Autokanzler Schröder bemühte sich nicht einmal um den Anschein, dass ihn das Thema interessieren würde) hatte kaum mehr zu bedeuten, als das Wahlvolk zu beruhigen. Es soll allerdings nicht verschwiegen werden, dass in Sachen erneuerbarer Energien zumindest ein wichtiger Anfang gemacht wurde.

Aus meinem Wunsch ist allerdings lange Jahre nichts geworden, so dass er fast in Vergessenheit geriet. Mal fehlte es an Zeit, mal an Ruhe und lange an Vertrauen und schreiberischer Erfahrung. Zuletzt war im journalistischen Alltag des Freiberuflers, der dem eines Tagelöhners ähnelt, gar nicht an ein solches Projekt zu denken. Daher bin ich PapyRossa und Jürgen Harrer besonders dankbar, dass sie mit dem Vorschlag zu einem Klimabuch an mich herangetreten sind, und auch meiner Frau sowie jenen Freundinnen und Freunden, die mich gedrängt haben, diese Chance nicht vorbeiziehen zu lassen.

Und so ist es denn vollbracht. Nach etlichem Schweiß liegt das Manuskript vor, und für einen kleinen Augenblick bedaure ich den Einzug des Computerzeitalters, das mir die sinnliche Erfahrung eines Stapels frisch beschriebenen Papiers verwehrt. Zu diesem Buch hat Gabi Köhler viel beigetragen, die meine Orthografie korrigierte und mich auf jene Stellen hinwies, an denen mit mir zum Schaden der Leserin und des Lesers der Insider durchgegangen war. Alexander (Ali) Beck – ein Freund aus Studienzeiten, der sich seinerzeit bei unserem ersten Zusammentreffen voller Elan heftig an meinem Skeptizismus rieb, ganz so, wie ich es bei anderer Gelegenheit bei anderen tat – hat sich die Kapitel angeschaut, in denen es um den naturwissenschaftlichen Hintergrund geht, und mir manchen wertvollen Rat gegeben. Und Winfried Wolf hat schließlich dafür gesorgt, dass ich auf die Ungereimtheiten in den Verkehrsstatistiken des Umweltbundesamtes aufmerksam wurde, nachdem ich selbst einige Jahre geglaubt hatte, zumindest in Sachen Straßenverkehr könne eine vorsichtige Entwarnung gegeben werden.

Wie dem auch sei, ich hoffe, das vorgelegte Buch kann ein bisschen zur Aufklärung der komplexen Fragen rund um den Klimawandel beitragen und in der einen oder anderen Leserin oder dem einen oder anderen Leser den Wunsch wecken, den Erkenntnisgewinn in politisches Handeln umzusetzen.

Berlin, Juni 2007

1. Einleitung

Der moderne Mensch wähnt sich für gewöhnlich vor den Launen der Natur ziemlich sicher. Kaum ein Städter interessiert sich noch für die Erntebedingungen der Landwirtschaft in seiner Region, kaum einer hat Angst vor dem nächsten harten Winter. Unsere Nahrungsmittel kommen aus aller Welt, im Winter wärmt uns die Zentralheizung, und Wasserknappheit aufgrund ausbleibender Niederschläge oder wegen Versalzung der Wasserspeicher nach einer Sturmflut sind für den durchschnittlichen Mitteleuropäer exotische Nachrichten aus einer anderen Welt. Moderne Technik und Infrastruktur hat uns, so scheint es, von der Natur emanzipiert.

Nur manchmal ruft sich die Natur auf schmerzliche Art in Erinnerung, wie während des Elbehochwassers 2002 oder wie im November 2005, als ein Schneesturm im Münsterland reihenweise die Hochspannungsmasten umlegte und mehrere zehntausend Menschen bei Temperaturen unter null Grad tagelang ohne Strom ausharren ließ. Den Nachdenklicheren unter uns dämmert bei solchen Gelegenheiten, dass es mit der Freiheit von der Natur vielleicht doch nicht so weit her ist; dass die Natur – um einen Ausspruch des US-Klimatologen Wallace S. Broeker etwas abgewandelt zu gebrauchen – kein zahmes Lamm, sondern ein wildes Biest ist.

Im Münsterland waren seinerzeit nur einige wenige Gemeinden betroffen, die ohne Weiteres aus der näheren Umgebung mit dem Nötigsten beliefert werden konnten. Aber wie hätte es wohl ausgesehen, wenn der Stromausfall großflächiger gewesen wäre, wenn nicht ein paar Tausend, sondern mehrere Millionen Menschen zu versorgen gewesen wären?

Ganz abwegig sind derlei Vorstellungen bei der zentralisierten Struktur unserer Stromversorgung nicht. Diese mag den Energiekonzernen zwar optimale Gewinne garantieren, doch den Bürgern bietet sie, wie wir gesehen haben, nur bedingt Versorgungssicherheit. Davon haben in den vergangenen Jahren wiederholt Netzzusammenbrüche in anderen westeuropäischen Ländern und in den USA Zeugnis abgelegt, ganz zu schweigen von dem Blackout, der am 4. November 2006 in weiten Teilen Westeuropas die Lichter ausgehen ließ. Techniker von E.on und RWE hatten – offensichtlich unter Zeitdruck arbeitend – die Konsequenzen nicht richtig kalkuliert, als sie eine Hochspannungsleitung über der Ems wegen einer Schiffsdurchfahrt abschalteten. In manchen Regionen dauerte es Stunden, bis das Netz wieder hochfahren konnte.

Doch Stromnetze sind eine Sache, die sich – wenn denn der technische Sachverstand walten kann und nicht von betriebswirtschaftlichen Überlegungen kastriert wird – noch relativ leicht in den Griff bekommen lässt – auch unter extremeren Umweltbedingungen. Die Stichwörter heißen Dezentralisierung, bessere Kontrolle und Koordination sowie mancherorts auch Erdkabel statt Hochspannungsmasten. Wesentlich schwieriger sind da schon die Bedingungen für unsere Versorgung mit Lebensmitteln zu beherrschen. Ackerbau setzt halbwegs stabile Klimabedingungen voraus, eben so, wie sie seit dem Ende der letzten Eiszeit vor rund 11.000 Jahren vorgeherrscht haben, gerade jener Zeit, in der sich unsere Zivilisation entwickelt hat.

Doch klimatische Stabilität ist weniger selbstverständlich, als man meinen mag. In den letzten 25 Jahren haben die Geowissenschaften nach und nach die Klimavergangenheit der letzten Jahrhunderttausende entschlüsselt. Heraus kam unter anderem, dass sich sowohl die Eiszeiten, als auch frühere Warmzeiten durch größere Variabilität auszeichneten, durch heftige Temperaturschwankungen, die das globale Klima jeweils innerhalb weniger Jahrzehnte drastisch änderten.

Unsere Vorfahren lebten zu jenen Zeiten in kleinen Gruppen von Jägern und Sammlern, die gegebenenfalls einfach weiterzogen, dem Jagdwild folgend. Doch sechs Milliarden Menschen können nicht einfach den sich verschiebenden Klimazonen hinterher wandern. Ackerbauern sind weniger flexibel und ihre Erträge reagieren empfindlich auf allerlei klimatischen Unbill. Dürren, Starkregen, später Frost, Überschwemmungen und Pflanzenschädlinge, die sich aufgrund zu milder Winter explosionsartig ausbreiten, können die Ernten dezimieren. Bis weit ins 19. Jahrhundert kam es in Europa immer wieder zur regionalen, manchmal landesweiten Hungersnöten, denen Hunderttausende Menschen zum Opfer fielen.

Heute erscheint derlei wie Nachrichten aus einer fernen Vergangenheit. Wir halten es längst für selbstverständlich, dass unsere Nahrung ohnehin von den Kanaren, aus Argentinien oder Neuseeland kommen kann, egal ob die Bauern am Rhein oder in Brandenburg eine gute oder schlechte Ernte hatten. Das hat Einiges mit den heutigen Transportmöglichkeiten zu tun, aber vor allem mit der Kaufkraft der Industriestaaten. Wenn in Europa, den USA oder in Australien die Ernte schlecht ausfällt, dann decken sich diese Länder auf dem Weltmarkt ein. Das funktioniert, solange es im globalen Maßstab Überschüsse gibt – was in den 1990ern der Fall war, aber in den letzten Jahren immer weniger – und solange diese Kaufkraft auf einen vergleichsweise kleinen Teil der Weltbevölkerung begrenzt ist.

Doch die Zeiten ändern sich. Heute könnte sich zum Beispiel die chinesische Regierung nicht mehr wie in den Jahren des »Großen Sprungs nach vorn« 1959/60 leisten, Millionen Menschen verhungern zu lassen. (Siehe hierzu zum Beispiel Felix Wemheuers Anfang des Jahrtausends geführte Interviews mit chinesischen Intellektuellen, die diese Zeit in Landkommunen verbrachten.) Im September 2006 berichtete Geoffrey Lean in der britischen Zeitung *Independent,* dass die weltweiten Nahrungsmittelvorräte seit Beginn des Jahrtausends bedenklich zurückgegangen sind. 1999 hatten sie noch gereicht, um die Weltbevölkerung 116 Tage zu ernähren, im Sommer 2006 betrug die Reichweite nur noch 57 Tage.

Was würde in einer solchen Lage geschehen, wenn es – wie bei einem weiteren Anstieg der Treibhausgasemissionen zunehmend wahrscheinlicher – in der Kornkammer der USA, dem Mittleren Westen, zu einer schweren Dürre kommt und gleichzeitig große Ernteausfälle in China zu verzeichnen sind, weil am Jangtse heftiger Regen und schwere Überschwemmungen und im Norden ausbleibende Niederschläge die Felder verheeren? Mit Sicherheit würden rund um den Globus die Nahrungsmittelpreise explodieren. Selbst in den Industriestaaten würden die ärmeren Teile der Bevölkerung den Gürtel enger schnallen müssen, doch die Armen in den Entwicklungsländern würden mit voller Wucht getroffen. Die Folgen wären verheerende Hungerkatastrophen und sicherlich auch Krieg und Bürgerkrieg im Kampf um die Verteilung der knappen Lebensmittel.

Ob es so weit kommen wird, hängt von den strategischen Entscheidungen ab, die in den nächsten 20 Jahren getroffen werden. Die Treibhausgasemissionen, die uns diesen mehr als ungemütlichen Klimawandel bescheren könnten, sind eng mit der Frage verknüpft, wieviel Energie wir verbrauchen, woher wir diese nehmen und wie wir den Personen- und Güterverkehr organisieren. In diesen Bereichen stehen in den nächsten Jahren gewaltige Investitionen an. In Deutschland muss ein erheblicher Teil des Kraftwerkparks erneuert werden, ebenso in vielen anderen westlichen Industriestaaten. Weltweit wird in vielen Schwellenländern die Industrialisierung und damit auch der Energiebedarf einen gewaltigen Sprung machen. Die Internationale Energie Agentur (IEA) schätzte im November 2006 in ihrem World Energy Outlook, dass bis 2030 rund 15 Trillionen Euro, ziemlich genau die Hälfte der derzeitigen globalen Jahreswirtschaftsleistung, in den Energiesektor investiert werden müssen.

Bei Exxon, Shell, E.on oder RWE, bei Petrobras (Brasilien) oder Sinopec (China) hat man keinen Zweifel daran, wo diese gewaltigen Kapitalien investiert werden sollen: in neue Kohlekraftwerke, Ölförderanlagen, Pipelines, Tanker und ein paar Atomkraftwerke. Die fossile Basis der Weltwirtschaft soll möglichst lange erhalten bleiben. Das sichert den beteiligten Konzernen und ihren Aktionären die Rendite und verspricht für die kommenden Jahrzehnte, in denen sich die Lagerstätten langsam erschöpfen und die Knappheit zunimmt, gigantische Profite, gegen die sich die geraubten Schätze des Kolonialzeitalters wie Glasperlen ausmachen werden.

Uns aber würde die Verlängerung der Abhängigkeit von den zur Neige gehenden fossilen Energieträgern nicht nur neue Kriege um die Kontrolle der Erdölfelder bringen, sondern auch einen Klimawandel, der weit über das hinaus gehen wird, was die Erde in der letzten Million Jahre gesehen hat. Ob es so weit kommt, ist offen. Eine neue Klimadebatte hat eingesetzt, nicht nur in Deutschland, sondern in vielen Ländern. Internationale Meinungsumfragen zeigen, dass in so unterschiedlichen Staaten wie Thailand, Australien, China, den USA oder Argentinien zum Teil sehr große Bevölkerungsmehrheiten ernsthaft besorgt sind und Maßnahmen fordern. Wenn diese Stimmung in den nächsten Jahren in politische Bewegungen mündet, die auf die Regierungen entsprechenden Druck ausüben, besteht durchaus noch eine Aussicht, dass der Klimawandel in einem halbwegs moderaten Rahmen bleibt und sich nicht zu einer globalen Zivilisationskrise auswächst.

Dieses Buch möchte einen Beitrag zu einer derartigen Bewegung leisten, indem es argumentative Munition liefert. In den folgenden Kapiteln werden zunächst die physikalischen Grundlagen des Klimas und des Treibhausproblems vorgestellt. Sodann wird auf Fragen wie Gerechtigkeit im globalen Treibhaus eingegangen und die Selbstdarstellung der Bundesrepublik als internationaler Klimaschutzvorreiter hinterfragt. Des Weiteren geht es um den notwendigen Umbau der Stromversorgung, um die verantwortungslosen Kohlepläne der Energiewirtschaft und die Verkehrspolitik. Schließlich kommen einige der Sackgassen der Klimadiskussion zur Sprache, wie die Atomkraft und der so genannte Biokraftstoff. Zum Schluss wird ein kleiner Ausblick gewagt.

2. Der Planet erwärmt sich

2.1 Klimasystem und Treibhaus

Ohne die Sonne läuft auf unserm Planeten gar nichts. Sie sorgt für Licht, Wärme und jene Energie, die Pflanzen mittels Photosynthese umwandeln, um damit den Grundstock für alles Leben zu legen. Auch sorgt sie dafür, dass nicht alles Wasser gefriert, wie auf dem Mars, und ihre Energie stellt den Motor dar, der Winde und Meeresströmungen antreibt. Mit rund 1370 Watt pro Quadratmeter strahlt sie am Oberrand der Atmosphäre, was eine recht beachtliche Energiedichte ist. Verteilt auf die ganze Erdoberfläche gehen damit stündlich etwa 170 Billionen Kilowattstunden (KWh) Sonnenenergie auf uns nieder, und zwar rund um die Uhr. Schon ein winziger Teil davon würde ausreichen, den Bedarf der menschlichen Zivilisation zu decken. Im Jahre 2005 betrug die kommerzielle Energieproduktion etwa 112 Billionen KWh, also etwas weniger als eine Stunden-Ration Sonne.

Etwa 20 Prozent der Sonneneinstrahlung wird von Wolken gleich zurück in den Weltraum geworfen. Auch die Erdoberfläche reflektiert einen Teil, insbesondere, wenn sie mit Schnee oder Eis bedeckt ist. Schließlich wird das Sonnenlicht auch von den Luftmolekülen gestreut, und zwar überwiegend der blaue Bestandteil. Dadurch hat nicht nur der Himmel seine Farbe, sondern ein Teil des gestreuten Lichts verlässt die Erde wieder, noch bevor es zu ihrer Erwärmung beitragen konnte. Insgesamt beläuft sich die Reflektivität der Erde auf derzeit etwa 30 Prozent. In anderen Erdzeitaltern, als die Pole nicht vereist waren, wird sie vermutlich etwas niedriger gewesen sein, falls es in diesen Zeiten nicht mehr Wolken gegeben haben sollte.

70 Prozent der Sonnenenergie bleiben jedenfalls zunächst im Klimasystem der Erde. 20 Prozent werden von verschiedenen Bestandteilen der Luft und von den Wolken absorbiert und heizen damit direkt die Atmosphäre, 50 Prozent gelangen bis auf den Erdboden und erwärmen diesen bzw. das Wasser der Meere. Das geht so

Stunde für Stunde, Tag für Tag, ohne Unterbrechung. Wenn bei uns gerade Nacht ist, dann eben auf der anderen Seite des Erdballs.

Dass sich das Klimasystem der Erde dabei nicht immer mehr erhitzt liegt daran, dass die gleiche Menge an Energie auch wieder abgegeben wird. Wie jeder Körper strahlt unser Planet Wärme ab, die sich in diesem Fall in den Weiten des Weltraums verliert. Man kann das mit einem überlaufenden Eimer vergleichen, der unter einem offenen Wasserhahn steht, wobei die Wärmeenergie dem Wasser entspricht. Wie warm es auf der Erde ist, hängt also nicht so sehr davon ab, wie stark die Sonneneinstrahlung am Oberrand der Atmosphäre ist (wie weit der Wasserhahn aufgedreht ist), sondern wie groß die Fähigkeit zur Wärmespeicherung des Klimasystems ist (wie groß der Wassereimer ist).

An dieser Stelle kommt der Treibhauseffekt ins Spiel. In der Atmosphäre befinden sich einige Spurengase – manche aus natürlichen Quellen, andere als Ergebnis menschlicher Tätigkeit –, die große Teile der Wärmeabstrahlung der Erdoberfläche absorbieren. Das führt zur Erwärmung vor allem der unteren Luftschichten. Die Luftmoleküle geben natürlich ihrerseits wieder Wärmestrahlung ab, sodass insgesamt keine Aufheizung eintritt, aber die Treibhausgase wirken wie eine Isolierschicht, die dafür sorgt, dass wesentlich mehr Wärmeenergie im Gesamtsystem gespeichert werden kann. Steigt ihre Konzentration, kann mehr Wärmeenergie im Klimasystem gespeichert werden. Der Eimer wird vergrößert, läuft aber – nach einer gewissen Auffüllzeit – weiter über.

Wichtigstes der natürlichen Treibhausgase ist der Wasserdampf (H_2O), aber auch die beiden »Übeltäter« Kohlendioxid (CO_2) und Methan (CH_4), von denen noch die Rede sein wird, haben ihre natürlichen Quellen. Ohne die Isoliereigenschaften dieser drei wäre es auf der Erde ziemlich ungemütlich. Das Thermometer würde auf -15 bis -18 Grad Celsius fallen, die Kontinente wären schneebedeckt und die Weltmeere verschwänden unter einer meterdicken Eisschicht. Ein Zustand, wie es ihn vor etwas mehr als 600 Millionen Jahren schon einmal gegeben hat. Kurz vor der Entstehung der ersten Mehrzeller hatten damals vermutlich die Algen der Atmosphäre durch Photosynthese soviel CO_2 entzogen, dass unser Planet in einen Millionenjahre währenden Winterschlaf verfiel.

Strahlung und Absorption

Zu Beginn des 20. Jahrhunderts hat der Physiker Max Planck Untersuchungen über die Wärmestrahlung schwarzer, das heißt, gewisser Weise idealer Körper durchgeführt, zu denen man auch Erde und Sonne zählen kann. Dabei fand er heraus, dass die Strahlungsintensität allein von der Temperatur abhängig ist. Die Abstrahlung erfolgt kontinuierlich über den ganzen Wellenlängenbereich, hat aber ein charakteristisches Maximum, das von der Temperatur des Körpers bestimmt wird: Je höher die Temperatur, desto kurzwelliger das Strahlungsmaximum. Die Sonne strahlt ihre meiste Energie daher im Sichtbaren und im Ultravioletten ab, die kühlere Erde hingegen im Infraroten.

Die Gase verhalten sich weniger ideal: Sie emittieren und absorbieren nur in bestimmten Wellenlängenbereichen, die von Struktur, Größe und Eigenfrequenzen der Gasmoleküle abhängig sind. Für den menschgemachten Treibhauseffekt ist wichtig, dass die Bereiche, in denen absorbiert wird, von Gas zu Gas variieren. Wasserdampf ist zweifelsohne das wichtigste aller Treibhausgase, aber es lässt gerade in dem Wellenlängenbereich, in dem die Erde sehr viel Energie abstrahlt, ein so genanntes atmosphärisches Fenster offen. In diesem »Fenster« liegen jedoch einige kleinere Absorptionsbereiche von Kohlendioxid und Ozon, was sie zu besonders effektiven Treibhausgasen macht.

Insofern ist es besonders absurd, wenn sich Edgar Gärtner vom neoliberalen Center for the New Europe in Springers konservativem Flaggschiff *Die Welt* im Jahre 2006 darüber auslässt, »schon 1951« habe ein Kompendium der Meteorologischen

Gesellschaft der USA festgestellt, dass CO_2 »prinzipiell keine große Rolle spielen (könne), weil fast alles, was es tun könnte, schon vom Wasserdampf getan wird, der in der Atmosphäre ohnehin vorhanden ist.« Der Washingtoner Zweig von Gärtners Truppe hat übrigens 2003 40.000 US Dollar von Exxon-Mobil erhalten.

Wachgeküsst wurde unser Planet seinerzeit von Vulkanausbrüchen. Zum natürlichen CO_2-Kreislauf gehört nämlich, dass Vulkane der Atmosphäre mehr oder weniger beständig CO_2 zuführen. Nachdem die Erde vereist war, konnte sich das Treibhausgas in der Atmosphäre anreichern, denn das Meerwasser war nun durch das Eis von der Luft abgeschnitten und nahm daher das CO_2 nicht mehr auf. Folglich konnten es auch die Algen nicht mehr binden. Auch die Gesteinsverwitterung, gewöhnlich eine weitere Senke atmosphärischen CO_2s, fiel aus, weil für diese Regen und Fließgewässer notwendig sind, die es auf der gefrorenen Erde nicht gab. Schließlich sammelte sich soviel des Klimagases in der Atmosphäre an, dass in einer Art Supertreibhaus der globale Eispanzer schmolz.

Bald danach, vermutlich begünstigt durch die sehr warmen Bedingungen, hat es etwas gegeben, was die Paläobiologen den »big bang« der Evolution nennen. Innerhalb kurzer Zeit entwickelte sich eine unglaubliche Vielzahl mehrzelliger Lebewesen und breitete sich fast explosionsartig über den Planeten aus. Seit dieser Zeit war das Leben – die Biosphäre, wie die Wissenschaftler sagen – offenbar in der Lage, den Kohlenstoffkreislauf und damit die atmosphärische CO_2-Konzentration so gut zu regeln, dass es nie wieder zu einer totalen Vereisung kam.

In diesen natürlichen Kreislauf greift der Mensch nun mit der Verbrennung von Öl, Kohle und Erdgas, mit der Entwaldung sowie einigen anderen Maßnahmen im großen Maßstab ein, indem er zusätzliche Treibhausgase in die Luft entlässt. Aber bevor darauf weiter eingangen wird, müssen noch schnell die verschiedenen Komponenten des Klimasystems und ihr Zusammenwirken vorgestellt werden. Denn natürlich ist die Konzentration von Treibhausgasen nicht der einzige Faktor, der das globale Klima bestimmt, und genauso selbstverständlich hat es bereits in der Vergangenheit Klimaveränderungen gegeben. Insbesondere in geologischen Zeiträumen, das heißt in Zeitaltern, die größten Teils schon viele Millionen Jahre zurückliegen, ist es oft wesentlich wärmer als in den letzten 1,2 Millionen Jahren gewesen, die durch eine Abfolge von Kalt- und Warmzeiten bestimmt wurden.

Das Klimasystem setzt sich aus der Atmosphäre, der Hydrosphäre (Meere, Seen, Flüsse und Wasserkreislauf), der Kryosphäre (Meereis, polare Gletscher, Gebirgsgletscher und Schnee), der Biosphäre und der Lithosphäre (Landoberfläche und Kontinente) zusammen. Wichtigste äußere Randbedingung, sozusagen der Motor des Ganzen, ist die Sonne. Das Wechselspiel zwischen diesen Komponenten ist äußerst vielfältig und spielt sich in den unterschiedlichsten Zeiträumen ab. So hat zum Beispiel auch die Lage der Kontinente einen großen Einfluss auf das globale Klima. Wäre der arktische Ozean nicht nahezu von den anderen Weltmeeren abgeschnitten, so hätte sich dort wohl nie ganzjähriges Eis bilden können. Im Süden war hingegen die Öffnung der Drake-Passage zwischen Feuerland und Antarktika vor etwa 37 Millionen Jahren die Voraussetzung dafür, dass sich zirkumpolare Meeresströmungen herausbildeten, die den Kontinent am Südpol mehr und mehr von der Wärmezufuhr aus dem Norden abschnitten.

Wetter und Klima

In Diskussionen über den globalen Klimawandel wird man immer wieder mit einem scheinbar unverwüstlichen Slapstick-Argument konfrontiert: Ein paar Grade mehr könnten hierzulande das Leben doch nur angenehmer machen. Mancher meint derlei durchaus ernst, und sei es nur, um nicht über seinen eigenen Lebensstil nachdenken zu müssen, mit dem er sich und künftigen Generationen den Ast absägt, auf dem er hockt.

Allerdings sitzt er damit einem fundamentalen Irrtum auf, indem er Wetter mit Klima verwechselt. Wetter ist das, was uns täglich umgibt, der jeweilige Zustand der unteren Schichten der Atmosphäre. Klima hingegen ist ein Durchschnittswert. Der kann für einen bestimmten Ort, einen Landstrich, einen Kontinent oder auch für den ganzen Globus ermittelt werden. In vielen Fällen berechnen die Meteorologen die entsprechenden Mittelwerte für die letzten 30 Jahre und nennen das das Klima. Also zum Beispiel die in den Sommermonaten Juni, Juli und August gemessenen Temperaturen oder die Sonnenscheindauer oder der Niederschlag. Derlei Durchschnittswerte sind nicht nur für die Tourismusbranche von Interesse, sondern zum Beispiel auch für Bauern, die wissen müssen, welche Sorten in einer bestimmten Region Erfolg versprechen. Oder für die Betreiber von Windanlagen, die Auskunft benötigen, mit welchen durchschnittlichen Windgeschwindigkeiten sie rechnen können.

Je nach dem, über welche Region und welchen Zeitraum die Mittelwerte erstellt werden haben sie natürlich einen ganz unterschiedlichen Aussagewert. Die immer wieder zitierte globale Temperatur ist ein Mittelwert der Lufttemperatur in zwei Metern Höhe, der über das ganze Jahr und den ganzen Planeten gebildet wird. Aussagen über die Temperatur zu einer bestimmten Zeit, an einem bestimmten Ort, sind an diesem Wert nicht abzulesen. Er ist aber ein guter Indikator für den Zustand des Klimasystems.

Doch die Verschiebung der Kontinente und auch die Witterungsprozesse, mit denen CO_2 aus der Atmosphäre entfernt wird, spielen sich sehr langsam ab und haben daher für die Diskussion der anthropogenen, das heißt, vom Menschen verursachten, Klimaänderungen keine Bedeutung. Interessanter sind da schon die Wechselwirkungen zwischen der Kryosphäre, das heißt dem Eis an Nord- und Südpol, auf der einen und dem Strahlungshaushalt auf der anderen Seite.

Stellt man die Frage, wo die meiste Sonnenenergie auf die Erde trifft, so wird vermutlich jeder Laie die Tropen nennen. Schließlich weiß man, dass es in Äquatornähe besonders heiß ist, da dort die Sonne sehr hoch über dem Horizont steht. Dadurch ist dort die Strahlung am intensivsten. Allerdings scheint sie am Äquator täglich nur etwa 12 Stunden. Nördlich des Polarkreises hat der Tag jedoch im Juni und Juli 24 Stunden. Direkt am Pol scheint die Sonne sogar ein halbes Jahr lang ununterbrochen. Das gleiche gilt natürlich auch für den Südpol, wo die Sonne aufgeht, wenn sie am Nordpol untergeht und umgekehrt. Ursache für die Variationen der Tageslänge ist die Neigung der Erdachse, die dafür sorgt, dass die Erde auf ihrem jährlichen Weg um unser Zentralgestirn diesem einmal die Nordhalbkugel zuwendet und ein andermal die Südhalbkugel.

Unterm Strich führt diese Laune der Himmelsmechanik dazu, dass in den jeweiligen Sommermonaten die Polarregionen die meiste Sonnenenergie abbekommen. Nun sind diese aber mit großen, weißen Eisflächen bedeckt, die die wärmenden Strahlen sofort in den Weltraum zurückschicken. Besonders gut ist darin die Antarktis, die deutlich kälter als die Arktis ist, weshalb es dort auch im Sommer höchstens an den Rändern etwas taut. Das Meereis des arktischen Ozeans ist dagegen variabler und nimmt im Sommer deutlich ab, sodass die dunkle, kaum reflektive Meeresoberfläche teilweise entblößt wird. Zudem bilden sich dort auf den Eisschollen im Sommer oft Wasserlachen, die die Reflektivität zusätzlich mindern. Die Verhältnisse am Nordpol sind daher weniger stabil. Je mehr Wasser in den Sommermonaten vom Eis freigegeben wird, desto mehr erwärmt sich die Region, wodurch im drauffolgenden Winter die Eisbildung erschwert werden kann.

Ein anderes Beispiel für die Wechselwirkungen zwischen den Komponenten des Klimasystems liefert die Biosphäre, die die Hydrosphäre, das heißt, den Wasserkreislauf, in ihrem Sinne beeinflusst. Die tropischen Regenwälder erhalten etwa die feuchten Bedingungen, in denen sie am besten gedeihen, selbst, indem sie viel Wasser speichern. Würde der Amazonaswald zum Beispiel vollständig verschwinden, so könnte er nicht ohne weiteres wiedererstehen, denn das Klima im Norden Südamerikas würde durch den Verlust viel trockener werden. Lokal ist das in abgeholzten Regionen schon heute zu beobachten.

2.2 Das vom Menschen gemachte Treibhaus

Zunahme der CO_2-Konzentration in der Atmosphäre

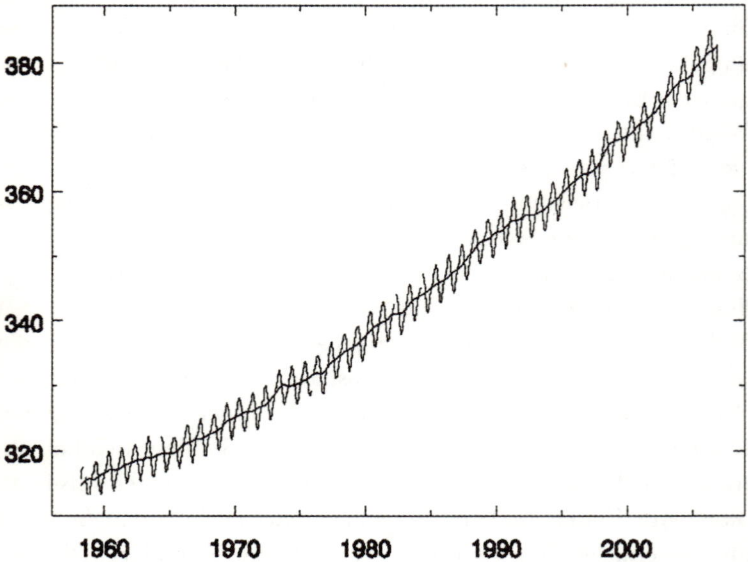

Auf dem hawaiianischen Vulkan Mauna Loa wird seit Ende der 1950er Jahre die atmosphärische CO_2-Konzentration gemessen. Die Station ist fernab großer industrieller Zentren und damit von anthropogenen Quellen des Treibhausgases. Daher gilt ihre Messreihe als Referenzwert für die mittlere CO_2-Konzentration der Atmosphäre. Neben dem beständigen Anstieg ist in der Konzentration ein deutlicher Jahresgang zu sehen, der ein Zeichen für die Zyklen der Vegetation ist, die das CO_2 während ihrer Wachstumsphasen aufnimmt. Im Mai und Juni erreicht die Konzentration ihr Maximum, wenn in den hohen nördlichen Breiten das Wachstum der Vegetation gerade erst einsetzt und auf der Südhalbkugel bereits der Herbst Einzug gehalten hat.

Errata

zum Buch: Pomrehn, Heiße Zeiten
978-3-89438-371-8, PapyRossa Verlag

Auf den Seiten 199 und 200 hat sich ein bedauerlicher Rechenfehler eingeschlichen. Der Flächenbedarf für Biokraftstoffe wurde zu hoch angegeben. Richtig müsste es im Kasten »Bayern umpflügen?« heißen:

Hessen umpflügen?

Irgendwann ist das Erdöl alle. Können wir dann auf Biokraftstoffe umsteigen und wie bisher immer mehr Autos bauen und fahren?

Nach Ansicht des Mineralölwirtschaftverbandes MWV wird bis 2020 in Deutschland der Benzinabsatz von derzeit 25,4 Millionen Tonnen jährlich auf 17 Millionen Tonnen zurückgehen. Wollte man diese Menge mit Ethanol ersetzen, dann müssten auf ***sechs bis 6,7*** Millionen Hektar Zuckerrohr angebaut werden. ***Das entspricht in etwa einem Sechstel der Fläche Deutschlands.*** Nimmt man andere Grundstoffe, bräuchte man eine etwa doppelt so große Fläche. Mit anderen Worten: Knapp ***sechs*** Prozent des nutzbaren Ackerlandes in Brasilien würden also allein für die deutsche Benzinerflotte in Beschlag genommen. Und dabei ist die im internationalen Vergleich nicht einmal besonders groß, denn inzwischen hat hierzulande jeder zweite neuzugelassene PKW einen Dieselmotor.

Nehmen wir weiter an, dass die Autohersteller tatsächlich das technisch Machbare an Effizienz zur Anwendung bringen, so dass die MWV-Prognose noch einmal halbiert werden kann. Nehmen wir schließlich noch an, dass die versprochenen neuen Verfahren zur Herstellung von Biokraftstoffen zur Anwendung kommen, die den Flächenertrag maximal vervierfachen. Dann würde der Flächenbedarf um den Faktor 8 auf 0,75 bis 0,84 Millionen Hektar oder 7.500 bis 8.400 Quadratkilometer sinken. Das heißt, es würde unter diesen günstigen Bedingungen, die derzeit noch Zukunftsmusik sind, ausreichen, wenn wir ***die Hälfte Schleswig-Holsteins*** (einschließlich aller Wälder, Dörfer und Städte) umgraben, um die Benzinerflotte am Laufen zu halten. Für die Dieselfahrzeuge müsste zusätzlich unter den gleichen überaus günstigen Annahmen wahrscheinlich noch ***Hessen*** dran glauben.

Der Mensch hat schon vor vielen Jahrtausenden angefangen, die Ökosysteme und damit auch die lokalen Klimata in seiner jeweiligen Nachbarschaft massiv zu beeinflussen. Steinzeitliche Jäger rotteten nach dem Ende der letzten Eiszeit viele große Landtiere wie Mammut und Wollnashorn aus und veränderten damit nachhaltig Fauna und Flora Eurasiens und Nordamerikas. Später gerieten wiederholt die frühen Hochkulturen unter Druck, weil sie die Wälder in ihrer Nachbarschaft rücksichtslos einschlugen oder die Ackerböden wegen zu schnellen Bevölkerungswachstums ausgelaugt wurden.

Mit dem Beginn der Industrialisierung und der Verbrennung fossiler Energieträger haben diese Eingriffe eine neue Qualität bekommen. Zum ersten Mal begann die Menschheit – genauer gesagt: eine kleine, sie dominierende Bevölkerungsgruppe in den Industriestaaten – das globale Klima zu verändern. Anders als den einstigen Mammutjägern oder den Bewohnern Mesopotamiens können sich Vorstände in den großen Konzernen oder Politiker der Industriestaaten nicht mehr Unkenntnis zu Gute halten: Die Wirkung der Treibhausgase ist im Prinzip schon sehr lange bekannt. Bereits 1824 hat sich der französische Mathematiker Joseph Fourier Gedanken darüber gemacht, dass die Atmosphäre oder einige ihrer Bestandteile für Wärmestrahlung undurchlässig sein könnten. 35 Jahre später hat der Physiker John Tyndall in Großbritannien als erster im Labor nachgewiesen, dass Wasserdampf, Kohlendioxid und einige andere Gase Wärmestrahlung absorbieren.

Der nachmalige schwedische Nobelpreiträger Svante Arrhenius hat dann 1896 als erster vorgerechnet, dass eine Verdoppelung der atmosphärischen CO_2-Konzentration die globale Mitteltemperatur der Erde um vier bis sechs Grad erhöhen würde. Damit lag er bereits ziemlich nahe bei den Projektionen, die heute Klimawissenschaftler in aller Welt mit ihren aufwändigen Computermodellen errechnen.

Doch für lange Zeit sollte die von Tyndall, der bereits in diese Richtung spekuliert hatte, und Arrhenius angestoßene Diskussion rein akademisch bleiben. Es fehlte schlicht an Daten, um die Theorien bestätigen oder verwerfen zu können. Das Messen von CO_2 in der Luft ist technisch eine knifflige Angelegenheit und kann leicht durch die

Nähe von Quellen oder auch Wäldern verfälscht werden. Selbst die Temperaturaufzeichnungen, mit denen ein Überblick über das globale Klima gewonnen werden kann, steckten zu Arrhenius Zeiten noch in den Kinderschuhen. Erst in den 1950er Jahren begannen Geowissenschaftler das Problem der klimarelevanten Spurengase systematisch anzugehen, und besonders ab den 1970er Jahren entstand eine lebhafte wissenschaftliche Debatte. Erstmals wurden Warnungen vor Klimaveränderungen einer breiteren Öffentlichkeit bekannt.

Seit dieser Zeit ist von den verschiedenen wissenschaftlichen Disziplinen viel Energie in die Erforschung der verschiedenen Komponenten des Klimasystems und ihres Zusammenspiels gesteckt worden. Heute wissen wir besser, wie Ozeanströme unser regionales Klima bestimmen und wie sensibel sie gegenüber Veränderungen sind oder wie die Emissionen von Kraftwerken die Wolkenbildung beeinflussen und Sonnenlicht reflektieren. Mit den Daten zahlreicher Satelliten lassen sich seit Anfang der 1990er die Veränderungen des Meeresspiegels, der Eis- und Schneebedeckungen, der Vegetation und vieles mehr beobachten. Der Befund nach der Analyse all dieser Informationen ist eindeutig: Das Klima unseres Planeten verändert sich.

Der IPCC

Der IPCC (Integovernmental Panel on Climate Change) wurde 1988 von der Weltmeteorologieorganisation WMO und dem UN-Umweltschutzprogramm UNEP geschaffen und setzt sich aus rund 2.500 Wissenschaftlern aus aller Welt zusammen, die sich in drei Arbeitsgruppen mit den physikalischen Grundlagen des Klimawandels (Arbeitsgruppe I), Auswirkungen, Anpassung und Anfälligkeit (Arbeitsgruppe II) sowie Vermeidungsstrategien (Arbeitsgruppe III) befassen. Aufgabe ist es, den jeweils aktuellen Stand der Forschung zusammenzutragen und zu gewichten. In einigen Fällen, vor allem was die Klimaprojektionen angeht, werden Anregungen an wissenschaftliche

Gruppen vergeben, bestimmte Computersimulationen durchzuführen, aber im eigentlichen Sinne betreibt der IPCC keine eigene Forschung. Die Berichte werden von den Plenarsitzungen des IPCC verabschiedet, die für Delegationen der Mitgliedsregierungen offen sind. Dabei werden die Zusammenfassungen für Politiker (Summaries for Policy Makers) Satz für Satz diskutiert und jede Delegation kann Einwände einbringen. In einem solchen Fall erklärt der für den Abschnitt zuständige Hauptautor, was gemeint war. Nach den diplomatisch-vorsichtigen Beschreibungen des IPCC schließt sich daran in der Regel ein Dialog zwischen der betreffenden Regierungsdelegation und dem Autor an, bis man »eine Formulierung gefunden hat, die für die Politiker verständlicher ist«. Formell kann der Text nicht ohne die Zustimmung des Hauptautors geändert werden. Offensichtlich wird aber mitunter von einigen Regierungen ein erhebliches diplomatisches Gezerre um einzelne Formulierungen veranstaltet. So geschehen zum Beispiel im März 2007 in Brüssel bei der Verabschiedung des Berichts der Arbeitsgruppe II oder noch mehr Anfang Mai 2007 bei der Tagung der Arbeitsgruppe III in Bangkok. Nach diversen Zeitungsberichten hatten vor allem die USA und China versucht, die Berichte an verschiedenen Punkten abzuschwächen.

Auch über die Ursache gibt es keinen Zweifel mehr. Es sind die zusätzlichen Treibhausgase, die durch verschiedene menschliche Aktivitäten seit Beginn der Industrialisierung in die Atmosphäre gelangen. Das hat Anfang Februar 2007 einmal mehr der UN-Klimarat IPCC deutlich gemacht, in dem die Spitzen der internationalen Wissenschaft vereint sind (siehe Kasten). Sowohl statistische Untersuchungen, als auch Computersimulationen ergeben, dass für den überwiegenden Teil der 0,74 Grad Celsius, um die die globale Mitteltemperatur von 1906 bis 2005 zugelegt hat, die anthropogenen (von Menschen verursachten) Treibhausgase verantwortlich sind.

Der Hauptübeltäter ist das CO_2, das für 55 Prozent des anthropogenen Treibhauseffektes verantwortlich ist. Die Tendenz ist zunehmend, denn die Emissionen der anderen Klimagase wachsen deutlich langsamer als die des CO_2. Im einzelnen sind es Methan (CH_4) (18 Prozent), bodennahes Ozon (O_3) (elf Prozent), verschiedene Fluorchlorkohlenwasserstoffe (FCKW) (elf Prozent) und Lachgas (N_2O) (fünf Prozent). Bis auf die FCKWs sind alle Treibhausgase natürliche Bestandteile der Atmosphäre, aber im 20. Jahrhundert ist ihre atmosphärische Konzentration aufgrund menschlicher Aktivitäten stark angestiegen (Zu den Quellen siehe Kasten).

Aus Luftproben, die im Eis der Antarktis konserviert wurden, wissen wir, dass die heutigen Konzentrationen von CO_2, CH_4 und N_2O erheblich höher sind als je zuvor in den letzten 650.000 Jahren. So alt sind etwa die ältesten Eisproben, die man aus den tiefsten Schichten der Gletscher geborgen hat. Die CO_2-Konzentration ist seit Beginn der Industrialisierung zum Beispiel von etwa 280 Millionstel Volumenanteilen (part per million, ppm) auf inzwischen etwa 380 ppm gestiegen. In den zurückliegenden Jahrhunderttausenden hatte sie sich stets zwischen 180 und 300 ppm bewegt.

Die Quelle der Treibhausgase

CO_2 Das anthropogene CO_2 stammt aus zwei Quellen: Zum einen sind in Europa und Nordamerika und später auch in deren Kolonien und Neokolonien große Flächen Wald abgeholzt und in Ackerland umgewandelt worden. Bei der Verbrennung und Verrottung von Holz entsteht CO_2, das sich in der Atmosphäre anreichert, wenn nicht im gleichen Maße Holz nachwächst und den Kohlenstoff mittels Photosynthese wieder bindet. Die andere (wesentlich wichtigere) Quelle ist die Verwendung der fossilen Brennstoffe Kohle, Erdgas sowie der verschiedenen Erdölprodukte.

CH_4 entweicht aus Mülldeponien, Kohlegruben, Kläranlagen und undichten Erdgasleitungen, wird bei der Förderung von Erdöl und Erdgas freigesetzt und entsteht bei Faulprozessen in Rindermägen und Reisfeldern.

FCKW Die FCKWs wurden früher unter anderem als Treibmittel in Sprühdosen und als Kühlmittel verwandt. Weil sie die schützende Ozonschicht in der höheren Atmosphäre angreifen, wurde ihr Einsatz verboten. Sie sind allerdings sehr langlebig.

O_3 Das bodennahe Ozon ist sehr kurzlebig, entsteht aber ständig neu durch Stickoxide, die wiederum ein Produkt der Verbrennungsmotoren sind. Es sollte nicht mit der Ozonschicht verwechselt werden, die in der Stratosphäre, so etwa 30 Kilometer über unseren Köpfen, dafür sorgt, dass mit dem UV-B die gefährlichen Teile der Sonnenstrahlung abgeschirmt werden.

N_2O ist ein etwa 300mal so effektives Treibhausgas wie CO_2. Es wird von Bakterien produziert und bei industriellen Prozessen freigesetzt, wie der Herstellung von Nylon. Letztere machen etwa 20 Prozent aus, der Rest entfällt im Wesentlichen auf die Landwirtschaft, wo unter anderem die Stickstoffdüngung Bakterien in den Böden zur vermehrten N_2O-Emissionen anregt.

Zu den vom Kyoto-Protokoll geregelten Treibhausgasen gehören neben CO_2, CH_4 und N_2O auch folgende industriell erzeugten Gase mit bisher noch sehr geringem Beitrag zum Treibhauseffekt aber hohem Potenzial (Informationen des Ministeriums für Umwelt und Verkehr Baden-Württemberg):

Teilhalogenisierte Fluorchlorkohlenwasserstoffe (HFCs), 140 bis 11.470mal so effektiv wie CO_2. Wird im Ersatz für FCKW als Kühlmittel eingesetzt. Konzentration stark steigend. Beitrag zum anthropogenen Treibhauseffekt nimmt laut IPCC 2007a um zehn Prozent jährlich zu.

Perfluorierte Kohlenwasserstoffe (FKWs) durchschnittlich

6.700mal so effektiv wie CO_2. Werden u.a. als Lösungsmittel und in der Elektroindustrie verwendet. Emissionen konstant, in der EU abnehmend.

Schwefelhexafluorid (SF_6) 23.900mal so effektiv wie CO_2. Findet vor allem als Isolator in der Hochspannungstechnik Anwendung.

Die Treibhausgase werden für gewöhnlich in CO_2-Äquivalente umgerechnet und erscheinen daher selten in den entsprechenden Bilanzen. Auch die in den internationalen Verträgen vereinbarten Reduktionsziele sprechen immer nur von CO_2 und meinen diese Gase über die Umrechnung mit.

Dass der Anstieg tatsächlich aus der Verbrennung von Kohle und Ölprodukten stammt, lässt sich übrigens an der veränderten Zusammensetzung des atmosphärischen CO_2 einwandfrei nachweisen. Kohlenstoff (C) hat drei verschiedene Varianten, das heißt, seine Atome haben in ihrem Kern entweder 12, 13 oder 14 Neutronen. Diese sogenannten Isotope werden ^{12}C, (sprich: C-zwölf) ^{13}C und ^{14}C genannt. Etwa 99 Prozent des Kohlenstoffs bestehen aus ^{12}C, ein Prozent aus ^{13}C und ein Billionstel aus ^{14}C. Letzteres ist ein radioaktiver Sonderfall, der im Augenblick nicht interessiert.

Da Pflanzen das leichtere Isotop ^{12}C etwas bevorzugen, ist das Verhältnis $^{13}C/^{12}C$ in Pflanzen niedriger als in der Atmosphäre, und zwar um etwa zwei Prozent. Das gleiche gilt für Kohle und Öl, da sie vor Millionen von Jahren aus abgestorbenen Pflanzen entstanden. Wenn also Kohle oder Öl verbrannt oder Wälder großflächig gerodet werden, dann ändert sich das $^{13}C/^{12}C$-Verhältnis in der Atmosphäre. Es nimmt ab, weil der Anteil des ^{12}C zunimmt, denn dieses ist in fossilen Brennstoffen und Pflanzen etwas häufiger. Genau, das können Atmosphärenchemiker messen, und damit zeigen, dass der CO_2-Anstieg nicht aus natürlichen Quellen, wie zum Beispiel Vulkanismus stammen kann. Aufgrund von Veränderungen in der globalen Vegetation im Rhythmus der Eiszeiten hat es auch in früheren Zeitaltern Veränderungen in diesem Isotopen-Verhältnis gegeben, wie wir aus kleinen Luftbläschen wissen, die im arktischen und antarktischen Eis gefunden wurden. Allerdings haben diese natürlichen Schwankungen maximal 20 Prozent derjenigen der letzten 150 Jahre betragen.

Seitdem sich die Industriestaaten 1992 mit ihrer Unterschrift unter die UN-Klimarahmenkonvention (UNFCCC) verpflichtet haben, ihre Emissionen bis zum Jahre 2000 auf das Niveau von 1990 zurückzuführen, ist der weltweite Ausstoß an Treibhausgasen erheblich weiter gestiegen. In den 1990ern wurden laut Bericht der IPCC Arbeitsgruppe I jährlich im Durchschnitt etwa 23,5 Milliarden Tonnen CO_2 emittiert (3,7 Tonnen pro Kopf), in den ersten fünf Jahren des neuen Jahrtausends waren es bereits 26,4 Milliarden Tonnen (4,19 pro Kopf). Eine knappe Milliarde Tonnen der zusätzlichen Emissionen gingen allein auf das Konto der USA, die ohnehin schon größter Treibhausgasproduzent waren.

Um diese Untätigkeit irgendwie zu rechtfertigen, bestand Washington 1996 in den internationalen Klimaverhandlungen – Vize-Präsident war seinerzeit Al Gore, der in der Regierung für den Klimaschutz zuständig war – darauf, dass die Festlegung in der UNFCCC nicht verbindlich gewesen sei. Eine etwas eigenwillige Sicht, die bei Umweltschützern und Diplomaten der Entwicklungsländer auf Empörung stieß, aber von den meisten Industriestaaten bereitwillig übernommen wurde. Wie die Abbildung »Veränderungen der CO_2-Emissionen...« auf Seite 30 zeigt, sind mit der Ausnahme Großbritanniens alle anderen Industriestaaten mit einem deutlichen Rückgang der Emissionen ehemalige Ostblockländer. Diese erlebten durch den Zusammenbruch 1990 eine dramatische Deindustrialisierung. Auch die deutschen CO_2-Reduktionen sind ganz überwiegend auf die Zerstörung der ostdeutschen Industrie und die Modernisierung des dortigen Wohnungsbestandes zurückzuführen.

Bisher sind rund die Hälfte der anthropogenen CO_2-Emissionen von den Ozeanen und der Biosphäre aufgenommen und damit der Atmosphäre wieder entzogen worden. Oder mit anderen Worten: Gegenwärtig verbleibt nur etwa die Hälfte des emittierten CO_2 längerfristig in der Atmosphäre. Das Klimasystem puffert also den Ein-

Veränderungen der CO_2-Emissionen im Jahre 2004 gegenüber 1990, Quelle UNFCCC-Sekretariat.

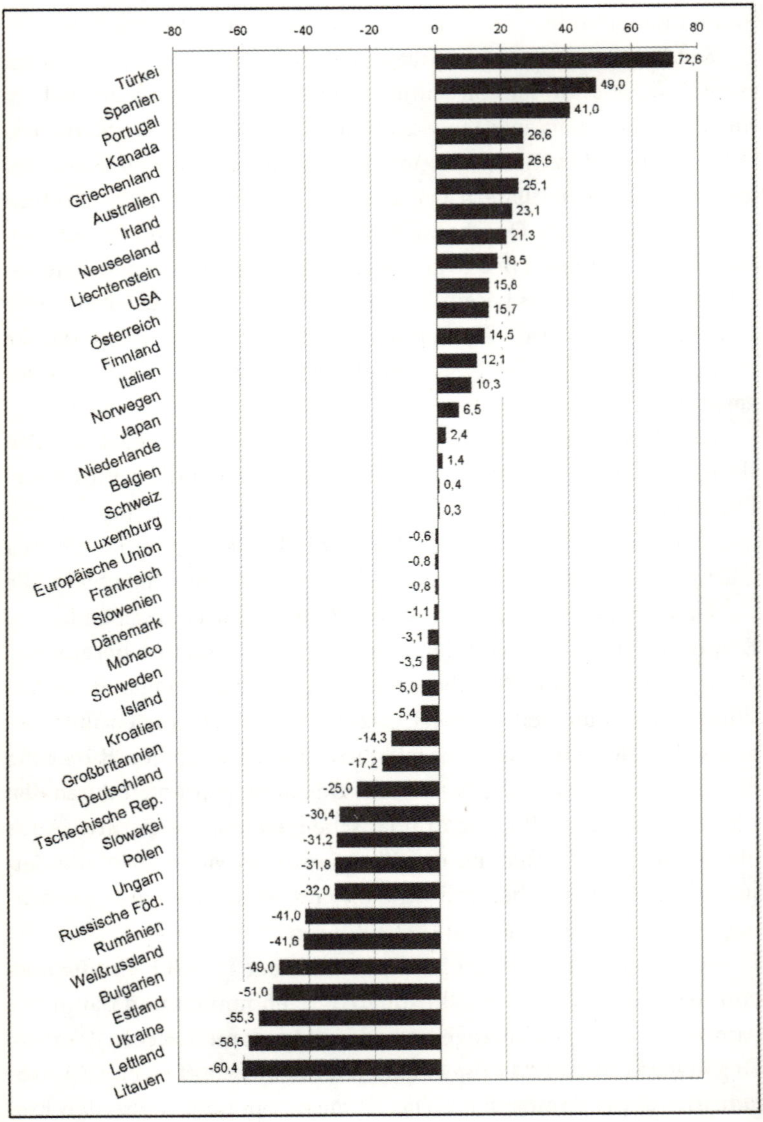

griff der Menschen deutlich ab, aber wie lange das noch der Fall sein wird, ist durchaus offen. Ein mögliches zukünftiges Problem könnte sein, dass die Aufnahmefähigkeit der Meeresoberfläche für CO_2 mit wachsender Temperatur abnimmt.

Außerdem hat erst kürzlich eine Gruppe von Meeres-Chemikern um Ken Buesseler von der Woods Hole Oceanographic Institution in Massachusetts, USA, herausgefunden, dass deutlich weniger Plankton auf dem Boden der Ozeane sedimentiert wird, als bisher angenommen. Das Plankton nimmt das im Wasser gelöste CO_2 auf und bindet den darin enthaltenen Kohlenstoff. Wenn es abstirbt und im Meeresboden eingelagert wird, ist der Kohlenstoff dem Kreislauf entzogen. Sollten die Ergebnisse von Buesseler und Kollegen tatsächlich repräsentativ sein, dann überschätzen die IPCC-Szenarien für künftige atmosphärische CO_2-Konzentrationen die Größe der ozeanischen Senken erheblich. Im Endeffekt hieße das, dass die Klimaprojektionen zu niedrig ausfallen und das Klimasystem noch sensibler auf Änderungen der Treibhausgase reagieren wird, als bisher angenommen.

2.3 Der Wandel hat bereits begonnen

Als im November 1990 in Genf die Vertreter von 137 Staaten verabredeten, Verhandlungen über einen internationalen Klimaschutzvertrag aufzunehmen, war es unter Wissenschaftlern noch höchst strittig, ob man bereits die ersten von Treibhausgasen verursachten Klimaveränderungen nachweisen könne. Die Mehrzahl der Meteorologen und Klimatologen verneinte das. Die Klimamodelle waren im Vergleich zu heute noch sehr einfach, unter anderem auch deshalb, weil die Computerkapazitäten bei weitem nicht ausreichten, um hochkomplexe Berechnungen durchzuführen, wie sie heute gang und gäbe sind.

Im Nachhinein ist man etwas schlauer. Wenn man sich den Verlauf der globalen Temperaturkurve anschaut, dann ist deutlich zu erkennen, wie sich seit Ende der 1970er Jahre der Temperaturanstieg be-

Globale Temperaturkurve

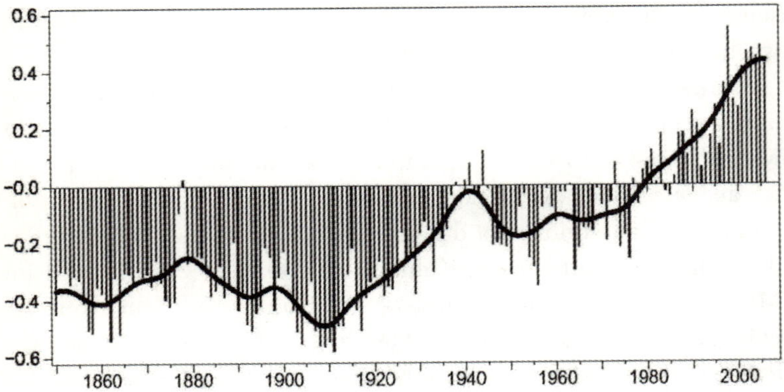

Gezeigt wird die Abweichung der globalen Jahresmitteltemperatur in 1,5 Meter Höhe über dem Erdboden vom Mittelwert der Jahre 1961 bis 1990.

Quelle: Hadley Centre for Climate Prediction and Research, Met Office, P. Brohan und Kollegen, 2006.

schleunigt hat. »Elf der zwölf letzten Jahre (1995 bis 2006) rangieren unter den zwölf wärmsten in den Aufzeichnungen der bodennahen Temperatur, die bis 1850 zurückreichen«, heißt es im Summary for Policy Maker der IPCC-Arbeitsgruppe I, der Anfang Februar 2007 veröffentlicht wurde. Über die letzten 100 Jahre gemittelt habe der Temperaturanstieg 0,74 Grad Celsius betragen, aber die Erwärmung inzwischen deutlich schneller vonstatten.

Ballon- und Satellitenmessungen zeigen zudem, dass sich die Atmosphäre nicht nur am Boden, sondern auch bis in Höhen von einigen Kilometern erwärmt, das heißt in der unteren und mittleren Troposphäre. Bei der handelt es sich um den untersten Teil der Atmosphäre, der etwa acht bis 12 Kilometer hoch ist, und in dem sich das Wettergeschehen abspielt. Anfang der 1990er hatten einige Meteorologen zunächst gemeint, die Satelliten-Daten würden den Messungen am Boden widersprechen und keinen Erwärmungstrend in der Troposphäre zeigen. Zwischenzeitlich hat sich herausgestellt, dass die Daten fehlerhaft waren, weil die Messgeräte an Bord der betreffenden Satelliten nicht richtig kalibriert gewesen waren. Das hält die sogenannten Klima-Skeptiker allerdings nicht davon ab, vor Laien-Publikum auch heute noch zu behaupten, die Satelliten hätten keine Erwärmung festgestellt.

»Skeptiker«

Gelegentlich wird von interessierter Seite der Eindruck erweckt, Ausmaße und Auswirkungen, ja sogar die Existenz des Treibhauseffektes seien Gegenstand wissenschaftlichen Disputes. Nach einem Bericht von Stephan Zimprich in der Financial Times Deutschland im Januar 2007 hat der US-amerikanische Ölkonzern ExxonMobil in den vergangenen Jahren rund 16 Millionen US-Dollar für eine Desinformationskampagne ausgegeben, die in der Öffentlichkeit Zweifel an der Existenz des Klimawandel streuen sollte. Institute mit wohlklingenden Namen wie das »Committee for a Constructive Tomorrow« oder »International Policy Network« wurden gegründet und der Öffentlichkeit mit zahlreichen bestellten Studien Seriosität vorgegaukelt. Vor allem in den USA konnte jahrelang der öffentliche Diskurs bestimmt werden, aber auch hierzulande finden derlei »Skeptiker« immer wieder eine Plattform in den Medien. Was die Laien normaler Weise nicht mitbekommen, ist, dass die paar wenigen Wissenschaftler, die sich vor den Karren von ExxonMobil und Co. spannen lassen, ihre Positionen fast nie in der Fachpresse publizieren. Der Grund: Dort werden die Artikel vor der Veröffentlichung von anderen Wissenschaftlern auf Logik der Folgerungen, Korrektheit der Daten und Reproduzierbarkeit der Ergebnisse hin geprüft. Doch diesen Tests halten die Arbeiten der Skeptiker selten Stand. Wenn doch, wie die Arbeit dänischer Forscher, die Anfang der 1990er Beweise gefunden zu haben glaubten, dass die bisherige Erwärmung im 20. Jahrhundert vor allem auf Veränderungen im Sonnenfleckenzyklus zurückzuführen ist, dann führt das meist zu einer regen Debatte und weiteren Untersuchungen. Im Falle der Sonnenflecken kam heraus, dass es in der Tat einen kleinen Anteil der Veränderungen der Sonneneinstrahlung an der Erwärmung gibt, der aber zurzeit nur rund sieben Prozent des Anteils des Kohlendioxids ausmacht und mit zunehmender CO_2-Konzentration weiter an Bedeutung verlieren wird. Die so genannten Skeptiker, die hierzulande unter anderem in dem etwas skurrilen ehemals linken Frankfurter Magazin *Novo* und in den Publikationen des LaRouche-Imperiums ihre Plattform haben, aber auch im Springer-Flaggschiff *Welt* gerne abgedruckt werden, hält das allerdings nicht davon ab, die Sonnenflecken-Mär immer wieder unters Volk zu streuen.

Auch die oberen Schichten der Ozeane, der IPCC spricht von einigen 100 Metern, haben sich in der zweiten Hälfte des 20. Jahrhunderts erwärmt. Entsprechend ist der Meeresspiegel von 1961 bis 2003 wegen der Ausdehnung des Wassers um etwa 1,8 cm angestiegen. Insgesamt sind die Pegel in dieser Zeit um 7,8 cm geklettert. Noch sei es schwierig, so der IPCC-Bericht, den Anteil der menschlich induzierten Klimaveränderungen an den kletternden Pegelwerten mit statistischen Methoden zu quantifizieren. Außerdem deckt für diesen Zeitraum der geschätzte Effekt der verschiedenen Folgen des Klimawandels (schrumpfende Gletscher in den Gebirgen und an den Polen sowie thermische Expansion) nur 60 Prozent der beobachteten Veränderungen ab.

Dennoch ist auch beim Meeresspiegel eine Beschleunigung festzustellen: Zwischen 1961 und 2003 betrug der jährliche Anstieg aufgrund der Wärmeausdehnung durchschnittlich 0,42 mm pro Jahr. In den Jahren 1993 bis 2003 waren es jedoch im Mittel schon 1,6 mm jährlich. Hinzu kommt, dass sich auch das Abschmelzen der Gebirgsgletscher und die Eisverluste auf Grönland und in der Westantarktis beschleunigt haben. Entsprechend wurde zwischen 1993 und 2003 ein Meeresspiegelanstieg von insgesamt durchschnittlich 3,1 mm pro Jahr registriert. In den Jahrzehnten zuvor hatte er 1,8 mm/Jahr betragen.

Alle Klimaprojektionen gehen davon aus, dass sich der Anstieg weiter beschleunigen wird. Aber davon mehr im nächsten Kapitel. An dieser Stelle ist nur festzuhalten, dass die Weltmeere sehr träge auf die Klimaveränderungen reagieren. Derzeit ist das Klimasystem im Ungleichgewicht. Ein erheblicher Teil der Energie, den die zusätzlichen Treibhausgase einfangen, wird nicht abgestrahlt, sondern wandert in die allmähliche Erwärmung der Ozeane oder ins Schmelzen von Gletschern und Dauerfrostböden. Oder, um das oben zitierte Bild vom Wassereimer zu bemühen: Der Eimer ist vergrößert worden und muss erst noch vollaufen. Die Potsdamer Klimaforscher Stefan Rahmstorf und Hans Joachim Schellnhuber schätzen, dass erst ein Drittel bis die Hälfte der Erwärmung eingetreten ist, die aufgrund der bisherigen Zunahme der Klima-Gase in der Atmosphäre zu erwarten ist.

Zu den Veränderungen, de bereits zu registrieren sind, gehört auch der Rückgang des arktischen Meereises. Insbesondere die sommerliche Eisbedeckung hat seit Beginn der 1990er mit 7,4 Prozent pro Jahrzent abgenommen. Auch hier hat es in den letzten Jahren, ähnlich wie bei den Gletschern auf Grönland, eine deutliche Beschleunigung gegeben. Weiter wird eine Veränderung der Wetterextreme registriert. Tage und Nächte starken Frosts nehmen überall auf der Nordhalbkugel ab, besonders heiße Tage hingegen zu. Und mit der Hitze kommen auch die Dürren. Vor allem in den Subtropen fallen bereits heute die extremen Trockenperioden intensiver und länger aus, als noch vor einigen Jahrzehnten. Doch gleichzeitig werden Starkniederschläge häufiger, was die Sache nicht unbedingt einfacher macht. Nach langer Trockenheit sind nämlich viele Böden verhärtet, sodass sie nur wenig Wasser aufnehmen können. Zerstörerische Hochwasser werden damit wahrscheinlicher, und zwar auch hierzulande, wo das Risiko extremer Hitzeperioden wie im Sommer 2003 höchstwahrscheinlich zunehmen wird, wie der IPCC-Bericht meint.

Ende April 2007, während dieses Buch entsteht, meldete der Deutsche Wetterdienst, dass der April deutschlandweit bereits der achte Monat in Folge gewesen sei, der viel zu warm ausfiel. Mit 4,4 Grad über dem Durchschnitt der Jahre 1961 bis 1990 sei der Monat der wärmste je gemessene gewesen und zugleich mit großem Abstand auch der trockenste: Nur sieben Prozent des normalen Niederschlags waren gefallen. Und während sich in den Städten die Menschen über sommerliche Temperaturen und das vorzeitige Grün freuten, bangten auf den sandigen Böden Brandenburgs die Bauern um ihre Ernten.

3. Was steht uns bevor?

3.1 Klimaveränderungen

Ganze Heerscharen von Wissenschaftlern aus der Meteorologie, der Ozeanografie, der Paläklimatologie, der Geologie, der Geografie, der Physik, der Luftchemie, der Botanik und vielen anderen Disziplinen haben in den vergangenen Jahrzehnten daran gearbeitet, das Wissen über das Klimasystem zu verbessern, in Klimamodellen zusammenzufassen und Projektionen zu entwickeln, die uns Auskunft über mögliche künftige Entwicklungswege geben, die unser Planet nehmen könnte. Dieser Arbeit, die nun schon seit fast 20 Jahren vom IPCC in regelmäßigen Abständen gebündelt wird, ist es zu verdanken, dass wir heute ziemlich genau wissen, was passieren kann, wenn wir mit der Nutzung der fossilen Brennstoffe und der Entwaldung in Nord und Süd fortfahren wie bisher. Beigetragen hatte dazu auch die Revolution in der Computer- und Satellitentechnik, ohne die die komplexen Modelle nicht zu rechnen, die Unmengen von Daten nicht zu analysieren wären und viele Informationen über den Zustand vor allem entlegener Weltgegenden wie der großen Eisschilde auf Grönland und Antarktika nicht zu Verfügung stünden.

Nicht allen gefällt dieser Erkenntnisgewinn: So berichtete Ian Sample Anfang Februar 2007 in der britischen Zeitung *The Guardian*, dass ExxonMobil – Jahresgewinn 2006 sagenhafte 39,5 Milliarden US-Dollar – Wissenschaftlern jeweils 10.000 US-Dollar für Artikel anbot, wenn sie kritisch über den neuesten IPCC-Bericht schreiben würden. ExxonMobil ist übrigens auch der neue Arbeitgeber von Philip Cooney. Der Ökonom war seit dem Antritt von Bush-Junior im Weißen Haus der Stabschef des Umweltbeirats gewesen. In dieser Funktion hatte er aus verschiedenen wissenschaftlichen Studien allzu deutliche Hinweise auf den Zusammenhang zwischen CO_2-Emissionen und Klimawandel gestrichen. Als diese Manipulationen im letzten Jahr ruchbar wurde, musste er seinen Hut nehmen. Ein Bauernopfer, denn eine ganze Reihe von US-Klimawissenschaftler in staatlichen Organisationen hatten angefangen, öffentlich über den Druck zu sprechen, dem sie von seiten ihrer Vorgesetzten ausgesetzt sind, nicht zu laut über den Zusammenhang von Treibhausgas-Emissionen und Klimaveränderungen zu sprechen.

Das alles hat den IPCC nicht davon abhalten können, in seinem neuesten Bericht eine sehr eindringliche Sprache zu wählen: Je nach dem, welchen wirtschaftlichen Entwicklungspfad unser Planet in den nächsten Jahrzehnten einschlägt, wird die globale Mitteltemperatur im letzten Jahrzehnt dieses Jahrhunderts zwischen 1,1 und 6,4 Grad wärmer als im Mittel der letzten beiden Jahrzehnte des 20. Jahrhunderts sein, wenn nichts gegen den weiteren Anstieg der Treibhausgas-Konzentration in der Atmosphäre unternommen wird. Das günstigste Szenario geht von einer wahrscheinlichen Erwärmung um 1,8 Grad Celsius aus, wobei der Unsicherheitsbereich zwischen 1,1 und 2,9 Grad Celsius liegt. Im ungünstigsten Fall mit einer boomenden besonders auf fossile Energiequellen setzenden Weltwirtschaft würde der Anstieg im wahrscheinlichsten Fall vier Grad Celsius betragen, es könnten aber auch 6,4 oder »nur« 2,4 Grad Celsius sein. Der Unsicherheitsbereich geht zum einen auf unterschiedliche Ergebnisse verschiedener Computermodelle zurück, spiegelt aber auch die Unsicherheiten wieder, die es noch bei einigen Wechselwirkungen gibt. Insbesondere ist die Frage der Wolkenbildung in einer wärmeren Atmosphäre noch nicht genau genug verstanden und in die Computermodelle eingebaut.

Klimamodelle

Als vor über 30 Jahren die ersten Klimawissenschaftler vor einer globalen Erwärmung warnten, beruhten ihre Aussagen auf recht einfachen Modellen der globalen atmosphärischen Zirkulation, die den damals sehr beschränkten Rechenkapazitäten entsprachen. Seitdem hat es eine enorme Verbesserung der

Hard- und Software gegeben. Auch der Kenntnisstand über die verschiedenen Komponenten des Klimasystems und ihre Interaktionen ist erheblich angewachsen und in die Modelle eingeflossen. Klimaprojektionen werden heutzutage berechnet, indem Atmosphären-, Ozean- und Eismodelle gekoppelt werden. Inzwischen ist man auch gut in der Lage, wichtige Wechselwirkungen zu modellieren, insbesondere den erhöhten Wasserdampfgehalt der Atmosphäre, der im Falle einer Erwärmung auftritt und den Treibhauseffekt verstärkt. Neben den menschlichen Treibhausgasen können auch die wichtigsten anderen Faktoren berücksichtigt werden, die den Strahlungshaushalt und damit die Energiebilanz des Klimasystems beeinflussen. Dazu gehören unter anderem auch Variationen der Sonnenstrahlung und des Vulkanismus.

Des Weiteren ist es seit Mitte der 1990er Jahre möglich, auch die Schwefeldioxid- und Rußpartikel zu berücksichtigen, die vor allem von Kohlekraftwerken emittiert werden und einen überwiegend kühlenden Einfluss auf das Klima haben. Damit wurde es erstmals möglich, den bisherigen Verlauf der Erwärmung in der zweiten Hälfte des 20. Jahrhunderts realistisch zu simulieren. Das ist einer der Gründe, weshalb die Wissenschaftler großes Vertrauen in die Aussagekraft ihrer Modelle haben. Ein anderer ist, dass unabhängig voneinander entwickelte Modelle zu sehr ähnlichen Aussagen über das künftige Klima kommen.

Der IPCC hat sich schon vor einigen Jahren auf ein besonderes Verfahren geeinigt, mit dem die Aussagen über unsere Klima-Zukunft ermittelt werden. Zunächst wurde von Ökonomen ein Satz verschiedener Szenarien für künftige CO_2-Emissionen auf der Grundlage unterschiedlicher Annahmen über die Entwicklung von Weltbevölkerung, Industrialisierung, Technologie, Welthandel und verwendete Energiequellen entworfen. Wichtig ist, dass keines dieser Szenarien von einer gezielten Klimaschutzpolitik ausgeht. Sie sind also in gewisser Weise alle Worst-Case-Szenarien.

Die so ermittelten CO_2-Szenarien werden dann in die unterschiedlichen Klimamodelle eingespeist, die in den letzten beiden Jahrzehnten an zahlreichen Instituten in aller Welt entwickelt wurden, um auf diese Art Aussagen über globale Temperatur und Niederschlagsverteilung zur Mitte und gegen Ende des Jahrhunderts zu ermitteln. Dabei handelt es sich nicht um Prognosen oder Vorhersagen im eigentlichen Sinne, sondern um Projektionen. Die Botschaft ist nicht: dies oder jenes wird eintreffen. Sondern es wird ermittelt, was passieren könnte, wenn bestimmte Szenarien wirtschaftlicher Entwicklung auf der Grundlage mehr oder weniger umweltfreundlicher Technik eintreten würden. So kommt die Aussage zustande, bis zum Ende des Jahhunderts könnte sich das globale Klima um bis zu 6,4 Grad erwärmen. Letzteres gibt das obere Ende des ungünstigsten Szenarios an, das durchgerechnet wurde.

Man darf darüber aber nicht vergessen, dass die Klimamodelle noch lange nicht perfekt sind. So fehlen ihnen – weil die Mechanismen bisher nicht genau genug bekannt sind – einige wichtige positive Rückkoppelungen, wie die zwischen Erwärmung und Rückgang der arktischen Schnee- und Eisbedekkung. Auch die möglichen zusätzlichen Treibhausgasemissionen aus den Permafrostböden im hohen Norden sind bisher nicht berücksichtigt. Im Klartext: Es könnte auch noch schlimmer kommen.

Doch der Befund ist alarmierend genug. Schon 1,8 Grad Erwärmung würden die Erde in den Bereich gefährlicher Klimaveränderungen bringen. In vielen Regionen, auch in Deutschland, würde sich zum Beispiel die Wahrscheinlichkeit von Hitzewellen wie jener erhöhen, die im Sommer 2003 Zehntausende Menschen in Westeuropa dahinraffte. In manchen Regionen wird die Wasserversorgung unter erheblichen Druck geraten. Nahezu alle Klimamodelle sagen für die Mittelmeerregion abnehmende Niederschläge bei gleichzeitig höheren Temperaturen voraus, und zwar im geringeren Maße auch schon im Falle der eher moderaten Emissionsszenarien. Auch in anderen Regionen, wie dem südlichen Afrika, Teilen der Karibik und dem Westen Australiens ist mit Dürren zu rechnen. In Südamerika könnte sich der Osten des Amazonas-Regenwaldes in eine regenarme Savanne verwandeln.

Die Ausdehnung der Trockengebiete geht mit einer höheren Variabilität des Wetters einher. Da die Fähigkeit der Luft, Wasserdampf aufzunehmen, mit der Temperatur rasch zunimmt, wird in einem wärmeren Klima die Intensität der Niederschläge höher sein. Schon jetzt kann in einem tropischen Wirbelsturm ohne weiteres an manchen Orten an einem Tag so viel Regen niedergehen, wie hierzulande im ganzen Jahr. Starkniederschläge werden also in vielen Regionen künftig eine zusätzliche Bedrohung für die Landwirtschaft darstellen. Dabei kann es durchaus vorkommen, dass einige Regionen sowohl von Dürre als auch starken Niederschlägen heimgesucht werden.

Welternährung

Mit dem Anlegen von Nahrungsmittelreserven sowie geeigneten Auffang- und Speichertechniken für abfließendes Wasser kann man die Landwirtschaft im Prinzip zumindest teilweise an ein solches Klima anpassen. Dafür müsste allerdings mit dem herrschenden neoliberalen Dogma gebrochen werden, nach dem man die Wirtschaft am besten dem Markt überlässt. Langfristige Planung und öffentliche Investitionen im großen Umfang wären nötig. Außerdem werden viele ärmere Länder, die in den besonders gefährdeten Regionen liegen, massive Unterstützung benötigen.

Martin Parry vom britischen Hadley Center hat mit einigen Kollegen die Wachstumsbedingungen für Soja, Mais, Weizen und Reis, auf die zusammen 85 Prozent der Weltgetreideernte entfallen, unter veränderten klimatischen Bedingungen untersucht. Als Grundlage dienten die Klimaprojektionen, die auf der Grundlage der verschiedenen IPCC-Emissionszenarien entwickelt wurden. Herausgekommen ist ein komplexes Bild, denn in einigen Regionen, vor allem im hohen Norden, kann die Landwirtschaft vermutlich von einer Erwärmung profitieren, so lange nicht die schlimmsten Szenarien Wirklichkeit werden. Außerdem wirkt die erhöhte CO_2-Konzentration als wachstumsfördernder Dünger, solange genug Wasser vorhanden ist. Allerdings haben die Wissenschaftler nur die theoretischen Wachstumsbedingungen untersucht. Das Tempo des Wandels und die Fähigkeit oder Unfähigkeit der Bauern, sich diesem schnell genug anzupassen, blieben unberücksichtigt.

Generell lässt sich zweierlei feststellen. Erstens: Je stärker die Erwärmung ausfällt, desto größer ist die Gefahr, dass auch in den hohen Breiten die negativen Auswirkungen überwiegen. Zumal die Simulation von Parry und Kollegen die Schäden, die durch Stürme und Starkregen entstehen könnten nicht berücksichtigt. Zweitens werden in den unteren und vor allem den mittleren Szenarien die ärmeren Länder überdurchschnittlich unter Ernteeinbußen leiden. Schon jetzt ist der Hunger in diesen Ländern weniger ein Ergebnis dessen, dass auf dem Weltmarkt nicht genug Nahrungsmittel zur Verfügung stünden. Die Menschen hungern vielmehr, weil sie arm sind und sich die Weltmarktpreise nicht leisten können. Da diese aber in Zukunft eher noch anziehen werden, weil in den großen Schwellenländern wie China die kaufkräftige Nachfrage wächst und die Anbauflächen aufgrund der Biosprit-Produktion tendenziell knapper werden, wird in den kommenden Jahrzehnten die Gefahr neuer Hungerkatastrophen aufgrund von Missernten in Afrika oder Südasien wachsen. Ausgerechnet jene Menschen, die nicht das Geringste zum Klimawandel beigetragen haben, werden am härtesten getroffen, während Europa an seinen südlichen Grenzen aufrüstet, um die Flüchtlinge draußen zu halten.

Tauwetter auf dem »Dach der Erde«

Das Tibetische Plateau ist nicht nur mit einer durchschnittlichen Höhe von über 4000 Metern das höchste und ausgedehnteste Hochland des Planeten; es hat wegen dieser Ausmaße und seiner Lage am Rande der Subtropen auch eine wichtige Bedeutung für das globale Klima und den Wasserhaushalt vieler Länder. 2005 hat eine Gruppe chinesischer und deutscher Klimaforscher unter der Leitung von Jin Liya von der Lan-Zhou-Universität in China zum Beispiel mit Computersimulationen gezeigt, dass die Schnee- und Eisdecke auf dem Dach der Welt nicht nur den Niederschlag in Süd- und Südostasien, sondern gar im fernen Nordafrika signifikant beeinflussen kann.

Nicht nur Asiaten sollte daher beunruhigen, was die Pekinger Nachrichtenagentur *Xinhua* Ende Dezember 2006 meldete. Chinesische Meteorologen haben aufgrund von Satellitenbeobachtungen festgestellt, dass die Gletscher schrumpfen und die Schneelinie sich zurückzieht. Andere Untersuchungen haben gezeigt, dass die Tiefe des dauerhaften Frosts, des Permafrosts, in den Böden des Hochlands abgenommen hat. Auswertungen der Daten der Wetterstationen haben ergeben, wo die Ursache zu suchen ist: Seit den 1980er Jahren nahm die Jahresdurchschnittstemperatur auf dem Plateau um 0,9 Grad Celsius zu.

Wegen der stärkeren sommerlichen Gletscherschmelze haben sich derzeit die Feuchtgebiete ausgedehnt und der Wasserstand in den Seen erhöht. Sollten die Gletscher aber künftig verschwinden, was bei einer weiteren Erwärmung sehr wahrscheinlich ist, dann befürchten die Forscher eine Ausbreitung der Wüsten auf dem Plateau, schwere Sandstürme in den benachbarten chinesischen Provinzen und ernsthafte Konsequenzen für die Wasserversorgung Chinas und Südostasiens.

Immerhin entspringen mit dem Mekong, dem Jangtse und dem Gelben Fluss gleich drei der großen Ströme Asiens im tibetischen Hochland.

Großes Ungemach droht auch an den Südhängen des Himalaya, der das Tibetische Plateau im Süden begrenzt. Auch hier speisen die Gletscher große Flüsse wie den Ganges, den Brahmaputra und den Indus. Im Einzugsgebiet des Indus ziehen sich die Gletscher mit einer Rate von 30 bis 40 Metern im Jahr zurück, weiter im Osten des Gebirges noch schneller, schreibt der pakistanische Journalist Khaleeq Kiani im März 2007 in der Internetausgabe der Zeitung *Dawn.* Das Schmelzwasser staut sich oft hinter Wällen aus Geröll und Eis auf. Die sind instabil und werden irgendwann brechen, so dass sich zerstörerische Flutwellen in die Täler ergießen. Laut Kiani haben Wissenschaftler 44 solcher Gletscherstauseen identifiziert, die in den nächsten Jahren lokale Katastrophen verursachen könnten. Nach den großen Fluten kommt dann in einigen Jahrzehnten die große Dürre, wenn die Gletscher verschwunden sind. Der Indus zum Beispiel, der größten Teils durch Pakistan fließt, speist sich bisher zu 80 Prozent aus dem sommerlichen Schmelzwasser der Gletscher.

Zusätzlich gefährdet wird die Welternährung auch durch die Abnahme der biologischen Vielfalt, die wichtig ist, um bei Bedarf neue Sorten heranzüchten zu können. In einem wärmeren Klima werden Flora und Fauna unter einen enormen Anpassungsdruck geraten. 20 bis 30 Prozent aller Pflanzen- und Tierarten werden schon verschwinden, so die IPCC Arbeitsgruppe II in ihrem jüngsten Bericht, wenn die globale Temperatur um 1,5 bis 2,5 Grad Celsius steigt. Einige Klimazonen werden ganz verschwinden und mit ihnen die an sie angepassten Arten. Besonders betroffen sind Alpine Ökosysteme, die von der Erwärmung die Berghänge hinauf getrieben werden. Die heutige Pflanzen- und Tierwelt der Hochgebirge wird schon bald keine Rückzugsmöglichkeiten mehr haben und daher als erste verschwinden. Aber auch viele andere Regionen der Kontinente werden betroffen sein. John Williams, der sich an der Universität von Wisconsin mit der Verschiebung der Klimazonen beschäftigt, meinte kürzlich in einer gemeinsam mit Kollegen veröffentlichten Arbeit, dass sich im schlimmsten Fall auf bis zu 50 Prozent der Landfläche neue Ökosysteme etablieren könnten. Für viele Arten würde das ein Aussterben bedeuten, da sie vermutlich nicht schnell genug den verschobenen Klimazonen hinterher ziehen können. Erschwert wird das auch dadurch, dass viele Naturräume in der heutigen Landschaft nur noch ein Inseldasein fristen, und von großen landwirtschaftlichen Flächen, menschlichen Siedlungen und nicht zuletzt Autobahnen voneinander getrennt werden.

Polarmeer eisfrei

Auch im hohen Norden, wo die Erwärmung wesentlich stärker als im globalen Mittel ausfallen wird, ist mit dramatischen Veränderungen zu rechnen. Viele Klimamodelle gehen davon aus, dass der arktische Ozean beim gegenwärtigen Trend gegen Ende des Jahrhunderts eisfrei sein wird. Vermutlich wird der Übergang relativ bald kommen und sehr schnell vor sich gehen. Marika Holland vom US National Center for Atmospheric Research (NCAR) hat gemeinsam mit zwei Kollegen von anderen Instituten an einem speziell auf die Arktis zugeschnittenen Modell untersucht, wie sich das polare Meereis verhält, wenn die Treibhausgas-Emissionen einem der mittleren Szenarien folgen würden, und zwar einem, das die globale Mitteltemperatur zum Ende des Jahrhunderts um etwa 2,8 Grad Celsius klettern lassen würde. Heraus kam, dass sich schon innerhalb der nächsten beiden Jahrzehnte der Rückgang des Eises, der bereits seit Beginn der 1990er beobachtet wird, erheblich beschleunigen könnte. In einigen Simulationen geht die Eisbedeckung innerhalb von nur zehn Jahren um rund 80 Prozent zurück. Danach wäre im Sommer nur noch nördlich Grönlands und des kanadischen Archipels Meereis zu finden. Eine Anfang Mai 2007 veröffentlichte Arbeit von Julienne Stroeve und Kollegen, der ebenfalls am NCAR in den USA arbeitet, scheint Hollands Ergebnisse zu bestätigen. Demnach geht ist der Eisrückgang in den letzten Jahrzehnten deutlich schneller gewesen, als er von allen Klimamodellen simuliert wird. Während der jüngste IPCC-Bericht auf der Grundlage der Projektionen von 18 unterschiedlichen Computermodellen ein im Sommer eisfreies Polarmeer erst für die zweite Hälfte des Jahrhunderts erwartet, kommen die Autoren zu dem Schluss, dass die Natur den Simulationen derzeit 30 Jahre voraus ist. Demnach würden die Modelle den Klimawandel in der Arktis deutlich unterschätzen.

Für die arktischen Ökosysteme und die Menschen, die von ihnen leben, wird der sommerlich Eisschwund katastrophale Folgen haben. Eisbären, Walrösser sowie einige Robben- und Vogelarten sind auf das Eis angewiesen. Manche, wenn nicht alle dieser Arten werden aussterben. Mit ihnen droht auch die Jagdkultur der Eskimos und anderer arktischer Völker unterzugehen. »Der Klimawandel«, meinte Sheila Watt-Clouttier, bis 2006 Vorsitzende der Inuit Circumpolar Conference, die die Eskimos in Russland, Kanada, Grönland und den USA vertritt, »ist zur ultimativen Bedrohung unserer Kultur geworden.« Auch die Samen in Finnland und Schweden, die von der Rentierzucht leben, können von den verheerenden Auswirkungen des Klimawandels berichten. Den Winter 2006/2007 haben ihre Herden nur überlebt, weil für sie Futter aus dem Süden herangeschafft wurde. Während in Deutschland der Winter praktisch ausfiel, gab es auch im hohen Norden viel zu mildes Wetter. Die Folge: Der Schnee auf den Winterweiden der Tiere schmolz des öfteren an, so dass sich bei erneutem Frost ein Eispanzer auf dem Gras bildete. Den konnten die Tiere, die es gewohnt sind, ihre Nahrung unter dem Schnee zu suchen, nicht mit ihren Hufen wegkratzen.

Permafrost

Auf den Meeresspiegel hat der Eisschwund am Nordpol entgegen landläufiger Meinung keinen Einfluss. Das Eis schwimmt nämlich auf dem Meer und verdrängt dabei soviel Wasser, wie in ihm gefroren ist.

Allerdings würde ein im Sommer eisfreier arktischer Ozean mit Sicherheit dazu beitragen, dass sich seine Küstenregionen erwärmen. Dort liegt eine Zone dauerhaft gefrorenen Bodens, der sogenannte Permafrost, die im wärmeren Klima schrumpfen wird. In den Polarregionen Asiens und Nordamerikas ist wie im Hochgebirge der Boden dauerhaft gefroren. 400 bis 500 Meter tief kann die Frostzone reichen. Derart dicke Eisschichten im Boden brauchen mehrere Jahrhunderte, bevor sie vollständig verschwunden sind. Doch schon die Ausdehnung der sogenannten aktiven Schicht, jener obersten Zentimeter oder Dezimeter, die unter der Sommersonne auftauen, wird schwerwiegende Auswirkungen für die Infrastruktur in den betroffenen Regionen haben. Viele Straßen, Häuser und die neue Eisenbahn, die die tibetische Hauptstadt Lhasa seit 2006 mit dem chinesischen Schienennetz verbindet, nutzen den Permafrost als Fundament. In den Hochgebirgen wird sich außerdem die Gefahr von Gerölllawinen erhöhen, denn dort hält oft der Frost den Boden zusammen.

Und noch eine andere Gefahr droht aus dem Permafrost: Er könnte sich, einmal aufgetaut, als eine sehr ergiebige Quelle zusätzlicher Treibhausgase erweisen. Der russische Wissenschaftler Sergey A. Zimov hat 2006 gemeinsam mit zwei US-amerikanischen Kollegen berechnet, dass im Permafrost mehr Kohlenstoff gespeichert ist als in den tropischen Regenwäldern. Besonders in den Überresten der einstigen Mammut-Steppe, die in Sibirien tiefgefroren unter der Tundra überdauert haben, sind rund 500 Gigatonnen Kohlenstoff (eine Gigatonne entspricht einer Milliarde Tonnen) gespeichert. In anderen Teilen des Permafrost schlummern weitere 400 Gigatonnen Kohlenstoff, schätzen die Autoren. Zum Vergleich: Derzeit beträgt der Kohlenstoffgehalt der Atmosphäre, hauptsächlich in Form von CO_2, etwa 730 Gigatonnen.

Mammutsteppe

Als Skandinavien und Kanada von einem kilometerdicken Eispanzer bedeckt waren, beherrschten Wollmammuts und -nashörner die Steppen Eurasiens. Der Boden dieser Mammut-Steppe bestand aus Löss oder Yedoma, wie er in Sibirien genannt wird. Dabei handelt es sich um feinen Staub, der in dem kalt-trockenen Klima, das während der Eiszeiten in weiten Teilen Europas, Nordamerikas und Nordasiens herrschte, verweht wurde. In den ausgedehnten Kalt-Steppen lagerte er Schicht um Schicht ab und begrub unter sich Pflanzen und Kadaver. Entsprechend sind die durch den Permafrost in Nordsibirien und Zentral-Alaska konservierten Löss-Böden im Schnitt 25 Meter tief und enthalten große Mengen gefrorener Graswurzeln, Knochen und sonstiger Überreste von Tieren. Mehrere Dutzend tiefgefrorener Mammuts sind in Sibirien in diesen Böden in den letzten zwei Jahrhunderten gefunden und wissenschaftlich untersucht worden. Dort, wo sich die Permafrostböden nach dem Ende der Eiszeit vor rund 14.000 Jahren zurückgezogen haben, sind diese Pflanzen- und Tierreste längst von Mikroben zersetzt worden.

Der Kohlenstoff liegt in den Böden vor allem in Form von Tierkadavern und abgestorbenen Pflanzen vor, die verwesen, wenn die Böden auftauen. Dabei würde entweder CO_2, oder, wenn die Verwesung in Sümpfen unter sauerstofffreien Bedingungen stattfindet, das als Treibhausgas wesentlich effektivere Methan (CH_4) entstehen und in die Atmosphäre gelangen. Zimov und Kollegen haben Versuche mit aufgetauten Böden durchgeführt und kommen zu dem Ergebnis, dass der Verwesungsprozess anfänglich sehr schnell ablaufen würde. Hochgerechnet auf den gesamten gefrorenen Boden würden in der Anfangszeit 91 bis 365 Gigatonnen Kohlenstoff pro Jahr freigesetzt. Nun wird nicht der ganze Boden auf einen Schlag auftauen, aber schon ein kleiner Teil dieser Menge wäre noch immer gewaltig. Ein Vergleich mit den jährlichen Emissionen aus fossilen Energieträgern in Höhe von rund 6,5 Gigatonnen Kohlenstoff lässt erahnen, dass im hohen Norden eine klimatische Zeitbombe schlummert. Der Klimawandel könnte eine positive Rückkoppelung in Gang setzen: Höhere Temperaturen lassen den Permafrostboden tauen, Mikroben zersetzen das organische Material und produzieren dabei CO_2 und CH_4, die wiederum den Treibhauseffekt verstärken und die globale Temperatur weiter steigen lassen.

Meeresspiegel

Der Meeresspiegel fällt vielen Menschen als erstes beim Stichwort Klimawandel ein, und tatsächlich ist sein Anstieg auch potenziell eine der gefährlichsten Folgen der Klimaveränderungen. Rund um den Globus liegen viele große Metropolen an den Küsten. Der steigende Meeresspiegel bedroht also die Wohnstätten von einigen hundert Millionen Menschen und zudem unzählige Infrastruktureinrichtungen, Industrieanlagen, alte Mülldeponien und Giftmülllager.

Viele flache Küstenregionen und Inseln haben zudem das Problem, dass ein steigender Meeresspiegel sie verwundbarer gegenüber Sturmfluten macht. »Viele Inseln liegen nicht mehr als ein paar Meter über dem Meeresspiegel«, meinte Mitte April der Botschafter Papua Neuguineas, Robert Aisi, als Sprecher der kleinen Inselstaaten des Pazifiks vor dem UN-Sicherheitsrat, und fügte hinzu: »Da die Erosion der Wellen exponentiell mit dem Meeresspiegel zunimmt, wird schon ein Anstieg um einen halben Meter diese Inselstaaten überfluten und das Überleben ihrer Bevölkerungen gefährden. Aber selbst wenn die flachen Atolle im indischen Ozean und Pazifik nicht gleich überschwemmt werden sollten, können bei schweren Fluten die Süßwasserreservoirs der Inseln versalzen und die Eilande dadurch unbewohnbar gemacht werden.«

Zwei Klimafaktoren lassen den Meeresspiegel vor allem steigen: Zum einen das Schrumpfen der Gletscher und dabei vor allem des Eises auf Grönland und im Westen der Antarktis. Gemeinsam können sie weltweit die Pegelstände um elf bis dreizehn Meter steigen lassen. Die Gletscher in den Hochgebirgen auf den anderen Kontinenten bringen es dagegen zusammen nur auf ein paar wenige Dutzend Zentimeter und fallen langfristig kaum ins Gewicht. Lange Jahre haben die meisten Wissenschaftler gedacht, dass der Rückgang der arktischen und antarktischen Gletscher ein sehr langsamer Vorgang sein wird, der sich über viele Jahrhunderte erstreckt. Inzwischen sind sich aber nicht mehr alle Fachleute dessen so sicher.

Der zweite Klimafaktor, der den Meeresspiegel beeinflusst, ist die Wassertemperatur. Wasser dehnt sich wie jedes Material aus, wenn es erwärmt wird, und da die Weltmeere an den meisten Stellen 5000 bis 6000 Meter tief sind, macht das eine ganze Menge aus. Von 1993 bis 2003 ist der Meeresspiegel laut dem jüngsten IPCC-Bericht um 3,1 Zentimeter gestiegen (Ungenauigkeit: +-0,7 cm). Rund die Hälfte davon, 1,6 Zentimeter (Ungenauigkeit: +-0,5 cm), geht auf die thermische Expansion zurück. Inzwischen sei die Erwärmung des Ozeans bis in mehrere hundert Meter Tiefe feststellbar, heißt es in dem Bericht.

Was kommt auf uns zu? Der IPCC-Bericht schätzt, dass bis zum letzten Jahrzehnt des Jahrhunderts der Meeresspiegel um 18 bis 59 Zentimeter steigen wird. 18 bis 38 Zentimeter ist die Schätzung für das unterste, das emissionsärmste Szenario, 26 bis 59 Zentimeter wird für das Szenario mit den meisten Emissionen angenommen. Das hört sich nicht so dramatisch an, jedenfalls nicht, wenn man weit weg von der Küste lebt. An der Nordsee hat man durchaus eine Vorstellung davon, dass ein Anstieg der mittleren Pegelstände um nur ein paar Dutzend Zentimeter schon ausreicht, die nächste Sturmflut sehr gefährlich zu machen.

Im vorhergehenden Sachstandbericht hatte der IPCC noch 88 cm als oberste Schätzung angegeben, aber der Unterschied ist vor allem eine Folge der verschiedenen Darstellungen, wie Stefan Rahmstorf vom Potsdam Institut für Klimafolgenforschung erklärt, der einer der IPCC-Autoren der Arbeitsgruppe I war und im Wissenschaftlichen Beirat der Bundesregierung für Globale Umweltveränderungen ist. Der wesentliche Grund liege darin, so Rahmstorf in einem Beitrag auf der Internet-Plattform realclimate.org nach der Veröffentlichung der Berichts-Zusammenfassung, dass heute die Unsicherheit über die dynamischen Abläufe in den Eisschilden viel größer sei als vor sechs Jahren, als der letzte Bericht veröffentlicht wurde. Deshalb wurden die Unsicherheitsgrenzen, die aus der Beurteilung des Beitrags der Eisdynamik zum Meeresspiegelanstieg hervorgingen, einfach weggelassen.

Das ist ein kleines Beispiel für die Tücken der Darstellung naturwissenschaftlicher Ergebnisse, die den Laien leicht verwirren kann. Das wesentliche an der Geschichte ist jedoch, dass die Projektionen für den Meeresspiegelanstieg darauf beruhen, dass sich die Eisschilde so verhalten werden, wie sie es zwischen 1993 und 2003 taten. Das ist jedoch alles andere als gewiss. Wie weiter unten näher ausgeführt wird, hat sich sowohl auf Grönland als auch in Teilen der Antarktis das Abbrechen von Eisbergen von den Gletschern beschleunigt. Keiner kann bisher sagen, ob das eine vorübergehende Erscheinung ist, oder ob die Rate des Eisverlustes – und damit des Meeresspiegelanstiegs – langfristig zunimmt.

Im Augenblick geht der Meeresspiegelanstieg jedenfalls vergleichsweise rasch vonstatten. Das zeigt zumindest ein Vergleich mit den IPCC- Prognosen von 2001, den Rahmstorf gemeinsam mit einigen Kollegen aus anderen Instituten angestellt hat. In einem im Februar 2007 veröffentlichten Fachartikel weisen sie darauf hin, dass sich in den letzten Jahren die globale Temperatur und vor allem der Meeresspiegel am oberen Rand des Vorhergesagten bewegt haben.

So oder so sind aber die 59 Zentimeter Anstieg zum Ende des Jahrhunderts – ob sie nun erreicht werden oder gar höher ausfallen – keineswegs das Ende der Fahnenstange. Sowohl Eis als auch Ozean reagieren sehr träge auf das erwärmte Klima. Die Erwärmung der tieferen Wasserschichten geht sehr langsam vonstatten und damit auch die thermische Expansion. Wenn die Treibhausgaskonzentration einst stabilisiert ist, wird die Wärmeausdehnung noch viele Jahrhunderte weitergehen. Welche Ausmaße sie haben wird, hängt vom Grad der Erwärmung ab: Je weniger Treibhausgase in der Atmosphäre, desto geringer wird auch der Meeresspiegelanstieg ausfallen. Im Falle eines mittleren Szenarios und einer Stabilisierung der Konzentration im Jahre 2100 würde der Meeresspiegel in den darauf folgenden 100 Jahren allein aufgrund der Erwärmung des Ozeans um weitere 30 bis 80 Zentimeter steigen. Ähnliches gilt im Prinzip auch für den Beitrag der polaren Gletscher, nur dass diese sich, wie unten ausgeführt werden wird, weniger linear verhalten.

Versauerung

Das Treibhausgas CO_2 hat neben der Erwärmung noch einen anderen bedenklichen Effekt: Es versauert das Wasser der Ozeane. Ein Teil des von Menschen emittierten Gases wird von den Weltmeeren aufgenommen und hat bereits dazu geführt, dass sich der ph-Wert, der ein Maß für den chemischen Zustand einer Flüssigkeit ist, um 0,1 abgesenkt hat. Zu vorindustriellen Zeiten hat er 8,18 betragen, jetzt liegt er im Mittel bei 8,08. Das ist immer noch im alkalischen, das heißt nicht sauren Bereich, aber das ist unerheblich. Die entscheidende Fragen wird vielmehr sein, wie sich durch den sinkenden ph-Wert in Zukunft die Wachstumsbedingungen für Korallen und Meeresplankton mit Kalkschalen oder -skeletten verändern. Noch ist nicht untersucht, ob es bereits Auswirkungen auf die Meeresfauna gibt. Der Wissenschaftliche Beirat der Bundesregierung Globale Umweltveränderungen (WBGU) hat 2006 in einem Sonderbericht gewarnt, dass sich bei Fortsetzung des gegenwärtigen Trends die Bedingungen für die kalkbildenden Organismen erheblich verschlechtern werden. Das wird auch für höhere Organismen nicht ohne Folgen bleiben, denn das Plankton steht am Anfang der Nahrungskette in den Meeren. Somit könnten die CO_2-Emissionen künftig erhebliche Probleme für die Fischereierträge aufwerfen.

Veränderungen in Deutschland

Am Hamburger Max-Planck-Institut für Meteorologie hat man 2006 eine Studie durchgeführt, die die Aussagen der Klimaprojektionen auf eine so kleine Region wie Deutschland herunterbricht. Dafür wurde ein sogenanntes Regionalmodell entwickelt, mit dem wie mit einer Lupe Teilbereiche in genaueren Augenschein genommen werden können, denn die großen globalen Modelle können keine derart kleinräumigen Aussagen treffen. Das Ergebnis der Hamburger: Je nach Szenario wird in Deutschland bis zum Ende des Jahrhunderts die mittleren Temperatur um 2,5 bis 3,5 Grad Celsius steigen. Die Erwärmung variiert allerdings geografisch und saisonal stark. Am stärksten wird sich der Winter im Süden erwärmen, und zwar um bis zu vier Grad. Gleichzeitig werden die sommerlichen Niederschläge im ganzen Land abnehmen. Besonders ausgeprägt wird dieser Rückgang allerdings im Süden und Südosten (um 30 Prozent) und im Nordosten (um 25 Prozent) sein. Da mit höheren Temperaturen auch die Verdunstung zunimmt, heißt das, dass sich die deutsche Landwirtschaft in den entsprechenden Bundesländern auf extreme Trockenheit einstellen müsste. Außerdem ist damit zu rechnen, dass ein größerer Teil des Regens als Starkniederschlag fallen wird, der Ernten vernichten kann.

Friedrich-Wilhelm Gerstengarbe vom Potsdam Institut für Klimafolgenforschung hat 2003 gemeinsam mit einigen Kollegen zusammengetragen, wie es in Berlin und Brandenburg im Jahre 2055 aussehen könnte, wenn bis dahin die Temperatur gegenüber 2001 um 1,4 Grad Celsius zunimmt. Der Anstieg ist eher vorsichtig geschätzt ist, denn er könnte sehr wohl auch höher ausfallen. Aber schon so würden die Niederschläge drastisch zurückgehen. Die Grundwasserneubildung würde um 42 Prozent abnehmen. Für Flüsse und Seen hätte das einen niedrigeren Wasserstand zur Folge. Einige Flüsse und Moore könnten im Sommer trocken fallen. Die Waldbrandgefahr würde sich um 30 Prozent erhöhen.

3.2 Ökonomische Implikationen

Lobbyisten der großen Industrieverbände sprechen gerne von den ökonomischen Kosten, die ein Ausstieg aus der Nutzung von Kohle und Erdöl verursachen würde. Der Vorstandsvorsitzende der BASF Eggert Voscherau, der Ende März 2007 in der *Frankfurter Allgemeinen Zeitung* vor einem Klimaschutz-Alleingang Deutschlands warnte, ist da nur ein Beispiel unter vielen. Aber ein typisches. Immerhin gehört die Chemieindustrie zu den energieintensiven Branchen, die bisher prächtig davon profitieren, dass sie für die Umweltschäden, die die Verbrennung der Kohle verursacht, nicht aufkommen müssen.

Einen gewissen Eindruck davon, welche ökonomischen Schäden durch den Klimawandel zu erwarten sind, geben die Berichte der Versicherungswirtschaft. Die Münchner Rück, einer der weltweit führenden Rückversicherer, gehört schon seit vielen Jahren zu den Mahnern vor dem drohenden Klimawandel. Ihre Statistiken zeigen ab Ende der 1980er Jahre einen exponentiellen Anstieg der volkswirtschaftlichen Schäden, die in aller Welt durch schwere Naturkatastrophen ausgelöst werden. Ursache hierfür ist ohne Frage auch die Zunahme an Immobilien- und Infrastrukturwerten. Als Erklärung reicht das allerdings nicht: Die globale Schadenssumme wuchs in den letzten Jahrzenten um durchschnittlich deutlich über zehn Prozent pro Jahr, während die Weltwirtschaft selten um mehr als fünf Prozent zulegte. Das Anwachsen der Schäden passt außerdem zu den Berichten über die Zunahme von Stürmen und anderen Extremereignissen in aller Welt. Auch in hiesigen Breiten hat man das in den vergangenen Jahren zu spüren bekommen: Die Alpen erlebten zum Beispiel 2005/2006 einen ganz ungewöhnlich schneereichen Winter. In Süddeutschland und insbesondere in Österreich sorgte die weiße Pracht bei fast durchgehenden Minustemperaturen, die ein zwischenzeitliches Abtauen verhindern, für das Einstürzen zahlreicher Dächer. Beim südlichen Nachbarn entstand dadurch ein Versicherungsschaden von etwas über 300 Millionen Euro. Ein Jahr später stöhnte die Tourismus- und Wintersportindustrie wegen ausbleibenden Schnees, und Fotos von Abfahrtsrennen inmitten grüner Wiesen gingen um die Welt.

In Deutschland verzeichnete die Münchner Rück 2006 den größten Einzelschaden, als am 28. und 29. Juni im Schwarzwald ein Hagelsturm umfangreiche Verwüstungen anrichtete. Versicherte Werte in Höhe von rund 235 Millionen Euro wurden zerstört. Allerdings muss immer wieder betont werden, dass derlei Einzelereignisse genauso wenig ein Beleg für den Klimawandel sind wie ein einzelner heißer Sommer oder milder Winter. Erst ihre statistische Häufung kann mit der globalen Erwärmung in Zusammenhang gebracht werden.

Die britische Regierung wollte etwas genauer wissen, welche ökonomischen Folgen der Klimawandel haben könnte und beauftragte den ehemaligen Weltbank-Ökonomen Nicholas Stern, einen Menschen, der als Berater der Blair-Regierung nicht gerade radikaler Positionen verdächtig ist, sich die Sache einmal genauer anzusehen. Heraus kam ein umfangreicher Bericht, der im Herbst 2006 als Stern-Report einen der Anstöße für die Neubelebung der internationalen Klimadebatte lieferte.

Wie auch der Bericht der IPCC-Arbeitsgruppe II stellte der Stern-Report heraus, dass vor allem die ärmsten Länder besonders hart vom Klimawandel getroffen würden. Schon jetzt würden dort die schweren Naturkatastrophen Schäden anrichten, die durchschnittlich fünf Prozent des jeweiligen Bruttonationaleinkommens (BNE) ausmachen, also dessen, was alle Landesbewohner im Laufe eines Jahres durch ihre Arbeit an Werten erschaffen. Sollten die Emissionen weiter ungebremst steigen, so könne zum Beispiel aufgrund der Verluste der Kleinbauern durch die Klimaveränderungen die Zahl der Menschen, die von weniger als zwei US-Dollar pro Tag leben müssen, bis zum Jahre 2050 um 145 bis 220 Millionen steigen. In Südasien und dem subsaharischem Afrika würde das jährlich den Tod von zusätzlichen 165.000 bis 250.000 Kindern kosten, und zwar allein aufgrund der wachsenden Armut. Gestiegene Gesundheitsrisiken, wie die Ausbreitung von Dengue-Fieber und Malaria sind dabei noch nicht einmal berücksichtigt.

In einigen Ländern sind die wirtschaftlichen Folgen bereits jetzt zu spüren. Alfred Capelle, der Botschafter der Marshall-Inseln, eines Inselstaates im äquatorialen westlichen Pazifik, dessen Atolle im

Schnitt nur zwei Meter über dem mittleren Meeresspiegel liegen, berichtete Mitte April vor dem UN-Sicherheitsrat von dem besorgniserregenden Zustand der Korallenriffe im Pazifik. Mit ihrem Absterben verlieren die Atolle nicht nur einen unverzichtbaren Schutz gegen Sturmfluten, sondern auch eine wichtige Einnahmequelle. Die Riffe seien die Kinderstube vieler Fischarten. Sterben die Korallen aufgrund höherer Wassertemperaturen und Versauerung der Meere ab, so seien Auswirkung auf die Fangerträge unvermeidlich. Die Gewässer um die Marshall-Inseln, so Capelle, gehören bisher zu einem der reichsten Fischgründe weltweit, und der Export von Fisch ist eine der wichtigsten Einnahmequellen des kleinen Staates mit etwa 60.000 Einwohnern.

Der Stern-Report hat deutlich gemacht, dass besonders den ärmeren unter den Entwicklungsländern ein fataler Teufelskreislauf droht. Einerseits haben sie oft bereits heute unter ungünstigen klimatischen Bedingungen zu leiden, andererseits hängen ihre Ökonomien weit mehr als die der Schwellenländer oder gar der Industriestaaten von der Landwirtschaft ab. Damit sind sie ökonomisch gegenüber Dürren, schweren Fluten und Insektenplagen besonders verwundbar. Da aber das Kapital für ihre industrielle Entwicklung, sofern sie halbwegs unabhängig sein soll, vom Agrarsektor generiert werden muss, gerät mit dem globalen Klimawandel auch der ökonomische Fortschritt dieser Länder in Gefahr.

Ähnlich wie die Statistiken der Münchener Rück verweist auch der Stern-Report darauf, dass schon jetzt die »Kosten von Naturkatastrophen und ihre Häufigkeit dramatisch zugenommen haben. Global haben in den 1970ern die Verluste durch Unwetter durchschnittlich etwa 83 Milliarden US-Dollar betragen, in den 1990ern hingegen 440 Milliarden Euro. Gleichzeitig ist die Zahl der 'großen Naturkatastrophen' von 29 auf 74 pro Dekade gestiegen. Auch wenn der größere Teil der Schadenssumme in den Industriestaaten entsteht, da dort der monetäre Wert der Infrastruktur höher ist, fallen die Kosten extremer Wetterereignisse in den Entwicklungsländern stärker ins Gewicht. Ein größerer Anteil des Nationaleinkommens wird vernichtet. Außerdem waren in den vergangenen Jahren über 96 Prozent aller

Todesfälle durch Naturkatastrophen in Entwicklungsländern zu beklagen.« Letzteres ist ein sehr deutlicher Hinweis darauf, dass der wirtschaftliche Entwicklungsstand eines Landes ganz entscheidend für die Frage ist, wie es mit den Folgen des Klimawandels umgehen kann. Die angegebenen Beträge beziehen sich auf konstante Preise bezogen auf das Jahr 2003. »Große Naturkatastrophen« sind per Definition alle Ereignisse – also auch nicht klimabedingte Katastrophen wie etwa Erdbeben und Tsunamis –, bei denen überregionale oder internationale Hilfe notwendig ist, die Zahl der Todesopfer in die Tausende und der der Obdachlosen in die Hunderttausende geht.

Aber auch die reichen Länder werden nicht verschont bleiben, die ökonomischen Modelle ergeben, so der Stern-Bericht, »dass, wenn wir nicht handeln, die Gesamtkosten und -risiken des Klimawandels, gleichbedeutend mit dem Verlust von wenigstens fünf Prozent des jährlichen globalen Bruttonationaleinkommens, jetzt und für immer, sein werden. Wenn man eine breitere Palette von Risiken und Einflüssen berücksichtigt, dann könnten die Schadensschätzungen auf zwanzig Prozent des Bruttonationaleinkommens oder mehr ansteigen.« Nicht nur die unmittelbaren Schäden sind das Problem. In Zeiten der fortschreitenden Globalisierung und der Internationalisierung der Produktionsprozesse können Unterbrechungen der Handelsströme zu schweren Erschütterungen der Weltwirtschaft führen. »Unsere Handlungen in den nächsten Jahrzehnten können in der zweiten Jahrhunderthälfte und im nächsten Jahrhundert große ökonomische und soziale Verwerfungen heraufbeschwören, die durchaus vergleichbar mit den beiden Weltkriegen und der Weltwirtschaftskrise in der ersten Hälfte des 20. Jahrhunderts sind.«

Beim Deutschen Institut für Wirtschaftsforschung in Berlin hat man versucht, den Schaden für Deutschland zu ermitteln. Ergebnis: Ohne nennenswerten Erfolg des internationalen Klimaschutzes bis zum Jahr 2100 würden hierzulande ökonomische Kosten von fast drei Billionen Euro entstehen, hat die DIW-Umweltökonomin Claudia Kemfert errechnet. Das wäre immerhin deutlich mehr als die derzeitige jährliche Wirtschaftsleistung. Zugrunde gelegt wurde dabei eines der Worst-Case-Szenarien des IPCC, in dem sich die Weltwirtschaft schnell entwickelt und auch in den kommenden Jahrzehnten ihren Energiebedarf hauptsächlich mit fossilen Brennstoffen deckt. In diesem Szenario würde bis zum Jahre 2100 die globale Temperatur um 4,5 Grad Celsius steigen.

Schon bis 2050, so Kemfert, entstünde hierzulande ein wirtschaftlicher Schaden von knapp 800 Milliarden Euro. 330 Milliarden Euro davon gingen auf das Konto der Folgen von Extremereignissen. Weitere 300 Milliarden wären das Ergebnis höherer Energiekosten. Ursache wären vor allem eine Verknappung der fossilen Energieträger, aber auch die Probleme der Großkraftwerke, die in Hitzesommern nicht mehr genügend Kühlwasser aus den Flüssen bekommen. Die Folgen hätten nach Ansicht der Autorin zum größten Teil die privaten Haushalte zu tragen. Schon heute bezahlen nach Angaben des statistischen Bundesamtes Kleinverbraucher rund doppelt soviel für eine Kilowattstunde Strom wie industrielle Großabnehmer. Allerdings rechnet Kemfert auch mit Problemen für energieintensive Branchen wie die Chemieindustrie und die Metallverarbeitung, wo sich der Anteil der Energiekosten auf 85 Prozent der Gesamtkosten erhöhen könnte.

Die restlichen 170 Milliarden Euro müssten für Anpassungsmaßnahmen wie Küstenschutz, Vorbereitung des Gesundheitssektors, Notfallpläne, Hochwasserschutz an den Flüssen und vieles mehr aufgebracht werden. Betroffen wären alle Branchen. Unter anderem, so Kemfert, würden schon bei einem Anstieg der globalen Temperatur um ein Grad Celsius etwa 60 Prozent der deutschen Wintersportgebiete nicht mehr ausreichend Schnee haben.

Für Menschen, die nicht vom Tourismus abhängig sind und auch sonst dem winterlichen Trubel in Alpen und Mittelgebirge nichts abgewinnen können, mag das noch harmlos klingen. Die zusätzlichen Kosten in Höhe von 61 Milliarden Euro für den Gesundheitssektor bis 2050 geben einen Eindruck davon, dass viele Menschen den Klimawandel auch ganz konkret am eigenen Leib zu spüren bekommen würden. Extrem heiße Sommer wie 2003 werden in einem wärmeren Klima erheblich wahrscheinlicher und daher muss die Gesundheitsversorgung dringend an sie angepasst werden, wozu auch Aufklärungskampagnen gehören. Außerdem werden sich bisher hierzulande unbekannte Krankheiten ausbreiten, wie zum Beispiel die Malaria, und auch die Zecken werden vermutlich schon in wenigen Jahren im wärmeren Klima bis an Nord- und Ostsee wandern.

Der größere Teil der ökonomischen Kosten würde allerdings erst in der zweiten Hälfte des Jahrhunderts entstehen, und man kann sicher sein, dass 2100, dem Jahr, bis zu dem die Prognosen reichen, damit nicht Schluss sein wird. Die ökonomischen Modelle, mit denen diese Abschätzungen gemacht wurden, mögen unscharf sein, aber eines ist ziemlich sicher: Die Ozeane und die Gletscher auf Grönland und in der Antarktis sind sehr träge. Wenn die Konzentration der Treibhausgase sich längst stabilisiert hat, werden sie noch viele Jahrzehnte, im Falle der Gletscher gar viele Jahrhunderte brauchen, bis sie sich an ein neues Gleichgewicht angepasst haben. Der Meeresspiegel wird daher noch sehr lange weiter steigen; je länger wir uns Zeit lassen, die Emissionen drastisch zu reduzieren, desto mehr. Rund um den Globus würden in künftigen Generationen viele hundert Millionen Menschen gezwungen werden, ihre Städte und Dörfer in sichere Gefilde zu verlegen.

»Die Investitionen, die in den nächsten zehn bis zwanzig Jahren erfolgen, werden einen tief greifenden Effekt auf das Klima in der zweiten Hälfte dieses Jahrhunderts und im nächsten haben. Durch unser Handeln jetzt und über die nächsten Jahrzehnte könnte das wirtschaftliche und soziale Leben in einem Ausmaß ähnlich dem während der Weltkriege und der Wirtschaftskrise in der ersten Hälfte des 20. Jahrhunderts gestört werden.« (Aus der Zusammenfassung des Stern-Reports.)

3.3 Ein Ausflug in die Vergangenheit

Bei all dem sollte man im Hinterkopf behalten, dass die Klimamodelle nicht unbedingt auch die schlimmstmögliche Entwicklung beschreiben. Ein Blick in die Klimageschichte zeigt nämlich, dass die vergangenen ca. 11.500 Jahren, jener Zeitraum seit Ende der letzten

Eiszeit, den die Wissenschaftler das Holozän nennen, ungewöhnlich ruhig und stabil waren. Zumindest wenn man diese Zeit mit den etwa 130.000 vorhergehenden Jahren vergleicht, über die inzwischen halbwegs detaillierte Klimainformationen vorliegen. Vermutlich ist es kein Zufall gewesen, dass unsere Vorfahren, die zuvor rund 200.000 Jahre in kleinen, sehr mobilen Gruppen als Jäger und Sammler gelebt hatten, nur wenige Jahrtausende nach der Stabilisierung der Klimaverhältnisse langsam sesshaft wurden und den Ackerbau begonnen haben. Sowohl während der letzten Eiszeit als auch während der vorhergehenden Warmzeit, die die Wissenschaftler Eem nennen, waren die klimatischen Bedingungen wesentlich ungünstiger.

Das ist das Bild, das sich in den letzten Jahrzehnten für die Forscher herausgeschält hat. Seit Mitte der 1980er Jahre haben die Klimawissenschaften erhebliche Fortschritte in der Entschlüsselung unserer – im geologischen Sinne – jüngsten Vergangenheit gemacht. Wie in Fragen der Wirtschaftsentwicklung oder vielen anderen gesellschaftlichen Prozessen vermittelt auch in den Geowissenschaften erst die Kenntnis früherer Abläufe und Entwicklungen einen tieferen Einblick in die Funktionsweise des Klimasystems und vor allem in das breite Spektrum der Möglichkeiten, die sich aus den Wechselwirkungen seiner verschiedenen Komponenten ergeben. Schon lange wussten Geologen aus den Spuren, die sie in Nordeuropa und im Norden der USA gefunden hatten, dass die Erde in der letzten Million Jahre eine Abfolge von Kalt- und Warmzeiten durchlaufen hat. Aber wie sah das globale Klima in dieser Zeit aus? Waren auch die Tropen von der Abkühlung betroffen? Welche Rolle spielten die Treibhausgase, welche die periodischen Veränderungen in der Umlaufbahn der Erde um die Sonne? Wie sah das Wechselspiel zwischen den einzelnen Komponenten des Klimasystems aus?

So haben sich denn Geologen, Geophysiker, Ozeanographen, Meteorologen und Paläoklimatologen daran gemacht, in den Archiven der Natur zu stöbern, um nach und nach die Puzzleteile zusammenzutragen. Tiefseesedimente wurden untersucht, Eisbohrkerne in der Antarktis und auf Grönland gezogen, Ablagerungen am Grunde von Seen unter die Lupe genommen und die Baumringe alter, längst toter Bäume gezählt und vermessen, um nur einige der Methoden zu nennen. All diese Daten sind allein schon deshalb wichtig, um die heutigen Verhältnisse in den Rahmen langfristiger Veränderungen einordnen zu können. Sie geben uns eine Vorstellung davon, wie sehr die Menschheit seit dem Beginn der Industrialisierung vor 200 Jahren mit dem Feuer spielt. Die heutige CO_2-Konzentration übersteigt bereits jedes Maß natürlicher Veränderungen der letzten 650.000 Jahre. So alt sind die ältesten Luftbläschen, die man im Eis der Antarktis finden und auf ihren CO_2-Gehalt untersuchen konnte. In dieser Zeit hat sich die natürliche CO_2-Konzentration, wie erwähnt, stets zwischen 180 und 300 Millionstel Volumenanteilen (ppm, parts per million) bewegt, derzeit liegt sie bei rund 380 ppm.

Altersbestimmung

Wie kann man eigentlich das Alter von Eis bestimmen? Im jüngeren Eis, dass noch nicht zu stark durch die auf ihm lastenden Schichten komprimiert ist, lassen sich meist jährliche Schichten ähnlich wie Baumringe abzählen. Daneben ist aber auch das Verhältnis der Kohlenstoffisotope ^{14}C und ^{12}C (sprich: C-12), das in den eingeschlossenen Luftbläschen gemessen werden kann, ein gutes Maß für das Alter. Kohlenstoff hat wie viele andere Elemente auch verschiedene Varianten (Isotope) mit einer unterschiedlichen Anzahl von Neutronen im Atomkern. Die verändern das Gewicht, aber nicht die chemischen Eigenschaften. Das besondere am ^{14}C ist, dass es sich um ein radioaktives Isotop handelt, also im Laufe der Zeit zerfällt. Nach 5730 Jahren ist die Hälfte der ^{14}C-Isotopen verschwunden. In der höheren Atmosphäre, oberhalb von etwa 16 Kilometern, werden diese Isotope durch kosmische Strahlung ständig neu gebildet, daher ist das Verhältnis von ^{14}C und ^{12}C, in der Luft, wo sie als CO_2 vorkommen, annähernd konstant. Werden aber kleine Luftpakete, zum Beispiel als Luftbläschen im Eis, von der gleichmäßig durchmischten Atmosphäre abgetrennt, dann nimmt der Anteil des ^{14}C im Laufe der Jahre ab. Wenn man die diversen bekannten Einflüsse berücksichtigt, die diesen Prozess verzerren können, dann stellt diese sogenannte Radiokarbonmethode eine recht zuverlässige Uhr dar, die etwa 70.000 Jahre zurückreicht. Danach ist das ^{14}C so weit zerfallen, dass es nicht mehr nachweisbar ist. Da sowohl ^{14}C als auch ^{12}C von Pflanzen in ihre Organismen eingebaut werden, kann man mit der gleichen Methode auch abgestorbenes organisches Material datieren, weshalb sie weite Anwendung nicht nur bei Paläoklimatologen, sondern auch bei Archäologen findet.

Besonders eine Erkenntnis aus der Erforschung vergangener Klimate ist wichtig für die heutige Klimadiskussion: Rasche oft abrupte Klimaänderungen sind in der Vergangenheit eher die Regel, als die Ausnahme gewesen. Während der letzten Eiszeit zum Beispiel hat es gleich eine ganze Reihe von plötzlichen Kälteeinbrüchen gegeben. Schuld daran waren meist große Flottillen von Eisbergen, die schubweise von dem riesigen Eisschild abbrachen, das auf Kanada und dem äußersten Norden der heutigen USA lag. Diese Eisberg-Armadas sind so gut bekannt, weil sich in den Tiefseesedimenten des Nordatlantiks Schichten von feinem Geröll und grobem Kies finden lassen. Die waren einst von den Eisbergen aufs Meer hinausgetragen worden und »regneten« ab, als diese sich im wärmeren Wasser langsam auflösten. Benannt wurden sie nach ihrem Entdecker Hartmut Heinrich vom Bundesamt für Seeschifffahrt und Hydrographie in Hamburg, dem als erstem aufgefallen war, dass die kleinen Steinchen aus der Nähe der Hudson Bay im heutigen Kanada stammen mussten.

Für Westeuropa bedeuteten diese Heinrich-Ereignisse vermutlich jedesmal eine drastische Abkühlung, weil die »Standheizung« ausfiel. Auch während der Eiszeit hat nämlich die Nordatlantik-Strömung, den meisten wahrscheinlich eher als Golfstrom bekannt, warmes Wasser aus südlicheren Gefilden gen Norden gepumpt. Allerdings reichte sie aufgrund der Vereisung des Nordmeeres nicht in derart hohe Breiten wie heutigen Tags und war auch weniger stark ausgeprägt. Stefan Rahmstorf und Hans Joachim Schellnhuber vom Potsdam Institut für Klimafolgenforschung (PIK) berichten in ihrem sehr lesenswerten Büchlein über die wissenschaftlichen Hintergründe des Klimawandels von Computer-Simulationen, die am PIK durchgeführt wurden. Demnach haben die Heinrich-Ereignisse offenbar des öfteren die Nordatlantik-Strömung ganz zum Erliegen gebracht.

Die Autoren bringen die Nordatlantik-Strömung auch mit einem anderen Phänomen in Verbindung. Während der letzten Eiszeit hat es im Nordatlantik mehr als 20 plötzliche Erwärmungen gegeben. Dansgaard-Oeschger-Ereignisse nennt man diese bis vor etwa 18.000 Jahren recht regelmäßig auftretenden Phänome nach zwei dänischen Wissenschaftlern, die sie als erste in Eisbohrkernen identifizieren konnten. Auf Grönland sei, so schreiben Rahmstorf und Schellnhuber, die Temperatur jeweils innerhalb von ein bis zwei Jahrzehnten um bis zu 12 Grad gestiegen. Ableiten lässt sich das aus dem Verhältnis verschiedener Sauerstoffisotope zueinander (siehe Kasten). Danach ist die Temperatur jeweils langsam wieder abgeklungen. Rahmstorf, der einen großen Teil seiner bisherigen Forscherkarriere mit der Untersuchung der Nordatlantikströmung verbracht hat, konnte im Computersimulationen zeigen, dass sich diese plötzlichen Temperaturanstiege mit einer schlagartigen Verstärkung der warmen Meeresströmung erklären lassen.

Paläotemperatur

Da weder der Neandertaler noch der frühe Homo sapiens Thermometer hatten, müssen sich die Paläoklimatologen – das sind Klimatologen, die sich mit dem Klima vergangener Zeiten beschäftigen – mit indirekten Methoden behelfen. Hier kommen ihnen die beiden (stabilen, d.h. nicht radioaktiven) Sauerstoffisotope ^{18}O und ^{16}O zur Hilfe. Was Isotopen sind, ist im Kasten über Altersbestimmung erklärt. Da ^{16}O etwas leichter ist, verdunstet Wasser (H_2O) schneller, das ein solches Isotop eingebaut hat. Im Wasserdampf der Luft, im Schnee und im Regen ist das ^{16}O daher relativ zum ^{18}O etwas häufiger als an der Oberfläche des Meeres, von wo es verdunstet ist. Der Clou dabei ist, dass mit abnehmender Temperatur der Anteil des leichteren Isotops am verdunstenden Wasserdampf zunimmt. Vom Verhältnis der beiden Isotopen zueinander in einem Regentropfen oder einer Schneeflocke lässt sich also auf die Temperatur der Wasseroberfläche schließen, aus der sie stammen. So kann aus alten und sehr alten Eisschichten die Temperatur der Meeresoberfläche im Nordatlantik, wo der grönländische Schnee herstammt, oder, im Falle der Antarktis, der südlichen Ozeane bestimmt werden. Da die Temperatur des Oberflächenwassers natürlich im Mittel recht eng mit der Lufttemperatur zusammenhängt, lässt sich auch auf das Klima in der jeweiligen Region schließen, aus der der Niederschlag kam. Sauerstoffisotope werden übrigens auch in die Schalen von kleinen Krustentierchen eingebaut, womit deren Überreste ein weiteres Paläothermometer darstellen, das in den Sedimenten der Meere zu finden ist.

Aber das Entscheidende ist gar nicht so sehr, was im einzelnen der Grund für diese Erwärmung gewesen ist, sondern die Tatsache der sehr plötzlichen und einschneidenden Klimaänderungen, die alles, was wir aus der menschlichen Geschichte der letzten vielleicht 2.000 Jahre rekonstruieren können, weit übertreffen. Nun mag man sich noch damit beruhigen, dass vor 20.000 oder 80.000 Jahren, als auf Nordeuropa und dem nördlichen Nordamerika kilometerdicke Eispanzer lagen, die Klimaverhältnisse ganz andere waren. Immerhin sind ja zumindest die Heinrich-Ereignisse direkt auf Prozesse in diesen riesigen Eismassen zurückzuführen.

Doch leider sind die raschen Klimafluktuationen nicht auf die letzte Eiszeit beschränkt geblieben. Auch die vorhergehende Warmzeit, das sogenannte Eem, das vor 135.000 Jahren begann und vor 115.000 Jahren endete, sah deutlich anders als unser Zeitalter aus: Es war wärmer, aber auch erheblich unzuverlässiger. James White von der University of Boulder im US-Bundesstaat Colorado fasste 1993 die damals ganz frischen Ergebnisse aus den Eisbohrkernen Grönlands zusammen:

Willi Dansgaard und seine Kollegen hatten herausgefunden, dass das Eem nicht nur im Mittel um etwa zwei Grad wärmer als die letzten 11.500 Jahre war. Sie konnten auch zeigen, dass seinerzeit das Klima heftig geschwankt hatte. Innerhalb von wenigen Jahrzehnten – vielleicht auch innerhalb einer einzigen Dekade, so genau ließ sich das wegen der geringen Dicke der Eisschichten nicht auflösen – war es zu Erwärmungen und Abkühlungen um bis zu zehn Grad gekommen. Gemeint sind damit wohlgemerkt Jahresmitteltemperaturen. Ein derartiger klimatischer Temperatursturz würde zum Beispiel in großen Teilen Europas Landwirtschaft unmöglich machen.

Und was vielleicht noch wichtiger ist: Das Klima in der Nordatlantikregion und vermutlich auch des ganzen Planeten ist regelrecht zwischen drei verschiedenen Modi hin und her gesprungen. Der eine Modus war deutlich kühler als unsere Zeit, ein zweiter Modus entsprach etwa heutigen Temperaturen, und ein dritter Modus war erheblich wärmer. Den schnellen Übergängen folgte jeweils eine Zeit relativer Stabilität.

Für den Naturwissenschaftler ist ein derartiges Systemverhalten eigentlich nicht erstaunlich. Es entspricht vielmehr dem, was man von einem nichtlinearen System wie dem Klima (oder auch der Ökonomie) erwarten würde. In einem solchen System gibt es zum einen zahlreiche Wechselwirkungen zwischen einzelnen Größen (zwischen Temperatur und Schneebedeckung, zwischen Regen und Vegetation wie am Amazonas, zwischen Strahlungshaushalt und Kohlenstoffkreislauf und so weiter). Zum anderen sind diese Beziehungen of nichtlinear. Die Wärmeabstrahlung der Erdoberfläche ist zum Beispiel proportional zur vierten Potenz der Temperatur (für den Fachmann: das

Stefan-Boltzmann-Gesetz). Das heißt mit der Temperatur steigt die abgestrahlte Energiemenge sehr schnell. Solche Systeme reagieren auf Änderungen der Rahmenbedingungen (zum Beispiel die Treibhausgaskonzentrationen in der Atmosphäre oder Änderung der Sonneneinstrahlung aufgrund von Schwankungen der Erdbahn) meist, indem sie zunächst sich relativ stabil verhalten. Überschreitet die Änderung aber einen gewissen Schwellenwert, dann kommt es zu raschen Veränderungen, die das System in einen anderen Modus überführen, in dem es ein neues stabiles Gleichgewicht findet.

Die Marxisten unter den Lesern erkennen darin ein dialektisches Prinzip, das sich zum Beispiel auch in gesellschaftlichen Entwicklungen oft beobachten lässt: Widersprüche bauen sich quasi unter der Oberfläche auf, bis sie schließlich zum Umschlagen der Verhältnisse führen. Das Paradebeispiel ist dafür vielleicht die französische Gesellschaft im Frühjahr 1789, in der sich so viele Widersprüche und Frustrationen angesammelt hatten, dass die anfänglich recht ziellose Pariser Hungerrevolte schließlich das Fass zum Überlaufen brachte. Heraus kam eine Revolution, die ganz Europa erschütterte und bis heute tiefgreifend beeinflusst.

3.4 Böse Überraschungen

Der kleine Ausflug in die Vergangenheit hat gezeigt, dass es sich bei unserem Klimasystem um eine recht empfindliche Maschine handelt. Zufällig sind deren Stellschrauben und Regler derzeit optimal eingestellt, so dass uns ein außergewöhnlich stabiles Klima vergönnt ist. James White schließt denn auch seinen erwähnten Beitrag in der Fachzeitschrift *Nature* mit der Aufforderung: »Don't touch the dial!« (»Finger weg vom Regler!«).

Leider hat bisher niemand auf ihn gehört. Die CO_2-Emissionen nehmen weiter zu und mit ihnen beschleunigt sich der Anstieg der CO_2-Konzentration in der Atmosphäre. Im Eem ist es auf dem Globus um durchschnittlich zwei Grad wärmer gewesen als heute. Wenn man sich anschaut, was uns für das Ende des Jahrhunderts prophezeit wird, ist das nicht gerade viel. Die Bundesregierung hält einen Temperatursteigerung von zwei Grad gegenüber dem vorindustriellen Niveau (gegenüber heutigem wären es 1,3 Grad Celsius) für den anzustrebenden Wert, mit dem eine gefährliche Klimabeeinflussung noch vermieden werden kann. Aber ist das nicht vielleicht schon zuviel? So genau kann das keiner sagen. Kein Wissenschaftler hat bisher wirklich untersucht, wo die Schwellenwerte des Systems liegen, aber das ist auch alles andere als ein leichtes Unterfangen. Einigermaßen sicher ist nur, dass wir uns jenseits dieser zwei Grad langfristig auch auf abrupte Änderungen und manche böse Überraschung einstellen müssen.

Der Golfstrom

Vielen fällt an dieser Stelle wahrscheinlich als erstes der Golfstrom und seine Verlängerung, der Nordatlatische Strom, ein, die es sogar schon zur Hollywood-Berühmtheit gebracht haben. Im Film »The Day After Tomorrow« wurde im Jahre 2005 ein ziemlich unrealistisches Szenario entwickelt, in dem diese für unser mildes Klima so wichtige Strömung im Nordatlantik zusammenbrach und die USA innerhalb kürzester Zeit in eine Eiswüste verwandelt wurden. Millionen Menschen vor allem in den nördlichen Bundesstaaten erfroren in dem Action-Schinken, der zwischen New York und Los Angeles ein Publikumserfolg gewesen sein soll. Im wirklichen Leben geht es ganz so schnell denn doch nicht mit dem Klimawandel, selbst wenn wir tatsächlich einen abrupten Umschwung erleben sollten. Vor allem die im Film dargestellten Eiswinde, die alles Leben in Sekundenschnelle schockgefroren, sind der Phantasie der Drehbuchautoren entsprungen. Für einen Action-Thriller ganz nett, aber vollkommen unrealistisch.

Auch ein Zusammenbrechen von Golf- und Nordatlantischem Strom ist in diesem Jahrhundert eher unwahrscheinlich. Stefan Rahmstorf, der gemeinsam mit seinen Kollegen viel zum Verständnis der Meeresströmungen im Nordatlantik beigetragen hat, meinte dazu im Jahre 2000 in einem wissenschaftlichen Beitrag: »Unser ge-

genwärtiges Wissen bietet keinen Grund, in Panik zu verfallen, aber es gibt auch keinen Grund zu sagen: Alles in Ordnung. Wahrscheinlich wird sich der Nordatlantikstrom in den nächsten Jahrzehnten merklich abschwächen (...) Obwohl das Europas Zentralheizung runter dreht, wird es nicht zu einer Temperaturabnahme kommen. Zur gleichen Zeit werden wegen des Treibhauseffektes überall auf dem Planeten die Temperaturen steigen und dieser Effekt wird auch in Europa vorherrschen.«

Der Golfstrom bringt vor der Küste Nordamerikas warmes Wasser vom Süden herauf. Ein Teil davon fließt von dort aus in Richtung Westeuropa, um dann nach Süden abzubiegen. Ein anderer Teil fließt als Nordatlantikstrom Richtung Ostnordost bis in den hohen Norden Skandinaviens und beschert Nord- und Nordwesteuropa einschließlich größeren Teilen Deutschlands ein ungewöhnlich mildes Klima, wie es sonst nirgends auf dem Planeten in so polnahen Breiten anzutreffen ist.

Während die Meeresströmung vor den Küsten Nordamerikas größten Teils von Winden angetrieben wird, hat die Nordatlantikströmung zwei andere Motoren. Der eine besteht aus dem Temperaturgegensatz zwischen Nord und Süd. Das warme Wasser im Golf von Mexiko dehnt sich aus und fließt daher in kältere Gefilde. Dieser Motor schiebt also den Strom von Süden her an. Der andere Motor ist der hohe Salzgehalt des nördlichen Nordatlantiks, der dort zum Absinken von Wasser führt. Dieser Motor zieht von Norden. Der Mechanismus funktioniert folgendermaßen: Wenn Meerwasser gefriert, bleibt das Salz im restlichen Wasser zurück, dessen Dichte dadurch erhöht wird. Je mehr Salz, desto dichter das Wasser. Außerdem kühlt das Wasser in der Polarnacht ab, was ebenfalls die Dichte erhöht. Zusammen führt das dazu, dass in der Grönlandsee, der Meeresregion nördlich von Island, und vor Labrador große Mengen Wasser absinken. In Tiefen von einigen tausend Metern fließt dieses Wasser durch den Atlantik gen Süden in die Meere rund um die Antarktis. An der Oberfläche sorgt ein Strömungssystem, das vom Kap der Guten Hoffnung über die Karibik bis zum Nordatlantischen Strom reicht, für Nachschub.

Dieses Zusammenspiel ist ein gutes Beispiel für ein nichtlineares System. Das von Süden herangeführte Wasser ist nämlich bereits sehr salzig, und insofern erhält sich das System selbst. Senkt man die Salzmenge ab, so wird die Strömung zunächst schwächer, um irgendwann ganz abzubrechen. Das brachte 1987 den US-amerikanischen Geowissenschaftler Wallace S. Broeker von der Columbia Universität in New York dazu, die Frage nach der Stabilität dieses Systems in einem wärmeren Klima zu stellen. Was würde passieren, wenn größere Mengen Süßwasser aus Flüssen, Niederschlag und abschmelzenden Gletschern in den Nordatlantik fließen, wie es im Falle einer globalen Erwärmung zu erwarten ist? Würde der Salzmotor dann nicht ausfallen?

Tatsächlich muss sich Ähnliches mehrfach in den letzten Jahrzehntausenden ereignet haben. Auslöser könnten die oben beschriebenen Heinrich-Ereignisse gewesen sein. Der letzte Vorfall dieser Art ereignete sich zum Ende der letzten Eiszeit. Nachdem sich das globale Klima vor etwa 15.000 Jahren zu erwärmen begonnen hatte und die Gletscher auftauten, entstand im Gebiet der heutigen großen Seen in Nordamerika Lake Agassiz, ein riesiger See, in dem sich Schmelzwasser hinter Barrieren aus Geröll und Eis aufstaute. Vor etwa 12.800 Jahren brachen diese Wassermassen ihre Dämme und ergossen sich durch das Mississippi-Becken hinab in den Golf von Mexiko. Dort schaltete das kühle, salzfreie Wasser vermutlich die Nordatlantik-Strömung aus, und in Europa kehrte wieder eine fast eiszeitliche Kälte ein. Das dauerte etwas mehr als 1000 Jahre, dann sprang die Heizung wieder an.

Doch um sie unter heutigen Bedingungen erneut vollständig abzustellen, bräuchte es schon sehr viel Süßwasser. Die Potsdamer Computer-Simulationen haben gezeigt, dass in diesem Jahrhundert ein vollständiger Abbruch der Nordatlantik-Strömung nicht sehr wahrscheinlich ist. Allerdings haben die Modelle eine Schwachstelle: Keiner kann bisher sicher sagen, wie sich die Gletscher auf Grönland verhalten werden, das heißt, wie schnell sie in einem wärmeren Klima Eis verlieren. Davon hängt nicht nur ab, wie schnell der Meeresspiegel steigen wird, sondern auch, wie viel salzfreies Süßwasser in die Labrador- und die Grönlandsee fließen.

Und natürlich gibt es auch noch die Frage, was eigentlich nach dem Jahre 2100 ist. Denn wenn die Menschheit sich tatsächlich ein Weiter-so leistet, dann wird sich die Treibhausgas-Konzentration vermutlich erst irgendwann in der zweiten Hälfte des Jahrhunderts auf hohem Niveau stabilisieren, wenn die fossilen Brennstoffe langsam knapp werden. Die Erwärmung würde aber noch einige Jahrzehnte weitergehen. Rahmstorf ist sich jedenfalls in seinem oben erwähnten Beitrag sicher, »dass, je weiter wir das Klima von seinem gegenwärtigen Gleichgewicht wegbewegen, desto größer wird das Risiko unerfreulicher Überraschungen.«

Er hat deshalb mit seinen Kollegen vor ein paar Jahren im Computer simuliert, wie es hierzulande aussähe, wenn in einem um drei Grad wärmeren Klima der Nordatlantikstrom ausfiele. Zunächst würden in Europa die Temperaturen, wie andernorts auch, steigen. In dem Szenario, das in Potsdam durchgerechnet wurde, etwa um drei Grad Celsius. Dann würde der Nordatlantikstrom ausfallen, und die Temperaturen würden innerhalb kürzester Zeit auf das vorindustrielle Niveau zurückfallen, das heißt die Mitteltemperatur würde um drei Grad fallen. Das hört sich noch nicht sehr dramatisch an, denn auch mit den Temperaturen vor 100 oder 150 Jahren konnten die Menschen schließlich leben. Die Plötzlichkeit der Umstellung dürfte allerdings Landwirtschaft und Natur schwer zu schaffen machen.

Aber die Geschichte hat damit noch kein Ende. Das Problem ist, dass auch dieser andere Zustand des Nordatlantiks, in dem es keinen Wärmetransport nach Norden gibt, sehr stabil ist. In den Jahrzehnten und Jahrhunderten nach dem Zusammenbruch dieser Ozean-Zirkulation vor unserer Haustür würde die atmosphärische CO_2-Konzentration langsam wieder abnehmen, und sei es nur, weil auch die letzte Kohle verbrannt worden ist und selbst der letzte Betonkopf einsehen musste, dass es nur mit erneuerbaren Energiequellen geht. Dann wird sich auch das globale Klima langsam wieder abkühlen. Doch das System Nordatlantik ist nun in einem anderen stabilen Zustand, aus dem es nicht so leicht auszulenken sein wird. Die Heizung wird also nicht so schnell wieder anspringen. Für Westeuropa heißt das, dass es immer kälter würde, bis das Klima eher den heutigen Verhältnissen in weiten Teilen Sibiriens gleichen würde und kaum noch Landwirtschaft betrieben werden könnte.

Forscher wie Rahmstorf legen Wert auf der Feststellung, dass derlei Computersimulationen keine Vorhersagen sind. Es sind durchgerechnete Szenarien, die auf bestimmte Risiken hinweisen. Unfälle sozusagen, wie Rahmstorf in einem Beitrag auf seiner Hompage meint, deren Risiken vernünftig abgeschätzt werden müssen, wie Unfälle in einem Atomkraftwerk.

Tsunamis

Ähnliches ist wohl auch zu ganz anderen Klimarisiken zu sagen, von denen der britische Vulkanologe und Katastrophenforscher Bill McGuire 2006 im *New Scientist* schrieb. McGuire ist nicht nur ein ehemaliger Punk-Musiker, sondern leitet auch das Benfield UCL Hazard Research Centre in London. In seinem Beitrag in dem britischen Fachblatt macht er sich Gedanken über Tsunamis, die durch Klimaveränderung verursacht werden könnten.

Spätestens seit den gigantischen Flutwellen, die Weihnachten 2004 an den Küsten des indischen Ozeans große Verheerungen anrichteten, ist das Phänomen auch dem europäischen Publikum bekannt. Normalerweise werden Tsunamis durch schwere Beben am Meeresgrund oder durch die Explosion von Inselvulkanen ausgelöst. Aber nicht nur die unruhige Erdkruste kann die Wellen mit dem japanischen Namen anstoßen. Auch Unterwasserlawinen können derartige Katastrophen verursachen. An den Kontinentalrändern, dort wo die flachen Küstengewässer an die Tiefsee grenzen, fällt der Meeresboden mehrere tausend Meter tief ab. Diese Übergänge bestehen aus mehr oder weniger steilen Hängen, die im Laufe der Jahrmillionen durch Sedimentation entstanden sind. Ab und zu kommen solche Hänge ins Rutschen, und wenn richtig große Massen involviert sind, kann aus der plötzlichen Wasserverdrängung ein Tsunami werden.

Das kommt nicht oft vor, weshalb es über derlei Vorgänge keine historischen Aufzeichnungen gibt. Aber es geschieht, wie Geowissenschaftler seit längerem aus seismischen Untersuchungen des Meeresbodens wissen. Der größte bekannte Vorfall dieser Art ereignete sich vor knapp 8.000 Jahren vor der norwegischen Küste. In mehreren Wellen rutschten dort Gletschergeröll und andere Sedimente vom Kontinentalsockel auf den Ozeanboden und lösten eine Kette von Tsunamis aus. Deren Folgen sind vor allem auf den Shetland-Inseln und in Nordschottland in den dortigen Ablagerungen aus dieser Zeit zu beobachten. Aus denen lässt sich rekonstruieren, dass die größte Welle sich etwa 20 Meter auftürmte. Aber ein Tsunami ist nicht einfach nur eine sehr hohe Welle. Er bewegt sich mit bis zu 900 Kilometer pro Stunde über den offenen Ozean, und erfasst, da er vom Meeresspiegel bis zum Ozeanboden in fünf oder sechs Kilometern Tiefe reicht, wesentlich größere Wassermassen als eine herkömmliche Oberflächenwelle. Daher kann seine Wucht etwa 8000 mal so groß wie die einer Orkanwelle sein. Ein Tsunami überschwemmt Küsten also nicht nur, sondern er rasiert sie. Er fegt mitunter selbst Betonbauten weg.

27 solcher Ereignisse sind im Nordatlantik nachgewiesen, schreibt McGuire, und die meisten – hier kommt die Verbindung mit dem Klimawandel ins Spiel – sind mit dem Steigen des Meeresspiegels in Zusammenhang zu bringen, der vor 15.000 Jahren mit dem Abtauen der Eisschilde eingesetzt hat. Zu jener Zeit, als die letzte Eiszeit zu Ende ging, stieg der Meeresspiegel innerhalb einiger Jahrtausende um etwa 120 Meter.

Das destabilisierte auf unterschiedliche Art die unterseeischen Hänge. Zum einen hatte die Last der mehrere Kilometer dicken Eispanzer Skandinavien einschließlich der heutigen Ostsee sowie Kanada um viele hundert Meter in den plastischen Untergrund des Erdinneren gedrückt. Nach dem Abschmelzen begann sich die Erdkruste zu heben und brachte den einen oder anderen Hang ins Rutschen. Zum anderen haben wahrscheinlich auch aufgetaute Gashydrate eine gewisse Rolle gespielt. Diese eigenartige Form von Eis aus Wasser und Methan entsteht bei niedrigen Temperaturen und hohem Druck am Meeresgrund. Mancherorts zementiert es regelrecht die Hänge. Durch die raschen Veränderungen am Ende der Eiszeit wird es hier und da zum Auftauen dieser Hydrate gekommen sein. Hänge, die sie bis dahin stabilisiert hatten, rutschten ab und lösten womöglich Tsunmais aus. McGuire macht sich nun Sorgen, dass Ähnliches in den nächsten Jahrzehnten vor Grönland passieren könnte. Dort seien die Hänge »reif« und das Eis beginnt abzutauen. Für Westeuropa und Nordamerika wären das sehr ungemütliche Aussichten. Den Küsten der südlichen Nordsee hingegen können Tsunamis nichts anhaben. Dort führt die geringe Wassertiefe der Nordsee dazu, dass die Megawellen aufgrund von Reibung längst ihre Kraft verloren hätten, bevor sie das Land erreichen könnten.

Gletscher auf Grönland und in der Westantarktis

Zu den im globalen Maßstab langfristig gefährlichsten Veränderungen, die durch einen nicht rechtzeitig aufgehaltenen Klimawandel ausgelöst werden könnten, gehört das Abschmelzen von Teilen der polaren Eisschilde. Allein die Gletscher Grönlands würden, wenn sie sich auflösten, den Meeresspiegel um sieben Meter steigen lassen. In der Antarktis sind die Verhältnisse etwas komplizierter. Im Osten des eisigen Kontinents, das heißt, in den Gebieten südlich von Afrika, des indischen Ozeans und Australiens, liegt das Eis sicher auf Land. Diesen Teil der Gletscher halten die meisten Wissenschaftler für sehr stabil. Die besonderen Strömungsverhältnisse in den Meeren rund um die Antarktis, in denen eine kalte zirkumpolare Strömung das wärmere Wasser aus nördlicheren Breiten fern hält, würden vermutlich auch in einer wesentlich wärmeren Welt die sehr kalten Bedingungen im Osten der Antarktis konservieren. Die hohe Reflektivität von Schnee und Eis würde dafür sorgen, dass auch künftig während des südlichen Sommers der größte Teil des einfallenden Sonnenlichts reflektiert wird und weder Boden noch Luft erwärmen kann.

Etwas anders sieht es in der Westantarktis, südlich von Feuerland, aus. Dort ruht das Eis zum überwiegenden Teil auf Felsen, die unterhalb des Meeresspiegels liegen, was die ganze Sache, wie man sich denken kann, anfällig gegen einen Anstieg der Ozeane macht. In den westantarktischen Gletschern ist genug Wasser gespeichert, um den Meeresspiegel um vier bis sechs Meter ansteigen zu lassen.

Fließendes Eis

Gletscher entstehen aus Schnee, indem immer neue Schichten von Schneeflocken die unteren Lagen zu Eis zusammendrükken. In den kalten und sehr trockenen Bedingungen der Antarktis ist das ein Prozess, der viele Monate dauern kann. Ist der Schnee aber feucht, dann setzt der Prozess der Vereisung schon nach wenigen Tagen ein.

Liegt das Eis auf einer ebenen Fläche, so beginnt es ab einer Höhe von 50 Metern auseinander zu fließen, gedrückt von seinem eigenen Gewicht. Das kann man sich wie eine zähflüssige Masse vorstellen, die man auf einen Tisch legt und der man zuschauen kann, wie sie langsam flacher wird. Der Unterschied zu einem Gletscher besteht lediglich darin, dass dieser von oben mehr oder weniger stetigen Nachschub bekommt. Bei diesem Fließvorgang bewegen sich die oberen Schichten schneller als die unteren, aber der Gletscher gleitet durchaus auch über die Unterfläche. Wenn es sich um einen »warmen« Gletscher handelt, dann gleitet er auf einem dünnen Wasserfilm. Ist er kalt, so wie das kanadische und skandinavische Eis während der letzten Eiszeit, dann friert das Eis am Boden fest. Der Gletscher ist dann langsamer, aber er raspelt die Landschaft regelrecht ab. Auf diese Art sind die sogenannten Findlinge, große, rundgeschliffene Granitblöcke aus Skandinavien, nach Schleswig-Holstein gelangt.

Unter welchen Bedingungen heute die Gletscher Grönlands und der Westantarktis gleiten, ist noch unklar. Eine der vielen Unwägbarkeiten besteht darin, dass auf Grönland, wo es an den Eisrändern im Sommer deutlich wärmer wird als in der Antarktis, Schmelzwasser durch Risse bis zum Boden der Gletscher durchsickern und dadurch als Schmiermittel die Fließgeschwindigkeit deutlich erhöhen könnte. Damit würde das Kalben, das heißt, das Abbrechen von Eisblöcken ins Meer verstärkt werden. Solange der Verlust durch das Abbrechen der Eisberge nicht durch vermehrten Niederschlag auf den Gletschern kompensiert wird, womit auf Grönland nicht zu rechnen ist, würde das den Gletscherschwund beschleunigen.

Doch wie bereits oben erwähnt gibt es erhebliche Unsicherheit darüber, wie empfindlich die Gletscher auf Grönland und das westantarktische Eisschild auf Klimaänderungen reagieren werden. Die Massenbilanz einer Eismasse wird bestimmt durch den Zuwachs in Form von Schnee auf der einen und den Verlust durch Verdunstung, Tauen und Abbruch (Kalben) auf der anderen Seite. Obwohl es bereits Ende der 60er Jahre die ersten Warnungen gegeben hatte, die Westantarktis könne leicht destabilisiert werden, waren nach ausführlichen Debatten die meisten Wissenschaftler davon ausgegangen, dass kein Grund zur Sorge bestünde. In der Antarktis wachse das Eis eher noch, weil in einem wärmeren Klima die Luft feuchter ist und daher über Antarktika mit mehr Schnee zu rechnen sei.

Für die Ostantarktis, mit ihren besonders niedrigen Temperaturen und ihren stabilen Verhältnissen trifft das offensichtlich auch zu. In der Westantarktis sind die Dinge etwas komplizierter, wie sich in den letzten Jahren gezeigt hat. Dort liegen vor den Küsten zum Teil sehr große Flächen von Schelfeis, die vom nachfließenden Eis der Gletscher gespeist werden. Bis über vierhundert Meter ist es an einigen Stellen dick und wirkt vielerorts als Stopper für die Gletscher, weil es nicht nur auf dem Meer schwimmt, sondern sich an kleinen Inseln oder Untiefen verhakt.

In gewisser Weise ist das Schelfeis die Fortsetzung der Gletscher im Meer. Das Eis fließt von seiner festen Auflage ins Meer, bis an den Rändern des schwimmenden Eispanzers nach und nach Eisberge abbrechen und auf die südlichen Ozeane hinaustreiben. In welchem Tempo das geschieht, hängt von der Fließgeschwindigkeit des Gletschers ab und die wiederum ist eine Funktion der Rauhigkeit der Unterlage, der Temperatur an der Unterkante des Gletschers sowie der

Zahl, Form und Größe der Felsen, die das Schelfeis bremsen. Seit 1995 sind vor der Küste der antarktischen Halbinsel gegenüber von Feuerland Teile des relativ kleinen Larsen-Eisschelfs nach und nach zerbrochen. Am spektakulärsten war der Abbruch von Larsen B, eines insgesamt 3.250 Quadratkliometer großen Stückes, das gegen Ende des antarktischen Sommers von Ende Januar bis Anfang März 2002 in tausende Eisberge zerbrach, und seinerzeit weltweit für Schlagzeilen sorgte. Gemessen an der Größe der weiter polwärts gelegenen Eisflächen handelte es sich zwar um ein winziges Stück. Auch zum Meeresspiegelanstieg konnte es nichts beitragen, da es schon zuvor auf dem Wasser geschwommen hatte. Dennoch sahen viele Journalisten und auch mancher Wissenschaftler wohl nicht zu Unrecht in dem Ereignis ein Menetekel.

Das Larsen-Eisschelf ist ganz im Norden der Antarktischen Halbinsel gelegen, der einzigen Region in der Antarktis, in der in den vergangenen Jahrzehnten eine nennenswerte Erwärmung registriert wurde, und so ist ein Zusammenhang mit der globalen Erwärmung naheliegend. Die konkrete Ursache für das Abbrechen war das Eindringen von Schmelzwasser, das in Risse sickerte und diese durch Gefrieren erweiterte. Die Vermutung liegt also nahe, dass sich Ähnliches mit zunehmender Erwärmung auch weiter südlich in den größeren Schelfeisfeldern abspielen könnte.

Dieser Gedanke ist um so besorgniserregender, als nach dem Abbruch von Larsen B die Gletscher, denen es vorgelagert gewesen war, ihre Fließgeschwindigkeit erheblich erhöhten. Einige verdoppelten sie, andere fließen nun gar dreimal so schnell wie zuvor dem Meer entgegen. Keiner kann bisher sagen, wie lange dieser hohe Eisfluss anhalten wird. Daneben gibt es zahlreiche andere offene Fragen. Bisher sind die Modelle der Glaziologen, jener Geowissenschaftler, die sich mit dem offenbar nicht so ewigen Eis beschäftigen, nicht in der Lage, die Prozesse in den Gletschern auf Grönland und in der Antarktis richtig zu simulieren. Zu wenige Details sind bekannt.

Tatsache ist allerdings, dass sowohl Grönland als auch die Antarktis Eis verlieren, wie Andrew Shepherd und Duncan Wingham vom Center for Polar Observation and Modelling in Großbritannien im

Frühjahr 2007 in einem Beitrag im Fachblatt *Science* herausstellen. Satellitenmessungen mit denen die Eismassen seit Anfang der 1990er bestimmt werden können, haben ergeben, dass der Verlust vor allem auf Eisströme zurückzuführen ist, also weniger auf direktes Abtauen. Da aber die Mechanismen der Eisströme bisher nur sehr unzureichend bekannt sind, bedeutet das, so die beiden Briten, dass »unsere Fähigkeit, zukünftige Veränderungen vorherzusagen, beschränkt ist.« Wie viele andere Wissenschaftler gehen sie davon aus, dass sich die Eisströme mit höheren lokalen Temperaturen oder steigendem Meeresspiegel durchaus beschleunigen können.

An dieser Stelle sollte betont werden, dass es nicht darum geht, dass der Meeresspiegel noch in diesem Jahrhundert um ein paar Meter steigen könnte, weil das Eis in Grönland oder in der Antarktis sich auflöst. Eher geht es um die Frage, ob ein derartiger Prozess mehrere Jahrtausende oder einige Jahrhunderte benötigt. Aber auch letzteres hätte schon sehr schwerwiegende Folgen für die globale Gesellschaft. Viele Küsten- und vor allem Inselstaaten wären langfristig in ihrer Existenz bedroht. Große Metropolen wie Hamburg, Rotterdam, New York oder Shanghai müssten umgesiedelt werden und Hunderte von Millionen Menschen würden der Gefahr von zerstörerischen Sturmfluten ausgesetzt.

Das sollte, auch wenn es erst spätere Generationen im nächsten oder übernächsten Jahrhundert betrifft, Grund genug sein, es nicht so weit kommen zu lassen. Zumal es sich um sich selbstverstärkende Prozesse handelt. Insbesondere das westantarktische Eis wird mit steigendem Meeresspiegel zunehmend instabiler. Ab einem gewissen Punkt wird der Schrumpfungprozess der Gletscher kaum noch aufzuhalten sein. Michael Oppenheimer vom Department of Geosciences der Princeton Universität im US-Bundesstaat New Jersey und sein Kollege Richard B. Alley von der Pennsylvania State University fordern daher, dass sich die Staaten ans Vorsorgeprinzip halten. Die Auflösung des Eises in Grönland und der Westantarktis sei aufgrund des Meeresspiegelanstiegs von bis zu 13 Metern als eine jener gefährlichen Klimaveränderungen anzusehen, die nach Artikel zwei der UN-Klimarahmenkonvention verhindert werden sollen. Es werde noch viele Jahre dauern, bis man die genauen Bedingungen und Schwellenwerte ermittelt habe, die dieses Ereignis in Gang setzen können. Wenn man aber mit den Treibhausgasemissionen einfach so weiter wie bisher mache, dann sei es zum Zeitpunkt der letzten Gewissheit vermutlich schon längst zu spät, um gegenzusteuern.

3.5 Fazit

Die Aussichten sind also nicht besonders rosig, und die menschliche Psychologie bringt es mit sich, dass wir in solchen Situationen, in denen die Bedrohung übermächtig und scheinbar kein Ausweg zur Hand ist, dazu neigen, den Kopf in den Sand zu stecken. Das ist nicht immer nur Bequemlichkeit, sondern dient auch bei Manchem dazu, das Gleichgewicht nicht zu verlieren.

In der Klimadiskussion trifft man daher auf zwei verbreitete Abwehrhaltungen. Die eine besteht darin, in fatalistische Weltuntergangsstimmung zu verfallen, deren Quintessenz lautet, dass sowieso nichts mehr zu machen sei, und sich eine Beschäftigung mit dem Thema daher auch nicht lohne. Dafür besteht eigentlich kein Grund. Ein Teil des Klimawandels ist zwar nicht mehr aufzuhalten, der größere Teil aber sehr wohl. Die Zeiten, auf die wir zugehen, werden um so ungemütlicher, je weniger die Emissionen der Treibhausgase begrenzt und reduziert werden können. Die Folgen werden die Menschen zu tragen haben, die in 40 oder 100 Jahren leben. Aber auch dann wird es soziale Bewegungen und politische Auseinandersetzungen geben, Menschen werden versuchen, eine halbwegs gerechte Verteilung der Lasten durchzusetzen und Politiker davon abzuhalten, die Spannungen zwischen den Staaten zu verschärfen.

Die andere Abwehrreaktion besteht darin, die Fakten zu ignorieren. Des öfteren kann man zum Beispiel hören, es könne alles nicht so schlimm sein, denn Klimawandel habe es schon immer gegeben. Zu anderen Zeiten sei es deutlich wärmer als heute gewesen. Beides ist richtig, auch wenn letzteres schon sehr lange her ist. Die mitunter ins Feld geführte Warmzeit zu Beginn des zweiten Jahrtausend, das so genannte mittelalterliche Optimum, war jedenfalls etwas kühler als unser aktuelles Jahrzehnt, wie man aus den Untersuchungen zahlloser Baumringe, abgelagerter Pflanzenpollen und ähnlichen Daten von allen Kontinenten weiß. Aber kein Klimawissenschaftler behauptet, dass es keine natürlichen Klimaschwankungen gäbe, und keiner, dass die Treibhausgaskonzentration der Atmosphäre der einzige Faktor sei, der die globale Durchschnittstemperatur beeinflusst. Wir wissen jedoch, dass die Klimaveränderungen, die derzeit drohen, eindeutig auf die Verbrennung fossiler Brennstoffe zurückzuführen sind.

Aber davon abgesehen: Kann man ernsthaft aus früheren Klimaschwankungen folgern, dass sich Sorgen wegen des anthropogenen Treibhauseffektes nicht lohnen? Doch wohl höchstens, wenn man sich gleichzeitig sicher wäre, dass die Menschheit auch mit ganz anderen Klimabedingungen problemlos leben kann, dass also vom Klimawandel keine Gefahren drohen. Sonst hätte das Argument die Qualität der Aussage, Sturmfluten hat es schon immer gegeben, deshalb braucht man sich über Vorsorge und Deichbau nicht weiter den Kopf zu zerbrechen.

Die Geschichte lehrt nicht nur den holländischen und deutschen Küstenbewohnern, sondern auch den Rest von uns etwas anderes: Es gibt eine ganze Reihe Berichte über frühe Kulturen und Reiche, die aufgrund von Naturkatastrophen und Klimaveränderungen zugrunde gegangen sind. Zum Beispiel verließen vor etwas mehr als 700 Jahren im Südwesten der heutigen USA die Anasazi , die Vorfahren der heutigen Pueblo-Indianer, ihre Städte, in denen oft mehrere Tausend Menschen lebten. Über die genauen Gründe debattieren die Altertumsforscher noch immer, aber Paläoklimatologen haben gezeigt, dass in dieser Zeit die Region von einer der dort periodisch auftretenden Dürren heimgesucht wurde, und zwar einer solchen, die deutlich länger anhielt als die berüchtigte »Dust Bowl« der 1930er Jahre, die die ländliche Bevölkerung im mittleren Westen der USA in tiefes Elend stürzte. Die Anasazi hatten eine staatsähnliche Gemeinschaft, die vermutlich an einer Mischung aus kleineren Kriegen, religiösem Zwist und Ernteausfällen aufgrund der schweren Dürre zerbrach.

Peter B. de Menocal vom Lamont-Doherty Earth Observatory der New Yorker Columbia University hat in der Fachzeitschrift Science 2001 den Untergang einiger früher Hochkulturen unter die Lupe genommen und mit den bekannten Fakten über das regionale Klima der jeweiligen Zeiten verglichen. Er beschreibt zum Beispiel den Untergang des akkadischen Reiches im Zweistromland vor etwa 4.200 Jahren. Damals brach an den Oberläufen von Euphrat und Tigris offenbar die Landwirtschaft zusammen. Die Menschen verließen ihre Dörfer und flohen in den Süden, wo das Zentrum des Reichs lag. In den Böden dieser Region findet man heute mancherorts eine einen Meter dicke Sandschicht ohne irgendwelche Spuren menschlicher Siedlungen. Auch in den Sedimenten am Meeresgrund im persischen Golf und im See Van in Nordwestkurdistan aus dieser Zeit finden sich Belege, dass vermehrt Staub in der Luft gewesen sein muss. Mit anderen Worten: Offenbar blieben in der Region für einige Jahrzehnte Regen und winterliche Schneefälle aus, die in den kurdischen Bergen Euphrat und Tigris im Sommer speisen. In der Folge brach ein ganzer Staat zusammen.

Ähnlich erging es dem klassischen Maya-Reich in Mittelamerika. Dessen Niedergang im neunten und zehnten Jahrhundert fiel zusammen, so de Menocal, mit einer Periode ungewöhnlicher Trockenheit auf der Halbinsel Yucatan, dem Zentrum des Reiches. Vermutlich befand sich dieses ohnehin in einer Krise. Zuvor hatte während einer Blütezeit des Reiches die Bevölkerung rasch zugenommen. Um diese zu ernähren war zuviel Wald gerodet worden; die Ackerböden verschlechterten sich. In dieser Situation konnte vermutlich eine langanhaltende Dürre dem Maya-Staat den Todesstoß versetzen.

Knapp zwei Jahrhunderte später traf es einige tausend Kilometer weiter südlich die weniger bekannten Tiwanaku, deren Zentrum sich rund um den Titicaca-See im heutigen Bolivien und Peru befand. Durch ausgefeilte landwirtschaftliche Technik war man in der Lage, die Bevölkerung großer städtischer Zentren zu ernähren. Eine halbe Million Menschen sollen rund um den See gelebt haben. Aufgrund eines Eiskerns, der aus einem nahe gelegenen Gletscher gebohrt wurde, weiß man, dass ungefähr im Jahre 1040 eine Periode mit sehr wenig Niederschlägen begann. Im Eiskern drückt sich das in dünneren Schneeschichten aus, die in dieser Zeit auf dem Gletscher niedergingen und im Laufe der Jahre zu Eis komprimiert wurden. Die Bedingungen waren erheblich trockener als heutigen Tags und hielten mehrere Jahrhunderte an. Um 1100 wurden die Siedlungen am See, wie man aus archäologischen Untersuchungen weiß, schlagartig aufgegeben. Kaum anzunehmen, dass das bei der hohen Zahl der Bewohner ohne großes menschliches Leid über die Bühne ging.

Natürlich sind heute die technischen Möglichkeiten der Menschheit, mit denen sie auf Umweltkrisen reagieren kann, ungleich größer. Allerdings können auch die Klimaveränderungen deutlich drastischer als alles ausfallen, was die Menschheit seit dem Ende der letzten Eiszeit erlebt hat. Schon jene zwei Grad an globaler Erwärmung, die die Bundesregierung als die Grenze ansieht, an der die globale Erwärmung gestoppt werden soll, werden uns über den Bereich relativ stabilen Klimas hinaustragen, in dem sich in den letzten 8.000 Jahren die menschliche Zivilisation entwickelt hat. Eine Zivilisation, die zwar inzwischen in der Lage ist, Menschen zum Mond und vielleicht auch bald weiter zu schicken, die aber bisher keine Gewähr dafür bietet, dass diese Möglichkeiten in Zeiten größerer Krisen eingesetzt werden, um Menschen in Not zu helfen. Dafür sind nicht nur die 800 Millionen von Hungernden und die knapp 30.000 Kinder, die täglich an schlechter Ernährung und verschmutztem Wasser sterben, ein Zeugnis. Auch der Umgang mit den Opfern des Hurrikans Katrina in New Orleans, die tagelang warten mussten, bevor sich der mächtigste Staat des Planeten bequemte, seinen schwarzen Bürgern zur Hilfe zu kommen, lässt erahnen, was auf uns zukommen kann.

Politisch folgt daraus, dass Umwelt- und andere soziale Bewegungen unbedingt zueinander finden müssen. Es wird nicht nur darum gehen, für die rasche Beschränkung der Treibhausgasemissionen zu kämpfen, sondern es muss auch verhindert werden, dass die Opfer des Klimawandels mit den Folgen allein gelassen werden. Erfahrungen wie die der Einwohner von New Orleans oder die tödlichen Zäune, die die EU an ihren Südgrenzen gegen afrikanische und asiatische

Flüchtlinge errichtet, lassen befürchten, dass sich die Politik in Brüssel, Berlin oder Washington im Angesicht zukünftiger Krisen noch weiter barbarisieren wird. Die Forderung nach einem menschlichen und solidarischen Umgang mit den Folgen jenes Teils des Klimawandels, der sich auf keinen Fall mehr aufhalten lassen wird, muss daher ein wichtiger Bestandteil der politischen Auseinandersetzung um den Klimaschutz sein.

Dabei kann es durchaus auch um innenpolitische Fragen gehen, zum Beispiel wenn es an den Küsten in den nächsten Jahrzehnten zu größeren Schäden kommen sollte, oder wenn in den Touristenorten der Alpen Strukturwandel angesagt ist, weil es keinen verlässlichen Schnee mehr gibt. Oder denken wir an das Beispiel des Hitzesommers 2003, des heißesten bis dahin je in Westeuropa gemessenen. Mancherorts kletterte das Thermometer über 40 Grad Celsius. Besonders in Frankreich aber auch in Großbritannien, Spanien und im deutschen Südwesten ist seinerzeit die Zahl der Sterbefälle drastisch angestiegen. Insgesamt sind seinerzeit nach Angaben der Weltmeteorologieorganisation WMO 21.000 Menschen an den Folgen der Hitze gestorben. Andere Schätzungen gehen sogar von 30.000 Toten aus. In Frankreich, wo es die meisten Todesfälle gab, trugen skandalöse Zustände in der öffentlichen Gesundheitsversorgung das Ihre zur Katstrophe bei. Indes haben wir wenig Grund zur Hoffnung, dass das hiesige Gesundheitssystem angesichts von Rationalisierung und Kommerzialisierung künftigen Klima-Krisen gewachsen sein wird. Wer sich eine private Versicherung leisten kann, wird Vorzugsbehandlung erfahren, während der Rest von uns sich selbst überlassen bleibt.

Aber mehr noch als eine innenpolitische Frage wird der solidarische Umgang mit den Folgen des Klimawandels und der von ihm verursachten Naturkatastrophen eine Frage der internationalen Solidarität sein. Es wird in den nächsten Jahrzehnten in den Industriestaaten erheblichen politischen Druck brauchen, um durchzusetzen, dass die reichen Länder für die Umweltschäden, die ihre CO_2-Emissionen verursacht haben, Entschädigungen zahlen. Deshalb ist es nicht unwichtig, dass diese Fragen nicht nur in den Umweltorganisationen, sondern auch in den anderen sozialen Bewegungen diskutiert werden.

Attac, der BUND und Greenpeace veranstalten seit einiger Zeit jährliche Kongresse, die die Themen Umwelt und Globalisierung zusammenbringen sollen. Anfang Mai 2007 wählte man sich für diesen McPlanet-Kongress das Motto »Für ein Klima der Gerechtigkeit« und hat damit das richtige Stichwort gegeben. Bleibt zu hoffen, dass sich dieser Geist auch in Gewerkschaften und anderen sozialen Bewegungen ausbreitet.

4. Die China-Kontroverse

Wenn heute irgendwo über Klimawandel und Treibhausproblem diskutiert wird, kann man sicher sein, dass schon nach kurzer Zeit das Gespräch auf China und Indien kommen wird. Zweifelsohne sind die beiden asiatischen Giganten dabei, mit ihrer ökonomischen Aufholjagd das Gesicht des Planeten zu verändern, wobei Indien allerdings noch weit hinter China zurück liegt. Genauso offensichtlich ist klar, dass es für die ganze Menschheit katastrophale Folgen hätte, wenn man im Land der Mitte oder südlich des Himalayas einfach dem europäischen oder schlimmer noch dem nordamerikanischen oder australischen Konsummodell folgen würde.

Das leuchtet jedem ein, und daher ist es in den USA ein beliebtes Argument, die Ratifizierung des Kyoto-Abkommens und damit die Reduktion der Treibhausgase zu verweigern, »so lange China nicht auch Verpflichtungen übernimmt«. Peter Morici, Professor an der Universität von Maryland und ehemaliger Chefökonom in der regierungsamtlichen US-Kommission für internationalen Handel, argumentiert zum Beispiel in der *Asia Times Online* im Januar 2007 damit, dass energieintensive Industrien in Entwicklungsländer abwandern würden, wenn diese von den Minderungsverpflichtungen ausgenommen blieben.

Ähnliches ist auch hierzulande zu hören. Schon der grüne Ex-Umweltminister Jürgen Trittin konnte es sich nicht verkneifen, mit dem Finger auf China (und Indien) zu zeigen. Sein Parteifreund Frank Bsirske, seines Zeichens Vorsitzender der Vereinigten Dienstleistungsgewerkschaft ver.di, stößt ins gleiche Horn. Im Oktober 2005, die neue Bundesregierung war gerade im Amt, schrieb er gemeinsam mit seinem Kollegen Ernst Ott von der Industriegewerkschaft Bergbau Chemie Energie einen Brief an die Bundeskanzlerin Angela Merkel sowie an die Parteispitzen von SPD, CSU und CDU. Man wolle durchaus am Atomausstieg festhalten, aber bis dahin müsste die Auslastung der Atomkraftwerke verbessert werden. Außerdem warben die Gewerkschafter für neue Kohlekraftwerke, das ganze grün verbrämt: »Umweltschutz«, so die beiden Briefeschreiber, »muss einen hohen Stellenwert einnehmen. Deshalb hält ver.di an der Umsetzung der Ziele von Kyoto fest. ... Um aber im Rahmen der Weiterentwicklung des Kyoto-Protokolls für die Zeit nach 2012 die Reduktion der Treibhausgas-Emissionen vorantreiben zu können, sollte alles daran gesetzt werden, dass auch große Emittenten, die bisher das Kyoto-Protokoll nicht unterzeichnet haben – wie die USA, Australien, China und Indien – zur Unterzeichnung bewegt werden.«

Für einen gut bezahlten Gewerkschaftsfunktionär zeigte sich Bsirske damit ungewöhnlich schlecht informiert. Die Aussage stimmt nicht einmal im Bezug auf die USA und Australien, die das Kyoto-Protokoll sehr wohl unterschrieben, aber eben nicht ratifiziert haben. Der seinerzeitige US-Vize-Präsident Al Gore war sogar maßgeblich an seinem Zustandekommen beteiligt, und hat es nicht unwesentlich verwässert in der Hoffnung, es daheim durch Senat und Kongress zu bringen. Vergeblich, wie wir heute wissen. Clinton, zu sehr mit seiner Lewinsky-Affaire beschäftigt, hat sich nicht mehr getraut. Als Bush Junior dann 2001 antrat, weil Gore nicht um das ihm zustehende Amt kämpfen wollte, war eine seiner ersten Amtshandlungen die Erklärung, dass man während seiner Amtszeit auf keinen Fall ratifizieren werde. »Kyoto is dead«, hieß es aus dem Weißen Haus.

China und Indien hingegen haben nicht nur unterschrieben, obwohl ihre Delegationen in den Verhandlungen mindestens ebenso viele Kröten schlucken mussten, wie die US-amerikanische, sie haben auch ratifiziert. China am 30. August 2002, Indien einige Wochen zuvor. Immerhin 170 Staaten haben vor und nach ihnen die entsprechenden Urkunden bei den Vereinten Nationen in New York hinterlegt, darunter auch die große Mehrheit der Entwicklungsländer, von denen viele zu den ersten gehörten. Unter den größeren Staaten fehlen nur noch die USA, Australien und Kasachstan sowie die EU-Beitrittskandidaten Türkei und Kroatien. Auch der »Klimavorreiter« EU hat sich übrigens mit der Ratifizierung knapp viereinhalb Jahre Zeit gelassen.

Allerdings sieht das Kyoto-Protokoll Reduktionsverpflichtungen nur für Industriestaaten vor, und das mit gutem Grund. Sie sind es, die für den bisherigen Anstieg der Treibhausgaskonzentration in der Atmosphäre verantwortlich sind, während bis in die jüngste Vergangenheit die Emissionen der meisten Länder des Südens kaum ins Gewicht fielen. Auch heute noch sind die Pro-Kopf-Emissionen der Industriestaaten wesentlich höher, als die der meisten Entwicklungsländer – wenn man von den Ölförderländern absieht, die auch zur Kategorie der Entwicklungsländer zählen. Und die Industriestaaten haben schließlich aufgrund ihres hohen Wissensstandes und der entwickelten Forschungsinfrastruktur zugleich auch am ehesten die Möglichkeiten technische Innovationen zu entwickeln, die einen Ausstieg aus der fossilen Wirtschaft erlauben.

China ist jedoch mittlerweile auf dem besten Wege, seine Unschuld zu verlieren. War es dem Land noch in der zweiten Hälfte der 1990er Jahre gelungen, seine Emissionen trotz jährlichen Wirtschaftswachstums von sieben bis acht Prozent zu verringern, so ist in den letzten Jahren eine Trendwende eingetreten. Die Emissionen steigen wieder, und zwar sehr schnell (siehe Kasten). 2006 betrugen die chinesischen CO_2-Emissionen schon bis zu fünf Tonnen pro Kopf und Jahr, die Hälfte des deutschen Wertes und ein Viertel des US-amerikanischen.

Zeit also für einen Richtungswechsel in der chinesischen Politik? Ja und nein. Die Führung in Peking hat schon seit längerem die enorme Umweltverschmutzung im Land der Mitte als Problemfeld erkannt. Auch die Gefahren des Klimawandels sind nicht unbekannt. Aber das heißt noch lange nicht, dass man sich in der gleichen Verantwortung wie die Industriestaaten sieht. Das machte zuletzt Anfang Februar 2007 die Sprecherin des Außenministeriums in Peking, Jiang Yu, klar, als sie von Reportern nach dem neuesten IPCC-Bericht und den Konsequenzen für ihr Land gefragt wurde. Die Verantwortung, so Jiang, liegt bei den Industriestaaten. »Der Klimawandel wird von früherem langandauernden Emissionen und den derzeitigen hohen Pro-Kopf-Emissionen der Industriestaaten verursacht, die die Verantwortung zu tragen haben.« China sei dennoch bereit seinen Teil beizutragen und die Energieintensität seiner Wirtschaft zu verringern.

Die chinesischen CO_2-Emissionen

Laut Internationaler Energieagentur in Paris, eine Organisation der OECD, betrugen die chinesischen CO_2-Emissionen aus der Verbrennung von Erdölprodukten und Kohle 2004 4732,26 Millionen Tonnen. 2005 sind die Emissionen nach Einschätzung von Gregg Marland vom US-amerikanischen Carbon Dioxide Information Analysis Center um weitere zehn Prozent gestiegen, also auf 5205,5 Millionen Tonnen.

Die Werte wurden aus den Statistiken abgeleitet, die über Chinas Öl- und Kohleverbrauch bekannt sind. Vergleicht man sie allerdings mit etwas älteren chinesischen Angaben oder Statistiken der Weltbank, dann könnten die IEA-Daten etwas übertrieben sein. In der Volksrepublik gibt es bisher keine aktuellen Statistiken über Treibhausgasemissionen, was weniger an politischer Nachlässigkeit als daran liegt, dass die entsprechende technisch-wissenschaftliche Infrastruktur für verlässliche Statistiken noch mangelhaft ist. Schließlich ist China erst auf dem Wege zur Industrialisierung.

Da 2006 die Energieintensität der chinesischen Wirtschaft leicht gestiegen ist, kann man davon ausgehen, dass bei einem Wirtschaftswachstum von über zehn Prozent die Emissionen um mindestens weitere zehn Prozent zugenommen haben. Damit wäre man schon bei 5726 Millionen Tonnen CO_2-Ausstoß allein aus energetischen Quellen. Hinzuzurechnen sind noch Emissionen, die in einigen industriellen Prozessen entstehen, namentlich bei der Herstellung von Zement. Und da in China aufgrund des rasanten wirtschaftlichen Aufstiegs eine enorme Bauwut herrscht, fällt das durchaus ins Gewicht. Nach dem Handbuch des US Geological Services über mineralische Rohstoffe hat China 2006 etwa 1,1 Milliarden Tonnen Zement produziert (ca. 44 Prozent der Weltproduktion).

Legt man Angaben des Bundesverbandes der deutschen Zementindustrie zugrunde, dann werden für jede Tonne Zement 0,7 Tonnen CO_2 emittiert. Demnach kämen also noch einmal 770 Millionen Tonnen CO_2 hinzu und die chinesischen Emissionen hätten 2006 in etwa bei 6500 Millionen Tonnen CO_2 gelegen. Umgerechnet auf die Bevölkerung wären das fünf Tonnen CO_2 pro Kopf und Jahr, was – siehe oben – als Abschätzung des Höchstwertes anzusehen ist.

4.1 Wer darf was?

Die Art, in der China immer wieder gerne von diversen Lobbygruppen als Sündenbock vorgeführt wird, verweist auf eines der großen, ungelösten Probleme in den Klimaverhandlungen: Der Verbrauch von Ressourcen ist sehr ungleichmäßig verteilt. Nicht nur die Nordamerikaner, sondern auch die Japaner, Westeuropäer und neuerdings auch die Südkoreaner sowie die neuen Mittelschichten in China und den anderen Schwellenländern verbrauchen wesentlich mehr als ihnen zusteht und als unser globales Klimasystem vertragen kann. Würde der Rest des Planeten den von Europa und Nordamerika vorgegebenen verschwenderischen Konsummustern folgen, dann wären die Vorräte fossiler Brennstoffe binnen weniger Jahre aufgebraucht, und die Welt würde in eine gigantische Wirtschaftskrise schlittern, weil nicht schnell genug Ersatz für die erschöpften Energieträger geschaffen werden könnte. Vorher wären aber noch genug Treibhausgase emittiert worden, um das globale Klimasystem gründlichst aus den Angeln zu heben. Die weltweite Erwärmung würde selbst die schlimmsten Projektionen des IPCC noch deutlich übersteigen.

Doch kann sich Deutschland, dessen Einwohner im Durchschnitt zehn Tonnen CO_2 pro Jahre in die Luft blasen (12 Tonnen, wenn man die anderen Treibhausgase einbezieht), hinstellen und verlangen, dass Brasilianer, Inder oder Chinesen verzichten sollen? Anfang 2007 strichen im Rahmen der neu entfachten Klimadebatte diverse US-Zeitungen wiederholt mit teils umfangreichen Berichten heraus, dass China nun bald die USA als größter Erzeuger von Treibhausgasen überholen würde. Das ist vermutlich richtig, aber welchen Nachrichtenwert hat eine solche Feststellung? Ungefähr den gleichen wie die Aussage, Deutschlands Emissionen sind größer als die Dänemarks.

Mit den Berichten über die steigenden chinesischen CO_2-Emissionen soll Peking eine besondere Verantwortung für den Klimaschutz zugeschoben werden, um von der eigenen abzulenken. Dabei wird eine ganz elementare Tatsache gerne übersehen: In China leben etwas mehr als 1,3 Milliarden Menschen, in den USA nur knapp 300 Millionen und in Deutschland rund 82 Millionen. Wenn man also davon ausgeht, dass alle Menschen das gleiche Recht haben – was ja wohl als Grundlage der menschlichen Zivilisation gelten sollte –, dann müsste der Volksrepublik das 4,4-fache der US-amerikanischen oder das 15,8-fache der deutschen Emissionen zugestanden werden.

Indien und China haben wiederholt versucht, diese egalitäre Sicht in die internationalen Klimaverhandlungen einzuführen. Indiens seinerzeitiger Umweltminister Kamal Natha hat zum Beispiel 1995 in Berlin auf der ersten Vertragsstaatenkonferenz der Klimarahmenkonvention ein Konzept gefordert, nach dem die Emissionen schrittweise auf ein Niveau gleicher Pro-Kopf-Emissionen gebracht werden sollten, das sich an einem klimaverträglichen Wert zu orientieren hätte. Vergeblich. Die Regierungen der Industriestaaten sind nicht nur strikt gegen derartige Ansätze, sie unternehmen auch alles, um selbst eine Diskussion darüber zu vermeiden. Die entsprechenden Vorstöße wurden immer wieder mit leeren Floskeln übergangen, und die hiesige Öffentlichkeit bekommt in der Regel von derlei Positionen nichts mit. Dafür sorgen schon die Journalisten, die sich bei der Berichterstattung über internationale Verhandlungen für gewöhnlich an die Verlautbarungen der eigenen Regierung halten. Anstatt also Ansätze wie den indischen zumindest zu erwägen, behandeln die Industriestaaten das bisherige Emissionsniveau als ihr Recht, von dem sie gnädig und auf freiwilliger Basis ein wenig abgehen – oder eben auch nicht, wie die USA, die bisher keinerlei Zugeständnisse gemacht haben.

Dieses Rechtsverständnis, das auch von der Bundesregierung gepflegt wird, ist untragbar. Wie ein riesiger Felsblock liegt es auf der Straße der internationalen Verhandlungen, die zu einer gerechten internationalen Lösung des globalen Klimaproblems führen soll. Der inzwischen verstorbene Anil Agarwal vom indischen Center for Science and Environment hat schon 1991 gemeinsam mit seiner Kollegin Sunita Narain vorgerechnet, wie sehr die erzwungene Enthaltsamkeit des Südens erst dem Norden Platz für seine wirtschaftliche Entwicklung geschaffen hat. Etwa 26,4 Milliarden Tonnen CO_2 gelangen derzeit jährlich durch die Verbrennung fossiler Brennstoffe in die Atmosphäre. Hinzu kommen vermutlich – diese Zahl ist nicht so exakt zu bestimmen – noch einmal rund sechs Milliarden Tonnen aus Entwaldung und anderen Änderungen der Landnutzung. Macht zusammen 32,4 Milliarden Tonnen oder rund fünf Tonnen pro Erdenbürger. Nur etwas mehr als die Hälfte des CO_2 verbleiben in der Atmosphäre, um dort langfristig als Treibhausgas zu wirken. Der Rest, etwa zwei Tonnen pro Erdenbürger und Jahr, wird derzeit noch von Ozeanen und Biosphäre aufgenommen.

Nun hat aber in der Vergangenheit, abgesehen von den Ölförderländern, keines der Entwicklungsländer diesen verträglichen Rahmen von zwei Tonnen pro Kopf und Jahr, oder »atmosphärischen Raum«, wie Agarwal und Narain ihn nennen, ausgeschöpft. Indien hatte laut »Fischer Weltalmanach 2007« im Jahre 2002 noch immer eine jährliche Pro-Kopf-CO_2-Emissionsrate von lediglich 1,2 Tonnen, und selbst China hat die Zwei-Tonnen-Grenze erst irgendwann um das Jahr 2000 überschritten. Oder mit anderen Worten: Die reichen Länder nutzen, ohne zu fragen, den atmosphärischen Raum der Menschen in den Entwicklungsländern. Dafür sollten diese doch eigentlich eine Kompensation verlangen können.

Wie naheliegend dieser Gedanke ist, dass die reichen Länder eigentlich den ehemaligen Kolonien und anderweitig unterworfenen Ländern des Südens Wiedergutmachung für die globalen Umweltschäden leisten müssten, zeigt auch ein Blick auf die sogenannten historischen Emissionen, das heißt, auf den Treibhausgasausstoß der vergangenen beiden Jahrhunderte. Seit Beginn der Industrialisierung hat dieser dafür gesorgt, dass die CO_2-Konzentration in der Atmosphäre von ursprünglich 280 auf 380 Millionstel Volumenanteilen geklettert ist. Verantwortlich sind für diesen bisherigen Anstieg fast ausschließlich die Industriestaaten, einschließlich der ehemaligen Ostblockländer. Im US-amerikanischen Carbon Dioxid Information and Analysis Center (CDIAC) in Oak Ridge, Tennessee, haben Gregg Marland und Kollegen alte Statistiken über Kohle- und Ölförderung, Zementproduktion und andere Wirtschaftsdaten gewälzt und daraus berechnet, wieviel CO_2 in früheren Jahrzehnten in die Atmosphäre geblasen wurde. Für alle Länder und abhängigen Territorien wurden entsprechende Zeitreihen zusammengetragen, zum Teil reichen die Daten bis ins 18. Jahrhundert zurück. Wie ein Schuldenbuch der Industriestaaten liegen die Tabellen auf der Webseite des CDIAC, und wer will, kann die Bilanz ziehen.

Wenn man die für jedes Jahr einzeln vorliegenden Daten aufsummiert und einzelne Länder miteinander vergleicht, dann wird deutlich, wo das Gros der bisherigen Emissionen emittiert wurde. Von 1903 bis zum Jahre 2000 hat es das große China mit 71,46 Milliarden Tonnen aufsummierter CO_2-Emissionen nur auf ein wenig mehr gebracht als Deutschland mit seinen 67,8 Milliarden Tonnen CO_2. Indien fällt hingegen mit 21,87 Milliarden Tonnen weit zurück. Die USA sind jedoch mit 285,52 Milliarden Tonnen akkumulierter CO_2-Emissionen einsamer Spitzenreiter, und zwar einer, der kaum noch einzuholen ist: Wenn man davon ausgeht, dass die US-Emissionen wie seit Anfang der 1990er weiter mit etwa zwei Prozent pro Jahr wachsen und China keinerlei Klimaschutzmaßnahmen ergreift, sondern sein derzeitiges rasantes Emissionswachstum von etwa neun Prozent beibehält, dann würde die Volksrepublik noch immer knapp 27 Jahre brauchen, um mit den USA in Sachen akkumulierter Emissionen gleichzuziehen. Das ist sogar großzügig gerechnet, weil die US-amerikanischen Emissionen aus dem 19. Jahrhundert nicht berücksichtigt wurden, da aus dieser Zeit für China keine Vergleichsdaten vorliegen und das aktuelle Emissionsniveau Chinas (siehe Kasten »Die chinesischen CO_2-Emissionen« am Beginn dieses Kapitels) eher zu dessen Ungunsten abgeschätzt wurde.

Kein Wunder, dass man weder in Washington noch in den anderen Hauptstädten des Nordens über die historische Verantwortung sprechen möchte. Wie beim Thema Pro-Kopf-Emissionen meidet man die entsprechende Diskussion wie der Teufel das Weihwasser oder der Papst die Pille. Brasilien hatte in den 1990er Jahren eine Initiative in den Verhandlungsprozess der Klimarahmenkonvention eingebracht, die die historischen Emissionen als einen der Maßstäbe einführen sollte, mit denen die Verantwortung der Nationen gemessen wird. Vergeblich. Das Dokument schlummert noch immer in den Unterlagen der Verhandler und wartet auf seine Erörterung. Die Blöße, es rundheraus zurückzuweisen, möchte man sich nicht geben, also wird vertagt.

Tabelle 4.1: Historische Emissionen

Land:	USA	Deutschland	China	Indien
Akkumulierte CO_2-Emissionen	285,52	67,8	71,46	21,87

Über den Zeitraum 1903 bis 2000 akkumulierte CO_2-Emissionen unterschiedlicher Länder aus der Verbrennung fossiler Energieträger und der Zementproduktion in Milliarden Tonnen. Quelle Marland et al. 2003.

Die Frage der Verantwortung wird sicherlich in den nächsten ahren eine wachsende Rolle spielen. Ein Teil des Klimawandels ist nicht mehr aufzuhalten. Auch wenn man die Konzentration der Treibhausgase auf dem Niveau des Jahr 2000 einfrieren könnte – wofür eine sofortige Reduktion der globalen Emissionen von über 50 Prozent die Voraussetzung wäre – würde das globale Thermometer noch zwei weitere Jahrzehnte um insgesamt etwa 0,2 Grad Celsius klettern. Der Ozean regiert noch träger, so dass die Pegelstände noch bis weit darüber hinaus weiter steigen würden. Irgendwann wird sich also in den nächsten Jahrzehnten die Frage stellen, wer entschädigt die Dürreopfer in Nord- und Westafrika? Wer kümmert sich um die Flutopfer in Äthiopien? Und vielleicht sogar: Wer ersetzt den Bürgern der Malediven ihren in den Fluten des indischen Ozeans versunkenen Staat?

In Europa und Nordamerika sind solche Überlegungen außerhalb eines kleinen Kreises aktiver Menschen wenig bekannt. In vielen Entwicklungsländern macht man sich hingegen schon seit längerem derlei Gedanken. Von den ökologischen Schulden ist die Rede, die der Norden beim Süden hat. Der Begriff ist zu Beginn der 1990er Jahre von südamerikanischen Ökonomen geprägt worden, und es ist durchaus bezeichnend für die deutsche Medienlandschaft, dass von diesen Forderungen und Debatten hierzulande kaum etwas ankommt. Im Februar 2002 fand zum Beispiel am Rande des zweiten Weltsozialforums ein Tribunal gegen die Verschuldungskrise der Länder des Südens statt, an dem auch der argentinische Nobelpreisträger Adolfo Pérez Esquivel teilnahm. Das Urteil über die Verschuldungspolitik des Nordens fiel erwartungsgemäß vernichtend aus. Die Versammlung stellte unter anderem fest, dass »die Länder des Nordens gegenüber den Ländern des Südens aufgrund der historischen Plünderung deren Resourcen, der Enteignung des Wissens ihrer Vorfahren und der Nutzung und Entwertung des besten Landes, von Wasser und Luft für Exportprojekte, die die Nahrungsmittel-Souveränität gefährden, giftige Abfälle vermehren und das Überleben ganzer Völker gefährden.« Mit Nahrungsmittel-Souveränität ist die Kontrolle der Menschen und der jeweiligen Regierungen über Land und andere Ressourcen gemeint, die für die Ernährung der Bevölkerung wichtig sind.

Aurora Donoso vom Institut für ökologische Studien der Dritten Welt und der Acción Ecológica in Ecuador beschreibt es so: »In Asien, Afrika und Lateinamerika haben wir eine lange Geschichte der Plünderung und der Zerstörung, die in der Zeit der europäischen Kolonisation begann. Quecksilbervergiftung durch Silberamalgam in Potosí, Bolivien, Goldausbeutung in Minas Gerais, Brasilien, das Gummi des Amazonas, der Guano (ein Dünger aus Vogelkot) aus Peru (...) und viele ähnliche Beispiele in Asien und Afrika.« Neben all diesen Aspekten gehöre zu den ökologischen Schulden auch »die illegitime Aneignung der Atmosphäre und der CO_2-Aufnahmefähigkeit der Ozeane und der Vegetation durch die überproportionale Emission von Treibhausgasen in den Industriestaaten (...)«. Gemeinsam mit anderen hat Donoso daher ein internationales Netzwerk gegründet, das Aufklärung über die ökologischen Schulden betreibt.

In China, das inzwischen selbst seine Rohstoffkonzerne in andere Entwicklungsländer ausschickt, spielt ein derartiger Diskurs keine Rolle, schon gar nicht in der KP-Führung, die die Industrialisierung ganz nach dem vom kapitalistischen Westen vorgegebenen Muster verfolgt. Der kolonialen Vergangenheit und der erlittenen Überfälle und Plünderungen durch Europäer und Japaner ist man sich allerdings sehr bewusst. Insbesondere hat man nicht vergessen, dass Chinas Entwicklungsrückstand nicht nur Ergebnis der Politik seiner konservativen Eliten im 18. und 19. Jahhunderts ist, sondern auch der britischen Kolonialkriege ab 1839, die die Öffnung des chinesischen Marktes für Opium und andere Segnungen des Abendlandes erzwangen und der Volkswirtschaft des Kaiserreichs nachhaltigen Schaden zufügten. Billige Industriewaren strömten ungehindert ins Land und verhinderten die Entwicklung heimischer Unternehmen.

Vor diesem mehr oder weniger gemeinsamen historischen Hintergrund haben die Entwicklungsländer Anfang der 1990er in den Klimaverhandlungen durchgesetzt, dass in der Klimarahmenkonvention, die 1992 unterschrieben wurde, von »gemeinsamer, aber unterschiedlicher Verantwortung« gesprochen wird. Dahinter verbirgt sich unter anderem, dass die ersten Schritte bei der Reduktion der Emissionen von den Industriestaaten zu machen sind.

Aber diese Formel meint nicht, dass die Entwicklungsländer keinen Beitrag zu leisten hätten, wie diese selbst immer wieder betonen. Zu ihren Verpflichtungen im Rahmen der Konvention gehört zum Beispiel, die Wälder und anderen Kohlenstoffspeicher schonend zu bewirtschaften und auch Techniken und Verfahren zu suchen, die Treibhausgasemissionen mindern oder vermeiden.

Was letzteres angeht, haben übrigens die Industriestaaten im Rahmen der Konvention die Verpflichtung übernommen, für Technologietransfer zu sorgen, damit sich die Entwicklungsländer »sauber«, das heißt mit der effizientesten Technologie, die derzeit auf dem

Markt ist, entwickeln können. Das Thema ist ein Dauerbrenner im Streit zwischen Nord und Süd auf den jährlichen UN-Klimakonferenzen. Wie nicht anders zu erwarten, zeigen die reichen Länder auf diesem Gebiet wenig Engagement. Im Gegenteil möchte man sagen: Seitdem die Konvention auf dem großen UN-Sondergipfel für Umwelt und Entwicklung 1992 in Rio de Janeiro unterzeichnet wurde, haben namentlich die USA und die EU große Anstrengungen unternommen, ihr Patentrecht mittels der Welthandelsorganisation WTO international durchzusetzen. 2007 hat Bundeskanzlerin Merkel die Verletzung von Patent- und Urheberrechten zu einem der Schwerpunkte ihrer G-8-Präsidentschaft gemacht. Ihr dürft gerne unsere Technik haben, lautet die Botschaft, aber nicht ohne Lizenzgebühren zu zahlen. Längst vergessen sind die Zeiten, in denen die USA und Deutschland als junge kapitalistische Nationen das Abkupfern britischer Technik zur hohen Kunst entwickelten, um dem eigenen wirtschaftlichen Fortschritt auf die Sprünge zu helfen.

4.2 Klimaschutz in China

Auch wenn der ständige Verweis auf die Schwellenländer und vor allem China von hiesigen Industrielobbyisten heuchlerisch und ahistorisch ist, gibt es natürlich den »Größefaktor«, der manchen beunruhigt. Einerseits gibt es kein moralisches oder völkerrechtliches Argument, China eine Energie- und Verkehrspolitik verweigern zu wollen, die Europa und Nordamerika immer noch praktizieren, andererseits hätte ein Anstieg der Pro-Kopf-Emissionen in China auf das derzeitige deutsche oder gar US-amerikanische Niveau katastrophale Folgen für den ganzen Planten. Und für China: Die landwirtschaftliche Fläche der Volksrepublik reicht ohnehin kaum aus, die eigene Bevölkerung zu ernähren. Das Land würde daher besonders unter Dürren und schweren Niederschlägen leiden. Im Himalaya ziehen sich bereits die Gletscher zurück. Verschwinden sie irgendwann ganz, werden die großen Flüsse des Landes deutlich weniger Wasser führen. Die ohnehin schon zum Teil prekäre Trinkwasserversorgung würde zusätzlich gefährdet. Die Küstenregionen hätten zudem unter intensiveren Taifunen zu leiden. Schließlich würde Shanghai, eines der ökonomischen Zugpferde des Landes, durch den Anstieg des Meeresspiegels gefährdet.

Alles Dinge, die in China nicht unbekannt sind. Erst Anfang 2007 berichtete die chinesische Nachrichtenagentur *Xinhua* von einer größeren Studie, die der chinesische Wetterdienst gemeinsam mit der Akademie der Wissenschaften und einigen anderen Institutionen erarbeitet hat. Darin heißt es unter anderem, dass bis zur Mitte des Jahrhunderts die Erträge einiger wichtiger Getreidesorten, darunter Reis, um bis zu 37 Prozent zurück gehen könnten, wenn nichts gegen den Klimawandel unternommen wird. 2006 waren bereits weite Landstriche im Norden und in der Mitte des Landes von schweren Dürren heimgesucht worden, wie man sie seit über 50 Jahren nicht mehr erlebt hatte. Zusammen mit Taifunen und Überschwemmungen haben sie einen ökonomischen Schaden von 212 Milliarden Yuan (etwa 21 Milliarden Euro) angerichtet. 2.704 Menschen wurden durch Unwetter getötet. Qin Dahe, Chef des chinesischen Wetterdienstes schätzt nach einem Bericht von *Xinhua* im Februar die wirtschaftlichen Schäden sogar auf bis zu 300 Milliarden Yuan (etwa 30 Milliarden Euro). Damit war 2006, das im globalen Maßstab eines der wärmsten je registrierten Jahre war, für die Volksrepublik in Sachen Naturkatastrophen eines der folgenschwersten der letzten 30 Jahre.

Dennoch ist bisher in China die öffentliche Debatte über die Gefahren des Klimawandels und seine Ursachen weniger weit entwickelt als in Westeuropa oder Lateinamerika, obwohl es eine ganze Reihe kritischer Stimmen gibt. Darunter sind auch einige einflussreiche aus dem Establishment wie Pan Yue, der stellvertretender Direktor in Chinas Zentraler Umweltschutzbehörde ist. Pan, dessen Behörde sich seit einigen Jahren mit äußerst mäßigem Erfolg bemüht, Chinas Umweltprobleme in den Griff zu bekommen, schätzt, dass der wirtschaftliche Verlust durch Luftverschmutzung, Klimawandel, verseuchtes Wasser und andere Folgen der raschen und wenig kontrollierten Industrialisierung acht bis 13 Prozent des Bruttosozialprodukts (BSP) ausmachen könnten. Das Land bewege sich auf einen sehr kritischen

Zustand zu, ein Drittel der Bevölkerung habe bereits kein sauberes Trinkwasser mehr. China könne es sich nicht wie die westlichen Länder leisten, mit dem Umweltschutz zu warten, bis das Pro-Kopf-BSP 10.000 US-Dollar erreicht habe. Jetzt müsse gehandelt werden.

Pan fordert unter anderem mehr Macht für die lokalen Umweltbehörden und eine bessere Koordination auf der nationalen Ebene. Strafen für Verschmutzer müssten empfindlicher werden, und die Öffentlichkeit müsse über Bürgerbeteiligung, Medien und Klagemöglichkeiten für betroffene Bürger einbezogen werden. China brauche eine neue Energiepolitik. Nur mit sauberer Energie sei eine langfristige Entwicklung möglich, wobei er dazu Sonne, Wind und Bio-Gas, aber auch die Atomkraft zählt.

Mit diesen Forderungen bewegt sich Pan durchaus auf der Linie der Führung in Peking. Ministerpräsident Wen Jiabao hat Anfang März 2007 einen großen Teil seiner Rede zur Eröffnung der jährlichen Volkskongress-Tagung den akuten Umweltproblemen gewidmet. Dabei musste er eingestehen, dass im letzten Jahr das Energiesparziel klar verfehlt wurde. Bis 2010 soll, so sieht es der bis dahin laufende Fünf-Jahresplan vor, der Energieaufwand pro Einheit des Bruttosozialprodukts um 20 Prozent verringert werden. Doch im letzten Jahr sah es schlecht mit der Planerfüllung aus. Vermutlich ist 2006 der spezifische Energieaufwand sogar noch leicht gewachsen. Wen macht dafür vor allem die lokalen Behörden verantwortlich, die sich nicht an die Vorgaben der Zentrale halten würden. Presseberichte bestätigen ihn, und auch Pan sieht das Problem vor allem auf der lokalen Ebene.

Wen fordert jedenfalls, Energiesparen und Schutz der Umwelt zum Angelpunkt für ein neues Muster wirtschaftlicher Entwicklung zu machen. Die Regierung hat bereits im Dezember 2006 Energieeffizienz ganz weit oben auf ihrer Liste der wichtigsten Aufgaben für die nächste Zeit gesetzt. Geplant sind unter anderem in den nächsten Jahren die Stilllegung zahlreicher älterer Kohlekraftwerke. Zusammen sollen sie eine Kapazität von 50 Gigawatt haben, was immerhin der Leistung von etwa 100 Großkraftwerken entspräche. Außerdem ist geplant, veraltete Stahlwerke und Eisengießereien zu schließen, die einen besonders hohen Energieverbrauch haben. Schließlich sind verschiedene Maßnahmen zur Besteuerung und Preisgestaltung geplant, die Anreize und Zwänge für einen sparsamen Einsatz von Energie schaffen sollen.

Darüber hinaus gibt es diverse Projekte für erneuerbare Energien – darunter auch eher problematische Pläne zur Gewinnung von Bio-Sprit aus Mais und anderen Pflanzen –, die ersten Windparks sind im Bau, und China hat bereits einen großen Hersteller von Solarzellen. Doch das alles steht erst am Anfang. Kurzfristig sieht auch Pan keine Alternative zur bisherigen Energiepolitik, die vor allem auf Kohle setzt. Insofern kann man nur hoffen, dass die Pläne zur Abscheidung von CO_2 aus den Kraftwerksemissionen tatsächlich funktionieren und die Technik frühzeitig implementiert wird. China beteiligt sich jedenfalls in den USA an einem Pilotprojekt und hat auch mit Australien eine Kooperation auf diesem Gebiet vereinbart.

Die Zeit drängt. In den 1990er Jahren hatte es einmal für ein paar Jahre so ausgesehen, als würde China seine besondere Abhängigkeit von der Kohle langsam abbauen. Doch inzwischen kann davon keine Rede mehr sein. 69 Prozent des chinesischen Primärenergiebedarfs werden mit Kohle gedeckt, bei der Stromproduktion sind es gar knapp 80 Prozent. Jede Woche geht irgendwo in dem Riesenland ein neues Kohlekraftwerk ans Netz, und damit steigen Chinas CO_2-Emissionen weiter. Schwacher Trost: Die neuen Anlagen sind zumindest auf dem Stand der Technik und daher leidlich effizient. Der Preis ist dennoch hoch: In den Bergwerken, aus denen das schwarze Mineral gefördert wird, sterben jährlich mehrere 1000 Kumpels bei Grubengasexplosionen, Wassereinbrüchen und Einstürzen.

Die Sache hat noch einen anderen Haken: China hat zwar über 800 Millionen Tonnen an Kohlereserven, aber davon seien nur 139 Milliarden Tonnen abbaubar, schrieb Bao Quan 2004 im China Economic Net. Andere Beobachter, wie Zhu Denreng und Zhang Yozhou vom Institut für Kohleforschung in Peking, setzen die verfügbaren Reserven sogar noch etwas niedriger bei ca. 114 Milliarden Tonnen an. Zudem ist knapp die Hälfte von niederer Qualität: Unter anderem bestehen die Reserven zu etwa einem Sechstel aus Braunkohle, die von allen fossilen Energieträgern den schlechtesten Brennwert hat. Beim derzeitigen Verbrauch würden die Kohlevorräte noch 83 Jahre reichen, schreibt Bao.

Doch dabei wird es nicht bleiben. Der Verbrauch wächst rasch und damit schrumpft automatisch die Reichweite der Kohlevorräte. Bei einer Vervierfachung des derzeitigen Kohleverbrauchs würden sie nur noch 20 Jahre betragen, und dieses Niveau könnte relativ schnell erreicht sein. Bis 2020 wird sich Chinas Energiekonsum wahrscheinlich mehr als verdoppeln, und die jetzt schon herausragende Rolle der Kohle wird vermutlich weiter ausgebaut.

Dafür wird allein schon das Revival einer vergessen geglaubten Technologie sorgen. Die Volksrepublik erlebt derzeit einen regelrechten Boom der Kohleverflüssigung. Zahlreiche Anlagen sind im Bau oder in der Planung. Im Shenfu-Dongsheng-Kohlerevier im Norden der Provinz Shaanxi, ein paar hundert Kilometer westlich von Peking an der großen Mauer gelegen, ist vor kurzem eine der ersten großen Verflüssigungsanlagen fertiggestellt worden. Ab Ende des Jahres sollen dort 20.000 Barrel synthetisches Öl pro Tag produziert werden, berichtete Anfang Januar 2007 Peter Farley im Magazin *Technology Review* des renommierten Massachusetts Institute of Technology.

Volkswirtschaftlich sinnvoll ist das nicht unbedingt, aber auch in China sind Autobahnen und der private Pkw längst zum Synonym wirtschaftlichen Fortschritts geworden. Wie die Industriestaaten des Westens hängt die Volksrepublik inzwischen an der Nadel und braucht täglich ihren Schuss Öl. Da schert es niemanden, dass der Wirkungsgrad der Verflüssigung denkbar schlecht ist: Wenn alles gut geht und der Prozess tatsächlich so abläuft, wie es die chinesischen Fachleute sich erhoffen, wird in dem Öl 55 bis 56 Prozent der Energie stecken, die zuvor die Kohle enthalten hatte. Hinzu kommt noch ein nicht unerheblicher Aufwand an Energie, der in die Verflüssigung gesteckt werden muss.

Alles in allem also nicht gerade ein energiesparendes Verfahren, auf das man zurückgreift, um Chinas wachsende Automobilflotte noch ein paar Jahrzehnte länger am Laufen halten zu können. Zugleich mindert die Verflüssigung aber die Reichweite der chinesischen Kohle weiter und erhöht den Druck, sich langfristig nach nachhaltigen Formen der Energiegewinnung umzuschauen.

Immerhin hat sich die Führung in Peking diesbezüglich schon einige Ziele gesteckt. Bis 2020 soll der Anteil der erneuerbaren Energieträger zehn Prozent des Primärenergiebedarfs decken. 20 Prozent des Stroms sollen aus erneuerbaren Quellen kommen, wobei die umstrittenen großen Wasserkraftwerke wie der Drei-Schluchten-Damm noch nicht mitgerechnet sind. Anfang 2007 verkündete das chinesische Industrieministerium, dass bis 2010 45,6 Milliarden Yuan (etwa 4,5 Milliarden Euro) in den Ausbau der Windenergie gesteckt werden sollen. Insgesamt rechnet man für die Zeit bis 2020 mit Ausgaben von umgerechnet knapp acht Milliarden Euro jährlich für erneuerbare Energien. Es kann aber auch gut sein, dass es noch mehr werden, denn bereits im Jahre 2005 war die Volksrepublik mit rund fünf Milliarden Euro der weltweit größte Investor in Sachen erneuerbarer Energien.

Wie auf vielen anderen wirtschaftlichen Feldern hat China auch im Bereich der neuen Energien das Potenzial, für eine regelrechte globale Bonanza zu sorgen. Zum Beispiel Windenergie: 30 Gigawatt elektrischer Leistung sollen in diesem Bereich bis 2020 installiert werden. Gemessen am chinesischen Energiebedarf ist das nicht einmal besonders viel, aber das wären immerhin 50 Prozent mehr als heute im weltweit führenden Land an Windanlagen steht. In der Inneren Mongolei, unweit von Peking, befinden sich derzeit die ersten großen Windparks im Bau. 2006 wurden in China Windenergieleistungen von rund 1000 Megawatt (gleich ein Gigawatt) installiert. Gegenüber dem Vorjahr war das zwar eine Steigerung von 100 Prozent, doch damit lässt sich nur etwa ein Kohlekraftwerk ersetzen. Es ist also bisher nicht mehr als ein vielversprechender Anfang.

Die Chancen stehen allerdings gut, dass der Ausbau sich schnell beschleunigen wird. Dafür werden nicht nur die geplanten staatlichen Investitionen sorgen, sondern wahrscheinlich auch so mancher private Unternehmer bzw. Anlagefonds, wie sie in Deutschland auch inzwischen stark im Betrieb von Windanlagen engagiert sind. China hat nämlich nach deutschem Vorbild ein Gesetz entwickelt, das den

Betreibern die Abnahme des Stroms zu einem profitablen Preis garantiert. Nach dem großen Erfolg, den diese Regelung hierzulande hatte und immer noch hat, darf man also hoffen, dass in der Volksrepublik der Plan übererfüllt wird.

5. Vorreiter Deutschland?

Als Anfang 2007 die Klimadebatte so richtig hoch kochte, nachdem Al Gores Aufklärungsfilm »Eine unbequeme Wahrheit« die Kinos gefüllt hatte und jeder sich verdutzt den Kopf kratzte, weil der Winter ausgefallen war, da hat irgend jemand eine neue Idee aus dem Hut gezaubert: In Australien hieß es, sollten die alten Glühbirnen, die ohne Frage kleine Energieverschwender sind, verboten und Leuchtstofflampen zur Norm gemacht werden. Mit einem Mal war die Energiesparlampe auch hierzulande für einige Tage in aller Munde und wurde von der schnelllebigen Medienwelt zum Wundermittel gegen den Klimawandel hochstilisiert. Auch an Politikern fehlte es nicht, die gerne auf diesen Zug sprangen, sei es, um Aufmerksamkeit zu erheischen, sei es dass sie als Mitglied einer Regierungspartei politische Tatkraft simulieren wollten.

Nun hätte man sagen können, der australische Schritt ist neben Tausend anderen ganz sinnvoll, also schauen wir mal, wie wir die Energiesparlampen als Unterpunkt eines Unterpunktes in ein Gesamtkonzept einbauen, das zügig entworfen und umgesetzt werden sollte. Doch darum ging es offensichtlich nicht. Ziel des ganzen Medienspektakels war vielmehr eine Mini-Neuauflage des Evergreens »Jeder ist seines eigenen Glückes Schmied«, in diesem Fall in der etwas abgewandelten Variante: Jeder fange bei sich selbst an, dann können wir alle gemeinsam den Klimawandel aufhalten.

Aber kann das überhaupt funktionieren? Reicht es tatsächlich, wenn jeder den Thermostat ein bisschen runter dreht und das Auto ab und zu mal stehen lässt? Natürlich sollte sich jeder Mensch verantwortungsvoll gegenüber seinen Mitmenschen und unserer gemeinsamen Umwelt verhalten. Daher macht es sicherlich neben vielem anderen auch Sinn, individuell Energie zu sparen. Das sagt uns allein schon ein Blick auf die Stromrechnung oder den jährlichen Befund der Heizungsableser.

Außerdem: Es mag ja sein, dass das Erhitzen von Wasser mit

elektrischem Strom, der zuvor in einem Kohlekraftwerk bei einem Wirkungsgrad von ca. 35 Prozent erzeugt wurde, in etwa so intelligent ist, wie das Öffnen des Frühstückseis mit dem Presslufthammer. Aber was sollen wir machen, wenn wir in unserer Mietwohnung einen elektrischen Durchlauferhitzer vorfinden? Und was sollen wir machen, wenn unser Vermieter es nicht einsieht, das Haus vernünftig gegen Wärmeverlust zu isolieren? Ihm ist es egal, wie hoch unsere Heizkosten sind.

Ganz ähnlich verhält es sich mit dem Verkehrssektor. In vielen Städten, von ländlichen Gemeinden ganz zu schweigen, ist der öffentliche Personennahverkehr eine regelrechte Katastrophe, insbesondere, seitdem er in das Fadenkreuz der Marktfundamentalisten geriet, denen öffentliche Daseinsvorsorge ein Fremdwort ist. Auch bei der Deutschen Bahn denkt man sich seit Jahren immer neue Finessen aus, um den Service zu verschlechtern und selbst eingefleischte Bahnfreunde zu vergraueln. Auch darauf hat der Verbraucher herzlich wenig Einfluss. Im Gegenteil. Wer aus Überzeugung Bahn und ÖPNV nutzt, oder gar mit dem Fahrrad fährt, muss heutzutage schon eine ordentliche Dosis Masochismus im Blut haben.

Dennoch ist die Individualisierung der Klima-Verantwortung ein Steckenpferd vieler Politiker. Bei den naiveren Gemütern unter ihnen mag das an einem gewissen protestantisch-deutschen Hang zum Missionieren liegen. Aber für den erfahrenen Machtpolitiker liegen die Vorteile dieses Ansatzes auf der Hand: Regierende und Konzernchefs, jene, die die Entscheidungen über große Infrastrukturprojekte und die Struktur von Verkehr, Industrie und Energiewirtschaft treffen, reichen den Schwarzen Peter einfach an die Bürger weiter.

Dass für den Klimaschutz dabei nicht viel herauskommen kann, ist ebenso klar. Nicht nur, weil der Einzelne, wie oben dargestellt, nur bedingt Einfluss auf die Klimafolgen seines Alltags hat. Sondern auch weil der direkte und indirekte private Konsum weniger als die Hälfte der deutschen Emissionen ausmacht. (Siehe Tabelle 5.2) Den bei weitem größten Einzelposten – fast die Hälfte der gesamten Emissionen – hat zum Beispiel die Energiewirtschaft zu verbuchen.

Was man machen kann

Der Verweis auf die Notwendigkeit gesellschaftlicher Lösungen ist kein Freibrief für den Einzelnen. Deshalb hier ein paar Hinweise, wie CO_2-Emissionen durch persönliches Verhalten eingespart und oft auch der Geldbeutel geschont werden können.

Heizen: Nachts, beim Lüften und bei Abwesenheit die Heizung ausdrehen.

Haushaltsgeräte: Beim Kauf neuer Geräte unbedingt auf den Verbrauch achten, es gibt erhebliche Unterschiede. Außerdem: Viele Geräte verbrauchen im so genannten Stand-by-Betrieb auch wenn sie ausgeschaltet sind, und zwar nicht wenig. Stecker raus oder Mehrfachsteckdose mit Schalter verwenden. Der Bundesverband Verbraucherschutzzentralen (vzbv) schätzt, dass ein durchschnittlicher Vier-Personen-Haushalt mit energiesparenden Geräten und Lampen sowie dem Auschalten des Stand-bys knapp die Hälfte des Strombedarfs einsparen, und so weit über 100 Euro im Jahr sparen kann.

Strom: Eventuell hat es Sinn, zu einem der Ökostromanbieter zu wechseln, die nicht unbedingt teurer sind. Damit kann man die Einführung erneuerbarer Energien fördern. Allerdings sollte man nicht unbedingt seine Stadtwerke schwächen, wenn man sie noch hat, sondern sich lieber gemeinsam mit anderen dafür einsetzen, dass diese auf klimafreundliche Stromproduktion umsteigen.

Konsum: Lebensmittel sollten, wenn es nicht gerade Bananen sind, möglichst aus der Region gekauft werden, um Verkehr zu vermeiden. Oft schmeckt es auch einfach besser, weil es frischer ist.

Müll: So weit wie möglich vermeiden und kompostieren, denn auch die Müllverbrennungsanlagen produzieren jede Menge CO_2 (und viele sehr schädliche Abgase). Mehrwegverpackungen benutzen.

Verkehr: Am besten per Fahrrad oder ÖPNV. Wenn Auto, dann ein möglichst verbrauchsarmes. Wer ein Jahr mit einem Mittelklassewagen fährt und dabei 12.000 Kilometer zurücklegt, emittiert rund 2.000 Kg CO_2. Außerdem: Der Fahrstil hat einen erheblichen Einfluss auf den Spritverbrauch. Wer ruppig fährt, viel bremst und beschleunigt, stresst nicht nur seine Mitmenschen sondern verbrennt auch wesentlich mehr Benzin bzw. Diesel.

Reisen: Grundsätzlich gilt: So wenig wie möglich fliegen. Im Inland sowieso nicht, und auch in Europa lassen sich viele Strecken eigentlich bequem mit der Bahn erledigen, besonders, wenn man Nachtzüge nutzt. Bei einem Flug von Berlin nach München und zurück fallen pro Person 179,6 Kg CO_2 an. Benutzt man die Bahn, sind es nur 65 Kg CO_2. Richtig stark schlagen Fernflüge ins Kontor: Berlin-Hongkong-Berlin: 7400 Kg CO_2.

Zum Vergleich: Klimaverträglich kann jeder Erdenbürger etwa 2000 Kg (= zwei Tonnen) CO_2 pro Jahr emittieren.

Im Internet gibt es inzwischen verschiedene Seiten, auf denen man seine Reisen und seinen Alltag auf Klimaverträglichkeit oder -unverträglichkeit überprüfen kann. Für ersteres ist www.atmosfair.de eine gute Adresse, für letzteres http://www.carbonfootprint.com/calculator.html. Auch die Deutsche Bahn AG bietet auf ihrer Fahrplanseite einen automatischen Vergleich der Bahn-Emissionen mit PKW und Flugzeug auf den jeweils ausgewählten Strecken. Von diesen Seiten stammt ein Teil der obigen Angaben. Spartipps gibt es auf der Seite des vzbv: www.vzbv.de.

Notwendig wäre also ein gesellschaftlicher Ansatz, ein umfassendes Konzept auf nationaler, regionaler und lokaler Ebene, das eine Vielzahl von Maßnahmen zusammen fasst, um die Treibhausgase zu vermindern. Die Stromerzeugung muss weitgehend auf erneuerbare

Energie umgestellt, die Effizienz des Energieverbrauchs unter anderem durch Gebäudesanierung drastisch erhöht und der Verkehrssektor umgekrempelt werden. Wenn ein derartiges Konzept vorgelegt wird, kann man vielleicht auch von den Bürgern den einen oder anderen notwendigen Verzicht verlangen; ein Verzicht, der ein Gewinn sein könnte, denn unter anderem würde die Verbannung der Verbrennungsmotoren von unseren Straßen und der Abriss der Kohlekraftwerke auch die Luftqualität erheblich erhöhen. Außerdem könnte Wärmeisolierung einen durchschnittlichen Haushalt um mehrere hundert Euro im Jahr entlasten.

Doch natürlich darf mit Verzicht nicht gemeint sein, dass etwa über neue Verbraucherabgaben oder ähnliches diejenigen gebeutelt werden, denen die grüngelbrotschwarze Koalition ohnehin schon in den letzten 15 Jahren übel mitgespielt hat. Umweltorganisationen wären gut beraten, immer darauf zu achten, dass ihre Forderungen nicht entsprechend interpretiert werden können. Gewerkschaften, Arbeitslosengruppen und andere im sozialen Bereich Tätige sollten hingegen den Klimaschutz mit auf ihre Fahnen schreiben, denn schließlich geht es auch um mehr Lebensqualität, und ganz nebenbei wäre der nötige Umbau der Industriegesellschaft auch eine gewaltige Jobmaschine.

Auf einem anderen Blatt steht, dass natürlich das globale Klima nicht in Deutschland allein gerettet werden kann. Das Land lebt zwar im Bezug auf die CO_2-Emssionen reichlich über seine Verhältnisse, aber dennoch hat es an anderen großen Verschmutzern keinen Mangel. Allerdings: So lange unsere jährlichen Pro-Kopf-Emissionen bei über 12 Tonnen liegen, obwohl jedem Erdenbürger nur zwei zustehen, gibt es weder eine moralische Rechtfertigung, mit dem Finger auf andere zu zeigen, noch hätte es Sinn. Wir können von den USA und anderen nur dann verlangen, ihre Emissionen zu reduzieren, wenn wir selbst ernsthaft das Ziel zwei Tonnen pro Nase und Jahr in Angriff nehmen.

Daher ergibt die Forderung, wie sie zum Beispiel vom BUND aufgestellt wurde, in Deutschland bis 2020 die Emissionen gegenüber 1990 um 40 Prozent (etwa 24 Prozent gegenüber dem heutigen Niveau) zu reduzieren, auch im Hinblick auf die internationalen Verhandlungen Sinn. Wenn mehrere große Industriestaaten ähnlich weitgehende Zusagen glaubwürdig abgeben würden, könnten sich vielleicht auch die Schwellenländer auf Zugeständnisse einlassen. Zum Beispiel könnten sie sich auf Höchstwerte für die Pro-Kopf-Emissionen sowie einen Zeitrahmen festlegen, in dem die Emissionen nach Erreichen der Höchstmarke wieder runtergefahren würden.

5.1 Ein kleiner Rückblick

Mit der Glaubwürdigkeit der Industriestaaten ist es allerdings so eine Sache. Bisher haben die Entwicklungs- und Schwellenländer nicht viel Grund, sich auf deren Zusagen zu verlassen. Das in der Klimarahmenkonvention gemachte Versprechen, die Emissionen der Industrieländer zum Jahre 2000 auf das Niveau von 1990 zurückzufahren, wurde von den meisten westlichen Ländern glatt ignoriert, und auch mit dem Erreichen der Ziele des Kyoto-Protokolls in der so genannten Zielperiode 2008 bis 2012 steht es nicht gerade zum Besten. Derzeit sieht es zum Beispiel gar nicht danach aus, dass die EU ihren Verpflichtungen nachkommen wird. 1997 hatten sich in der ehemaligen japanischen Kaiser-Stadt Kyoto die damals 15 west-und nordeuropäischen EU-Mitgliedsstaaten verpflichtet, ihre Treibhausgasemissionen um acht Prozent zu senken. Statt dessen liegen sie im Augenblick noch etwas über den Emissionen des Basisjahres 1990, auf das sich alle Reduktionsangaben und -verpflichtungen jeweils beziehen.

Selbst in Deutschland, das sich so gerne als Klimaschutz-Vorreiter aufspielt, ist noch keineswegs gewiss, ob das Reduktionsziel erreicht wird. EU-intern hat man die Verpflichtungen umverteilt. Deutschland hat 21 Prozent Reduktion übernommen, Dänemark auch, während einigen wirtschaftlich weniger entwickelten südeuropäischen Ländern ein gewisses Emissionswachstum zugestanden wurde.

Während von diesen manches weit übers Ziel hinaus geschossen ist, hat auch Deutschland seinen Teil noch lange nicht erfüllt. 2006 ist der CO_2-Ausstoß hierzulande nach Angaben des Umweltbundesamtes mal wieder leicht gestiegen und betrug 878 Millionen Tonnen CO_2. Wäre nicht der Einsatz erneuerbarer Energieträger kräftig gestiegen, und zwar um über 13 Prozent, dann hätte das Wirtschaftswachstum noch zu einem erheblich stärkeren Anstieg der Treibhausgasemissionen geführt. Gegenüber 1990 hat Deutschland damit bisher eine Reduktion von etwas über 16 Prozent vorzuweisen, und zwar unter Einbeziehung der üblichen Taschenspielertricks mit der Biosphäre. Die USA haben nämlich in der Klimarahmenkonvention durchgesetzt, dass die Industriestaaten sich die CO_2-Aufnahmefähigkeit ihrer Wälder und Weiden gutschreiben lassen können.

Doch eigentlich sollten die 21 Prozent schon im nächsten Jahr erreicht sein. Aber vielleicht hatte man schon geahnt, dass daraus nichts werden würde, und sich aus eben diesem Grund jene eigenwillige Konstruktion der »Zielperiode« ausgedacht: Die besonders vom Klimawandel betroffenen kleinen Inselstaaten hatten seinerzeit in Berlin und Kyoto auf ein möglichst frühzeitiges Zieljahr gedrängt, aber die Industriestaaten wollten sich mit der »Zielperiode« eine Hintertür offen halten. Entsprechend tut man jetzt in Berlin und Brüssel, als müsse das Kyoto-Ziel nicht in der »Zielperiode 2008 bis 2012« erfüllt sein, sondern erst im Jahre 2012.

Berlin kann sich allerdings damit trösten, dass auch die meisten anderen EU-Mitglieder ihr Ziel verfehlen werden, insofern wird sich der Reigen der Schuldzuweisungen vermutlich im Rahmen halten. Das kleine Dänemark zum Beispiel, das ohne industriellen Kahlschlag ebenfalls 21 Prozent Reduktion versprochen hat, ist noch viel weiter vom Ziel entfernt als Deutschland (siehe Abbildung »Veränderungen der CO_2-Emissionen« auf Seite 30). Und Großbritannien, dessen Tony Blair mit Thatchers Anti-Bergarbeiterpolitik und den Erdgasfunden in der Nordsee im Rücken ebenfalls den Mund in Sachen Klimaschutz reichlich voll genommen hatte, wird sein Minus-12,5-Prozent-Ziel auch nur gerade eben erreichen.

Wer die deutschen Emissionszahlen in den letzten Jahren verfolgt hat, kann von dieser Entwicklung kaum überrascht sein. Zwar hat man hierzulande einige Erfolge bei der Einführung von Wind- und Solarenergie zu verbuchen, doch schlagen die in der CO_2-Bilanz vorerst kaum zu Buche. Alle Regierungsankündigungen waren bisher kaum das Papier wert, das mit ihnen bedruckt wurde. Den Vogel hat diesbezüglich sicherlich EX-Bundeskanzler Helmut Kohl abgeschossen, unter dem die derzeitige Kanzlerin als Umweltministerin dienen durfte.

Im Juni 1990 verkündete die Kohlsche Bundesregierung, man werde bis 2005 die CO_2-Emissionen um 25 Prozent reduzieren. Das bezog sich auf das Basisjahr 1987, als BRD und DDR zusammen etwa 1060 Millionen Tonnen CO_2 emittiert hatten. Im Jahre 2005 waren es noch 872 Millionen Tonnen, das heißt die CO_2-Minderung betrug 17,7 Prozent. War also nichts. Was man allerdings später gerne übersehen hat ist, dass im Juni 1990 Helmut Kohl Kanzler einer Bundesrepublik war, die aus zehn westdeutschen Bundesländern bestand. Sein Versprechen konnte er also nur für Westdeutschland machen, und dort sieht es mit dem Klimaschutz auch 17 Jahre später noch ziemlich finster aus.

Nun gibt es schon seit über zehn Jahren keine getrennten Energie- und CO_2-Statistiken für Ost und West mehr. Aber fest steht, dass sich der Rückgang der CO_2-Emissionen in Deutschland hauptsächlich in der ersten Hälfte der 1990er vollzogen hat, als in Ostdeutschland die Industrie zusammenbrach und Millionen auf der Straße landeten, die Arbeitslosigkeit bisher für eine Erfindung der penetranten SED-Parteipropaganda gehalten hatten.

An Tabelle 5.1, die die CO_2-Emissionen für Ost und West getrennt aufführt, lässt sich nachvollziehen, dass seinerzeit tatsächlich die Minderung der Emissionen ausschließlich im Osten erfolgte. Im Westen gab es sogar einen leichten Anstieg, aber der lässt sich mit dem Bevölkerungszuwachs erklären. Unterm Strich blieben dort die Pro-Kopf-Emissionen konstant. In der DDR hatten die Emissionen 1989 noch mit 20 Tonnen CO_2 pro Kopf und Jahr US-amerikanisches Niveau, haben aber schon Mitte des Jahrzehnts die westdeutschen Werte leicht unterschritten.

Tabelle 5.1: CO_2-Emissionen in Ost und West in Millionen Tonnen

Jahr	Ostdeutschland	relativ	Westdeutschland	relativ	Gesamt	relativ
1989	333	111	686	97	1019	102
1990	299	100	704	100	1003	100
1991	229	77	739	105	968	97
1992	198	66	724	103	922	92
1993	181	61	721	102	902	90
1994	171	57	722	102	893	89
1995	164	55	728	103	892	89

Die absoluten Werte weichen von den Angaben des Umweltbundesamtes in Tabelle 5.2 etwas nach unten ab. Vermutlich wurden bereits die so genannten Landnutzungsänderungen herausgerechnet, die die deutschen Emissionen etwas besser aussehen lassen, weil Aufforstung als CO_2-Senke wirkt und von den Emissionen abgezogen wird.

Quelle: Hans-Joachim Ziesing, DIW-Wochenbericht 04/1996

Entgegen den lautstarken Bekundungen der verschiedenen Bundesregierungen ist also der weitaus überwiegende Teil der CO_2-Reduktion in Deutschland keineswegs auf gezielte Klimaschutzmaßnahmen zurückzuführen, sondern lediglich Ergebnis des Anschlusses der DDR an die alte BRD und der damit einhergehenden Ruinierung ihrer ohnehin sehr angegriffenen Wirtschaft. Durch die überstürzt eingeführte gemeinsame Währung und den viel zu frühen Wegfall der Zollgrenze verloren die ostdeutschen Betriebe über Nacht ihren Schutz vor der viel stärkeren und produktiveren Konkurrenz aus dem Westen, mit dem Ergebnis, dass es zu einem flächendeckenden industriellen Niedergang kam. Vermutlich hat Kohl seinerzeit 1990 schon auf diesen Effekt spekuliert. Jedenfalls hat er sein Versprechen in den kommenden Jahren mehrfach sowohl im Inland als auch auf dem internationalen Parkett wiederholt, unter anderem auch auf der ersten Vertragsstaatenkonferenz der Klimarahmenkonvention 1995 in Berlin.

Zu jener Zeit hatten die deutschen Tricksereien angefangen, auch den internationalen Verhandlungsprozess zu beeinträchtigen. Vollmundig hatte Umweltminister Klaus Töpfer 1992 in Rio auf dem großen Erdgipfel, der unter anderem die UN-Klimaschutzrahmenkonvention und verschiedene andere Umweltkonventionen auf den Weg brachte, die Staaten nach Berlin eingeladen. Als Gastgeber wäre es nun seine Aufgabe gewesen, den Verhandlungsprozess voranzutreiben. In Rio hatte man sich nämlich zum Beispiel noch nicht über die Geschäftsordnung der Konvention einigen können. Außerdem sollte in Berlin ein Zusatzprotokoll zur Konvention verabschiedet werden, das weitergehende Klimaschutmaßnahmen vorsehen würde. Für gewöhnlich ist es an der gastgebenden Regierung großer Gipfelkonferenzen, die Verhandlungen vernünftig vorzubereiten. In diesem Falle hätte dazu gehört, einen Vertragsentwurf vorzulegen. Töpfer hatte auch tatsächlich einen geschrieben, scheiterte damit allerdings im Sommer 1994 im Bundeskabinett an der Dreieinigkeit aus Verkehr-, Wirtschafts- und Finanzminister. Die Interessen der Industrie waren heilig, König Auto durfte nicht angetastet werden, und kosten sollte es alles auch nichts.

Andere hatten das Debakel kommen sehen. Im September 1994 legte die Gemeinschaft kleiner Inselstaaten AOSIS eine Woche vor Ablauf der Frist einen eigenen Entwurf vor, sodass die Berliner Konferenz doch noch eine Verhandlungsgrundlage bekam. Töpfer seinerseits wollte sich nach dem Desaster im Kabinett die Blamage nicht antun, vor den internationalen Gästen im Hemd dazustehen. Also bekam er ein anderes Ressort, und das Ministerium für Umweltschutz und Reaktorsicherheit fiel an eine ehemalige FDJ-Sekretärin aus christlichem Elternhaus, nämlich an Angela Merkel.

Die glänzte dann auf der Konferenz vor allem dadurch, dass sie eifrig – und erfolgreich – dafür warb, das Sekretariat der Klimarahmenkonvention in Bonn anzusiedeln. Ansonsten betrieb sie am Rande ein bisschen Werbung für deutsche Atomkraftwerke und versuchte den Export deutscher Nukleartechnologie nach Osteuropa als Beitrag zum Klimaschutz zu verkaufen, was insbesondere ihrer damaligen österreichischen Kollegin sauer aufstieß. Alles nicht gerade Dinge, die den Verhandlungsprozess vorantrieben. Die Bundesumweltministerin sollte sich übrigens auch in den nächsten Jahren – wenn auch zum Glück nicht besonders erfolgreich – vorwiegend als Handelsreisende der deutschen Atomwirtschaft betätigen. Unter anderem versuchte sie, dem Schlächter Indonesiens und Kohl Spezi Suharto deutsche Meiler für sein erdbebengeplagtes Inselreich anzudrehen.

5.2 Weitere Versprechen

Nun, die Zahlen in Tabelle 5.1 zeigen jedenfalls, dass der Klimaschutz in solchen Händen nicht gerade gut aufgehoben war. Wenn man auch nicht sagen kann, dass überhaupt nichts geschah, so zeigen doch die Emissionsdaten, dass Deutschland trotz der Erfolge der erneuerbaren Energien in den letzten Jahren noch Lichtjahre von einer effektiven, langfristigen Klimaschutzpolitik entfernt ist. Sie zeigen interessanter Weise auch, dass sich unter der Regierung von SPD und Grünen in den Jahren 1998 bis 2005 daran nicht all zu viel geändert hat. Die »gewaltfreie« Umweltschutzpartei – in den 1980ern schmückten sich die Grünen mit der Unterzeile »ökologisch, sozial, gewaltfrei, basisdemokratisch« – ist nicht nur mit Schröder in den Krieg gezogen, sondern hat sich vom Autokanzler auch in Sachen Umweltschutz vorführen lassen.

Dabei leistete sich die Schröder-Fischer-Regierung, die mit viel Vorschusslorbeeren seitens der Umweltverbände gestartet war, auch eine kleine Neuauflage Kohlscher Ankündigungspolitik. Um 50 bis 70 Millionen Tonnen werde man bis 2005 die jährlichen Emissionen vermindern, verkündete zu Beginn des Jahrtausends ein vom Bundeskabinett abgesegnetes Klimaschutzprogramm, über das die *Frankfurter Rundschau* am 19. Oktober 2000 berichtete. Erreicht werden sollte das durch ein Maßnahmenpaket, zu dem unter anderem auch die LKW-Maut gehörte, jenem berüchtigten Highlight deutscher Technologiepolitik.

Herausgekommen ist Folgendes: Im Jahre 2000 wurden in Deutschland 886 Millionen Tonnen CO_2 in die Luft geblasen, fünf

Jahre später waren es 872,5 Millionen Tonnen. Also eine bescheidene Reduktion von 13,5 Millionen Tonnen, die allerdings auch eher zufällig anmutet. Zwischen 1999 und 2004 haben nämlich die CO_2-Emissionen stets zwischen 900 und 880 Millionen Tonnen geschwankt. 2005 sind sie erstmalig unter 880 Millionen Tonnen gerutscht, aber ein Jahr später nach Angaben des Umweltbundesamtes schon wieder gestiegen, sodass sich das hehre Ziel der verflossenen Bundesregierung vollends auflöste: Statt »bis zu 70 Millionen Tonnen Emissionsreduktion« in fünf Jahren nur acht Millionen Tonnen in sechs Jahren.

Aber die Zeiten sind sehr kurzlebig, und so ist weder von den großspurigen Versprechungen Kohls noch den bescheideneren, aber ebenso kläglich gescheiterten Ankündigungen seiner Nachfolger die Rede. Stattdessen: neue Ankündigungen. Bundesumweltminister Sigmar Gabriel stellte Ende April 2007 in einer Regierungserklärung einen Klimaschutzplan in Aussicht, der noch im selben Jahr auf den Weg gebracht werden soll. Jährlich 270 Millionen Tonnen CO_2-Emissionen will er bis 2020 einsparen. Mit den bereits erfolgten Reduktionen entspräche das einer Verminderung gegenüber 1990 von knapp 40 Prozent.

Erreicht werden soll das mit allerlei sinnvollen Maßnahmen: Erhöhung der Energieeffizienz und dadurch Senkung des Stromverbrauchs, mehr erneuerbare Energien, und zwar auch für die Gebäudeheizung, bessere Gebäudesanierung, effizientere Kraftwerke, mehr Kraft-Wärme-Kopplung. Alles Dinge, die wir in den letzten 15 Jahren schon des öfteren gehört haben, und so bleibt fraglich, ob dieses Programm tatsächlich ohne massiven Druck aus der Gesellschaft durchgesetzt werden kann, und zwar um so mehr, als Gabriel ganz offensichtlich maßgeblichen industriellen Interessen nicht auf die Füße treten will.

Schaut man sich nämlich Tabelle 5.2 an, so fällt ins Auge, was die großen Posten in der Klimasündenbilanz sind: Die Energiewirtschaft, die Industrie, der PKW- und LKW-Verkehr sowie die Gebäudeheizung, die einen großen Teil der privaten Emissionen, aber auch jener im Bereich Dienstleistungen ausmacht. Für Industrie und Gebäudesanierung will Gabriel Modernisierungsprogramme fördern und in Forschung investieren, um Industrieprozesse effizienter zu machen, das ist auf jeden Fall sinnvoll, aber nicht ausreichend.

Der Minister redet zwar von einem »grundlegenden Umbau der Industriegesellschaft«, aber an die Strukturen traut er sich in Wirklichkeit nicht heran. Die von ihm in Aussicht gestellte Förderung der Biokraftstoffe signalisiert eher, dass an eine Umkehr in der Verkehrspolitik nicht gedacht ist. Zur Bahn finden sich in der Regierungserklärung nur zwei dürre Sätze, dass sie ja eigentlich das klimafreundlichste Verkehrsmittel sei. Keine Rede davon, ein Programm aufzulegen, das den Straßenverkehr massiv eindämmt und den öffentlichen Verkehr als attraktive Alternative ausbaut.

Noch kleinlauter Gabriels Verhalten gegenüber den großen Energiekonzernen. Während er – mal wieder – an »die Verantwortung des Einzelnen« appelliert, kündigt er zugleich den Bau neuer Kohlekraftwerke an. Selbst an der Braunkohle mit ihrem denkbar schlechten Brennwert und ihren daher besonders hohen CO_2-Emissionen will der Minister festhalten. Wie sich die Zeiten ändern: Töpfer musste noch vom Wirtschaftsminister zurückgepfiffen werden, Gabriel stürzt hingegen seinen Kollegen Michael Glos von der CSU in eine Identitätskrise, weil dieser kaum Gelegenheit bekommt, sich ihm gegenüber als Hardliner zu profilieren.

Man könnte an dieser Stelle fragen, weshalb es von der Industrie und insbesondere aus der Energiewirtschaft eigentlich so viele Widerstände gegen einschneidende Klimaschutzmaßnahmen gibt. Schließlich haben doch mittlerweile viele Ökonomen vorgerechnet und zum Beispiel im Stern-Report oder im Bericht der IPCC Arbeitsgruppe III dokumentiert, dass das ganze eine relativ günstige Angelegenheit ist, wenn man Kosten, Nutzen und vermiedene Schäden verrechnet. Die Erklärung für diesen Widerspruch ist simpel: Die Berechnungen sind gesamtwirtschaftlich gemeint. Ölkonzerne, Energieversorgungsunternehmen und Automobilindustrie, die bisher ihr Geschäft mit den fossilen Energieträgern machen, haben hingegen sehr viel zu verlieren. Der automobilisierte Wahnsinn wird sich vermutlich mit Biokraftstoffen kaum aufrechterhalten lassen, und die Struktur der erneuer-

Tabelle 5.2: Treibhausgasemissionen in Deutschland in Millionen Tonnen CO_2-Äquivalente

	1990	*2004*
Industrie	153	99
Nichtenergetische Prozesse in der Industrie (u.a. Zementproduktion)	85	81
Energiewirtschaft	417	364
Gewerbe, Handel, Dienstleistungen	64	47
Straßenverkehr	150	160
Übriger Verkehr incl. Inlandsflüge	12	11
Private Haushalte	129	116
Militär, andere Quellen, übrige Feuerungsanlagen, Rundungsfehler	23	8
CO_2 insgesamt	1033	886
Andere Treibhausgase*	196	130
Bunkertreibstoffe**:		
Internationaler Luftverkehr	12	18
Internationaler Schiffsverkehr	8	9

* CH_4, O_3, N_2O, SF_6 und andere umgerechnet in CO_2-Äquivalente entsprechend ihrer Klimawirksamkeit.
** Bunkertreibstoffe werden nicht von den internationalen Abkommen abgedeckt, insofern fließen sie nicht in die Gesamtemissionen ein. Strittig ist unter anderem ihre Berechnung.

Der Rückgang in der Energiewirtschaft ist weniger deutlich, als die Tabelle suggeriert. Seit 2000 steigen ihre Emissionen wieder, und zwar relativ zügig. Innerhalb von vier Jahren legten sie um gut fünf Prozent zu.
Rechnet man CO_2 und die anderen Treibhausgase in CO_2-Äquivalenten zusammen, so ergeben sich für 2004 jährliche Pro-Kopf-Emissionen in Höhe von 12,3 Tonnen.

Quelle: UBA 2007, DIW Wochenbericht 18/2007, Zahlen gerundet.

baren Energien verträgt sich nur schlecht mit dem zentralisierten Aufbau der großen Energieversorgungsunternehmen.

5.3 Widerstände gegen eine Energiewende

Um die Treibhausgas-Emissionen drastisch zu reduzieren, wäre ein radikaler Umbau der Energieversorgung und des Verkehrs nötig. Die Stromproduktion müsste auf Wind, Sonne, Wasserkraft und einige andere erneuerbare Energieformen umgestellt, die Stromnetze müssten entsprechend umgebaut werden. Im Nahverkehr müsste der ÖPNV wieder zu dem effizienten System gemacht werden, dass er vor dem Anbruch des Autozeitalters einmal gewesen ist, und im Fernverkehr müssten Gütertransporte sowie ein erheblicher Teil des Personenverkehrs zurück auf die Schiene gebracht werden. Die Basis dafür müsste, wenn man einmal von vielen unnützen Güterferntransporten absieht, nicht unbedingt Beschränkung von Komfort und Mobilität, sondern erhöhte Effizienz sein, die technisch möglich ist.

Der Zeitpunkt für eine grundlegende Kurskorrektur in der Energie- und Verkehrspolitik ist sogar aus zwei Gründen sehr günstig: Erstens zeichnet sich langsam ganz real ab, was wir eigentlich schon seit der Veröffentlichung des Club of Rome über »Die Grenzen des Wachstums« im Jahre 1973 wissen: Rohstoffe und Energieträger sind endlich. »Peakoil«, der Zeitpunkt zu dem die Ölförderung nicht mehr zu steigern sein wird, ist inzwischen in aller Munde. Der US-amerikanische Geologe Kenneth Deffeye von der Princeton-Universität hatte bereits vor einigen Jahren mit seiner Prognose Aufsehen erregt, dieser Zeitpunkt stehe unmittelbar bevor. Inzwischen ist er sich nicht mehr ganz so sicher, ob wir den Höhepunkt wirklich schon überschritten haben, aber er hält seine nicht kleine Fan-Gemeinde auf seiner Homepage ständig über die aktuellen Fördermengen auf dem Laufenden.

Aber egal, ob die weltweite Förderhöchstmenge schon erreicht wurde, oder erst im nächsten Jahrzehnt oder vielleicht gar übernächsten Jahrzehnt erreicht wird: Spätestens von diesem Zeitpunkt an, werden Angebot und Nachfrage auseinander klaffen. Für die Verbraucher heißt das, dass Diesel und Benzin sehr viel teurer würden. Für die Produzenten wäre es hingegen das reinste Schlaraffenland. Wenn ihr schwarzes Gold nicht bis dahin weitgehend entbehrlich ist, werden sie traumhafte Profite einstreichen können. Nach einem Bericht der Financial Times Deutschland vom 15. Juli 2005 erwarten die Ökonomen des Hamburgischen Weltwirtschaftsinstituts, dass der Rohölpreis 2030 bis zu 154 US-Dollar pro Barrel betragen könnte. Zum Vergleich: Von Anfang 2006 bis Mitte 2007 hat sich der ölpreis meist zwischen 55 und 70 US-Dollar pro Barrel in der Nähe seines bisherigen historischen Höchststandes bewegt. Dieser erwartete Preisanstieg ist der Grund, weshalb Ölkonzerne wie Exxon oder die deutsche E.on sich nicht für Klimaschutz, das heißt Abkehr von den fossilen Brennstoffen, erwärmen können. E.on ist stark im Erdgasgeschäft engagiert, das sich weitgehend parallel zu den Ölmärkten entwickelt.

Aber nicht nur das Öl wird knapp werden. Auch bei der Kohle, mit der derzeit noch weltweit etwa 40 Prozent des Stroms produziert werden, sind sich nicht mehr alle Fachleute sicher, ob sie noch sehr lange reichen wird. Besonders skeptisch ist die Energy Watch Group, in der sich eine Reihe deutscher Energie-Experten zusammengeschlossen haben. Im März 2007 legten sie eine Kohle-Studie vor. Ihr Fazit: Im besten Fall wird die Kohleförderung im Jahre 2025 ihren Höhepunkt bei einer Förderung von 30 Prozent über dem heutigen Niveau erreichen. Allerdings würde in den USA, dem Land mit den größten Reserven, bereits seit einigen Jahren die spezifische Produktivität der Kohlekumpels abnehmen. Soll heißen: Weil die Lagerstätten weniger ergiebig sind, wird pro Beschäftigtem immer weniger gefördert, und die geförderte Kohle nimmt außerdem noch in ihrem Brennwert ab. Auch aus China, das nach den USA über die zweitgrößten Reserven verfügt, aber doppelt so viel fördert, ist bekannt, dass sich dort vor allem die hochwertige Kohle zuerst erschöpfen wird. »Die Hoffnung auf Kohle steht auf wackeligen Beinen«, meint daher Werner Zittel von der Ludwig Bölkow Systemtechnik GmbH, der die Untersuchung geleitet hat, zu den Erwartungen, der Rückgang der Erdöl- und -gasförderung könne in den nächsten Jahrzehnten durch gesteigerten Kohleeinsatz kompensiert werden. Wie das Dröhnen eines Untoten klingen da die Ankündigungen des Umweltministers, man werde neue Kohlekraftwerke bauen.

Als zweiter Grund, der den Zeitpunkt für eine Energiewende eigentlich günstig machen sollte, kommt nämlich hinzu, dass in vielen Industriestaaten die alten Kraftwerke in die Jahre kommen und ersetzt werden müssen. Entweder durch neue Kraftwerke oder durch erneuerbare Energieträger. Investitionen in Höhe vieler Milliarden Euro stehen an, und nicht nur Deutschland ist mit einer Richtungsentscheidung für die nächsten Jahrzehnte konfrontiert. Entweder werden, wie es zum Beispiel E.on, Vattenfall und RWE planen, diese enormen Summen in Kohlekraftwerke gesteckt, die dann noch in 30 oder 40 Jahren Wind und Sonne Konkurrenz machen und als Argument gegen diese ins Feld geführt werden, oder das Kapital wird für einen radikalen Umbau unserer Energieversorgung genutzt, von dem auch unsere Urenkel noch gut hätten.

Aufgrund des massiven Einsatzes der Kohle ist der Stromsektor heute weltweit der größte Emittent von CO_2. In Deutschland beträgt sein Anteil etwa 40 Prozent, global sind es sogar 45 Prozent, Tendenz steigend. Der Ersatz der Kohle durch Wind, Sonne, Wasserkraft und andere erneuerbare Energieträger könnte also einen erheblichen Beitrag zum Klimaschutz liefern und zugleich, wie wir gesehen haben, die Energieversorgung langfristig sichern. Die zahlreichen Initiativen, die sich derzeit in verschiedenen deutschen Städten gegen den Bau neuer Kohlekraftwerke gründen, sind daher von besonderer Wichtigkeit.

6. Umbau der Stromversorgung

6.1 Der deutsche Windboom

Zur Abwechslung soll dieses Kapitel einmal mit einer guten Nachricht beginnen: Der Umbau der Stromversorgung hat, trotz anhaltenden Widerstands der großen Stromkonzerne begonnen. Windenergie, Fotovoltaik und andere erneuerbare Energieträger gedeihen prächtig, sowohl hierzulande, als auch in vielen anderen Ländern. In Deutschland wachsen langsam neue Unternehmen heran, die sich zu den heimlichen Stars des Aktienmarktes entwickeln. Das lässt für den Klimaschutz hoffen, auch wenn die fossile Konkurrenz nicht tatenlos zuschaut. Von der Öffentlichkeit wenig beachtet, machen die großen Energieversorgungsunternehmen, die weiter auf die klimafeindliche Kohle setzen, vor allem den Windmüllern das Leben schwer. Im folgenden Kapitel wird hauptsächlich die Entwicklung der Windenergienutzung beschrieben, die hierzulande inzwischen die Wasserkraft überrundet hat und damit unter den Erneuerbaren den größten Beitrag zur Stromversorgung leistet. Die anderen Energieträger werden nur kurz gestreift.

In Deutschland hatte die Windbranche sich eigentlich vorerst auf etwas bescheidenere Zeiten eingestellt. 2002 war der Höhepunkt der Errichtung von Neuanlagen an Land überschritten worden und ein gewisser Sättigungseffekt begann sich abzuzeichnen. Doch 2006 legte der Neubau noch einmal so richtig zu, wenn er auch nicht mehr das Niveau von 2002 erreichte. Anlagen mit einer Leistung von 2.233 Megawatt (MW) wurden zwischen Sylt und Oberammergau errichtet. Damit nahm die installierte Leistung um rund 23 Prozent zu, während im Vorjahr der Zuwachs nur etwas über zehn Prozent betragen hatte. Der ganz überwiegende Teil der aufgestellten Anlagen bestand aus neuen Projekten, doch hier und da beginnt bereits der Ersatz alter Windräder. Grund für den unerwarteten Boom waren allerdings verschiedene Sondereffekte. Zum einen hatte mancher potenzielle Betreiber wegen der Bundestagswahl 2005 lieber erst einmal abgewartet. Zum anderen hatte es, wie Matthias Hochstätter vom Bundesverband WindEnergie (BWE) meint, aufgrund der enormen Nachfrage auf dem Weltmarkt Kapazitätsengpässe gegeben.

Inzwischen wurden allerdings die Fertigungsstätten erweitert. Teilweise haben die deutschen Hersteller binnen Jahresfrist ihre Produktion um bis zu 50 Prozent gesteigert, sodass geklotzt werden konnte. Mit den 2006 errichteten Anlagen standen in Deutschland nun Windräder mit einer Gesamtleistung von 20.622 MW. Ein Windrad mit einer Leistung von einem Megawatt kann je nach Standort etwa Strom für 650 durchschnittliche Haushalte erzeugen, heißt es in einer Studie von Greenpeace und dem Global Wind Energy Council. Demnach würde die bisher installierte Kapazität elektrische Energie für rund 13 Millionen Haushalte liefern.

Inzwischen wird auch nicht mehr wie in der Anfangszeit vor allem an der Küste gebaut. Mit den neueren Anlagen lässt sich im Inland noch genug Strom erzeugen, und so wurden 2006 vor allem in Brandenburg, Niedersachsen, Sachsen-Anhalt und Rheinland-Pfalz neue Windmühlen aufgestellt. Immerhin 2,9 Milliarden Euro wurden in die neuen Windparks investiert. Geldgeber und Betreiber sind meist Privatpersonen, Bauern zum Beispiel, oder Bürgergemeinschaften. Doch auch Versicherungs- und Anlagefonds stecken inzwischen viel Geld in Windräder. Besonders in den ostdeutschen Bundesländern können sich nur wenige mit der Idee der Bürgerwindparks anfreunden, aber das dürfte auch an der deutlich niedrigeren Finanzkraft der dortigen Einwohner liegen.

Jedenfalls kommt der Windstrom langsam aus seinem Nischen-Dasein heraus. Rund Zweidrittel der Kapazitäten sind seit dem Jahre 2000 errichtet worden. Mit 30,6 Terrawattstunden (Milliarden Kilowattstunden) aus Windrädern im vergangenen Jahr trug der Sektor immerhin schon 5,7 Prozent zum deutschen Stromverbrauch bei, im Jahr davor waren es erst 4,3 Prozent gewesen. Nur in Dänemark mit rund 20 Prozent und in Spanien mit über acht Prozent hat die Windkraft einen größeren Anteil an der Stromerzeugung. Und trotz des hierzulande anhaltenden Widerstandes der großen Energieversorgungsunternehmen stehen die Zeichen weiter auf Grün. Bis 2012, so haben SPD und CDU/CSU in ihrem Koalitionsvertrag vereinbart, soll der Anteil der erneuerbaren Energieträger von derzeit etwa 13 auf 20 Prozent der deutschen Stromerzeugung erhöht werden. Das Gros dieses anvisierten Zuwachses wird von der Windenergie kommen, da die Wasserkraft in Deutschland ihr Potenzial weitgehend ausgeschöpft hat.

Tabelle 6.1: Stromerzeugung der erneuerbaren Energien in Deutschland in Milliarden Kilowattstunden

	2005	2006
Wasser	20,8	21,6
Wind	27,2	30,5
Biomasse	11,2	15,3
Müll*	3	3,6
Fotovoltaik	1,3	2
Gesamt	63,5	73,2 (+4 Prozent)

* Müllverbrennung wird trotz ihres nicht unerheblichen Schadstoffausstoßes in den meisten Statistiken den erneuerbaren Energien zugerechnet. Das ist auch in sofern irreführend, als zumindest ein Teil des Müll aus fossilen Quellen stammt und insofern seine Verbrennung zum Anstieg der Treibhausgaskonzentration beiträgt. Die Emissionen organischer Müllanteile werden hingegen durch das Nachwachsen ihrer Quellen kompensiert. In der obigen Tabelle wurde nur die Hälfte der Stromerzeugung aus Müll den erneuerbaren Zugeschlagen, um diesen Effekt zu berücksichtigen.

Quelle: Entwicklung der Elektrizitätswirtschaft in der Bundesrepublik Deutschland im Jahre 2006. Rundschreiben des Bundesverbandes der Deutschen Industrie vom 13. März 2007.

An Land sind dem Wachstum der Windmüller allerdings inzwischen Grenzen gesetzt. Dort haben eine Mischung aus schlechter Raumplanung und nachhaltiger konservativer Stimmungsmache dazu geführt, dass es in manchen Regionen mit hoher Anlagendichte ein Akzeptanzproblem gibt. Die Windräder sind bei einem Teil der Bevölkerung nicht besonders beliebt, und so gibt es in vielen Kommunen Widerstände gegen einen weiteren Ausbau. Bemerkenswert ist dabei, dass sich kaum jemand über die Hochspannungsmasten der Großkraftwerke aufzuregen scheint. Dabei ließen sich viele dieser Leitungen auch als Erdkabel verlegen, die zudem weniger anfällig gegen Unwetter wären und einen geringeren Leitungsverlust hätten.

Die Widerstände gegen die Windkraft behindern auch das so genannte Repowering, das heißt, den Ersatz älterer Anlagen. Seit Anfang der 1990er Jahre, als die ersten Anlagen errichtet wurden, hat es in der Technik mehrere Quantensprünge gegeben. Heute haben die modernsten Anlagen aufgrund verbesserter Technik und wesentlich größerer Ausmaße eine Kapazität von fünf Megawatt. Das heißt, bei optimalen Windverhältnissen produzieren sie in einer Stunde 5000 Kilowattstunden (KWh) Strom, genug um einen durchschnittlichen Vier-Personen-Haushalt über ein Jahr mit elektrischer Energie zu versorgen.

Durch den Ersatz der Altanlagen könnte die Stromausbeute bei geringerer Anlagenzahl erhöht werden. Im Friedrich-Wilhelm-Lübke-Koog an der schleswig-holsteinischen Nordseeküste wurden zum Beispiel 32 alte durch 24 neue Windräder ausgetauscht. Leistung und Stromertrag haben sich dadurch in etwa verdoppelt. Außerdem sind die neuen Anlagen für die Betreiber günstiger, da die Betriebs- und Wartungskosten geringer ausfallen.

Besonders an den norddeutschen Küsten, wo zu Beginn der 1990er Jahre der Windboom seinen Anfang nahm, sind schon heute rund 3.000 Anlagen reif fürs Repowering. Allerdings bleibt der Ersatz bisher deutlich hinter den Möglichkeiten zurück, beklagte der BWE im Januar 2007 auf seiner Bilanzpressekonferenz. Langwierige Genehmigungsverfahren würden den Ersatz behindern. Dabei würde aufgrund der geringeren Anlagenzahl das Landschaftsbild, ein Hauptargument der Kritiker, deutlich weniger belastet. Außerdem laufen die neuen Anlagen ruhiger und müssen zudem wegen ihrer Höhe im größeren Abstand zu Gebäuden stehen, wodurch die Lärmbelästigung erheblich verringert würde.

Das Erneuerbare-Energie-Gesetz

Grundlage des Aufstiegs von Wind und Sonnenenergie sind ohne Frage die staatlichen Regelungen, die die Stromkonzerne zwingen, den Strom der Windräder sowie Fotovoltaik- und Biogasanlagen zu vorgeschriebenen Mindestpreisen abzunehmen. Seit dem 1. Januar 2000 ist das Erneuerbare-Energie-Gesetz (EEG) in Kraft, das gegenüber den vorher geltenden Vorschriften wesentlich flexibler ist, da es Standortbedingungen und Jahr der Inbetriebnahme berücksichtigt. Für Offshore-Anlagen sehen die Bedingungen derzeit wie folgt aus:

Für maximal 12 Jahre gibt es einen günstigen Einstiegssatz von 9,1 Cent/KWh. Der Zeitraum, über den dieser besonders günstige Satz in Anspruch genommen werden kann, hängt vom Abstand von der Küste und der Wassertiefe ab. Dahinter steckt folgender Gedanke: Je ungünstiger der Standort, desto besser soll die Anschubförderung sein. Nach dem Ablaufen des Einstiegzeitraums wird der Mindestpreis schrittweise bis zur Basisvergütung abgesenkt, die für Offshoreanlagen bei 6,19 Cent/KWh liegt. Außerdem wird davon ausgegangen, dass Neuanlagen mit der Zeit aufgrund der technischen Entwicklung und der höheren Stückzahlen günstiger werden. Daher wird auch die Einstiegsvergütung für neu in Betrieb gehende Anlagen jährlich um zwei Prozent abgesenkt. Für andere Anlagentypen gelten ganz ähnliche Regelungen. Neue Windanlagen an Land bekamen zum Beispiel, wenn sie im Jahre 2005 in Betrieb gingen 8,53 Cent/KWh für eine Einstiegszeit von fünf Jahren. Bei der Fotovoltaik liegen die Vergütungen pro Kilowattsunde derzeit noch bei um die 50 Cent. Ziel des Gesetzes (Laufzeit 20 Jahre) ist es, aus Gründen des Klimaschutzes den Anteil der Erneuerbaren an der Stromerzeugung bis 2010 auf 12,5 Prozent zu erhöhen. 2006 hat der Anteil bereits etwas über zehn Prozent gelegen, sodass das Ziel vermutlich schon früher erreicht werden wird.

Doch bevor die Welle der Ersatzinvestitionen so richtig in Gang kommt, wird es wohl noch einige Jahre dauern. Derweil ist auch vor den Küsten der Startschuss für den Ausbau der Windenergie gefallen, und zwar vor allem in der so genannten ausschließlichen Wirtschaftszone, die sich außerhalb der eigentlichen Hoheitsgewässer erstreckt. Dort, fernab der Küste, sollen sich schon bald tausende Windräder drehen. Der Bau des ersten Windparks vor der ostfriesischen Insel Borkum hat bereits begonnen, die ersten Anlagen werden 2008 in Betrieb gehen. Derzeit sind bereits ein gutes Dutzend Windparks genehmigt, die meisten davon in der Nordsee. Aber auch in der Ostsee haben schon drei Projekte den Weg durch die Instanzen geschafft, dort ist allerdings die geeignete Wasserfläche wesentlich kleiner.

Der Anteil der Windenergie an der Stromversorgung soll von jetzt 5,7 Prozent bis 2030 auf 25 Prozent (zehn Prozent onshore, 15 Prozent offshore) ausgebaut werden. Beim BWE ist man zuversichtlich, dass ein Anteil von 20 Prozent schon im Jahre 2020 erreicht sein könnte. Viel wird dabei vom Ausbautempo auf See abhängen, denn dort ist aufgrund der stärkeren und häufigeren Winde die Stromausbeute deutlich höher als an Land.

6.2 Hinhaltender Widerstand

Das hört sich alles nicht so schlecht an, aber wenn man bedenkt, dass mit dem Segen der Bundesregierung und ohne ein einziges Wort des Protestes seitens des Umweltministers Gabriel derzeit Kohle- und Gaskraftwerke mit einer Leistung von 12.000 MW im Bau oder Planung sind, dann relativiert sich das etwas. Offenbar will sich die Bundesregierung eine Option auf die Zukunft eröffnen, ohne den großen Stromkonzernen, die weiter auf die alte klimaschädigende Technologie setzen, auf die Füße zu treten.

Diese sind zudem dabei, in das kapitalintensive Offshore-Geschäft einzusteigen, was nicht unbedingt zum Nutzen der Windenergie sein muss, wie das dänische Beispiel zeigt: Dort, an der dänischen Nordseeküste vor Esbjerg, denkt der Energiekonzern Vattenfall gar nicht daran, seinen Offshore-Windpark Horns Rev voll auszulasten. Wie es scheint, kalkuliert der schwedische Konzern rein betriebswirtschaftlich, wie der Journalist Markus Franken im Magazin *Neue Energie* im Dezember 2006 berichtet. Wenn es nachts oder in den frühen Morgenstunden vor Dänemarks Küste ordentlich weht, dann kann es schon mal vorkommen, dass das schwedische Staatsunternehmen seine Windräder aus dem Wind dreht, weil es lieber den Grundlaststrom aus seinen Atom- und Kohlekraftwerken verkaufen will, die es in Schweden und Deutschland betreibt. Hierzulande besitzt der Konzern unter anderem die AKWs Brunsbüttel, Krümmel und eine Minderheitsbeteiligung am AKW Brokdorf, alle an der Unterelbe in der Nähe Hamburgs gelegen. Außerdem zerwühlt er die ostdeutsche Landschaft auf der Suche nach Braunkohle, dem schlechtesten aller fossilen Energieträger.

Andere erneuerbare Energien: Geothermie

Das Innere unseres Planeten ist ziemlich heiß, zum einen aufgrund der Restwärme aus der Zeit der Zusammenballung der Erde vor 4,6 Milliarden Jahren, zum anderen aufgrund radioaktiver Prozesse. Im Durchschnitt nimmt die Temperatur mit der Tiefe um etwa 2,5 Grad pro 100 Meter zu. Es gibt jedoch viele Regionen, wo aufgrund der geologischen Gegebenheiten die Temperatur wesentlich rascher mit der Tiefe steigt. Dort lässt sich diese Wärme als so genannte Geothermie nutzen. Die Möglichkeiten reichen von Wärmepumpen, mit denen im kleinen Maßstab aus wenigen Dutzend Meter Tiefe Heizwärme für einzelne Häuser gewonnen werden kann, über Anlagen für Fernwärmenetze bis hin zur Erzeugung von Strom mittels einer Dampfturbine. Letzteres macht nur an Standorten Sinn, an denen Schichten per Bohrung erreichbar sind, in denen Temperaturen über 100 Grad herrschen. Je nach dem ob sich Grundwasser in diesen Tiefen findet, fördert man es, entnimmt ihm mittels eines Wärmetauschers Energie und pumpt es in nicht allzu großer Entfernung wieder in den Untergrund. Oder es wird Wasser in den trockenen Fels gepresst, das aus einer zweiten Bohrung wieder an die Oberfläche geholt wird. In Deutschland finden sich in Teilen des Rheingrabens und des Alpenvorlands besonders günstige Bedingungen für geothermische Stromproduktion. Aber auch in der Schorfheide in Brandenburg wird gerade an einem Geothermie-Kraftwerk gebaut, das heißes Wasser aus 4000 Meter Tiefe zum Antrieb einer Dampfturbine einsetzen wird. Außerdem gibt es in einigen Gegenden Norddeutschlands Thermalwasservorkommen, die in Neubrandenburg, Waren/Müritz und Neustadt-Glewe (alle Mecklenburg-Vorpommern) bereits zum Heizen genutzt werden. Nach Angaben des Bundesumweltministeriums sind in Deutschland derzeit etwa 70 bis 80 Geothermie-Projekte genehmigt oder beantragt, in die in den nächsten Jahren vermutlich zwei Milliarden Euro investiert werden. Im europäischen Ausland hat man mit der Geothermie vor allem in Italien Erfahrungen gesammelt. Besonders geeignet sind natürlich vulkanische Regionen, und daher ist Island reichlich mit Geothermie gesegnet. Dort hat man mit billigem CO_2-freiem Strom bereits energieintensive Branchen wie die Aluminiumhersteller angelockt und denkt inzwischen darüber nach, Strom über Seekabel zum europäischen Festland zu exportieren.

Jedenfalls könnte auch hierzulande der Beitrag der Windenergie zur Stromerzeugung schon größer sein, wenn die Netzbetreiber rechtzeitig ihren Verpflichtungen nachgekommen wären. Die Entwicklung der Windstromeinspeisung bis 2006 zeigt, wie die Windenergie Jahr für Jahr hinter ihrem Erzeugungspotenzial zurückbleibt, weil nicht die volle Erzeugung von den Netzen aufgenommen werden kann. Seit Mitte der 1990er Jahre ist zum Beispiel in Schleswig-Holstein absehbar gewesen, dass das Netz für die Windenergie ausgebaut werden muss, meint Detlef Matthiessen, der für Bündnis 90/Die Grünen im Kieler Landtag sitzt, im Gespräch mit dem Autor. Aber geschehen ist lange Zeit nichts. Schon 1998 ist es zum ersten Mal vorgekommen, dass an der windreichen Westküste Mühlen bei optimalen Bedingungen abgeschaltet werden mussten, weil die Leitungen nicht genug Strom aufnehmen konnten. Inzwischen beklagen sich die schleswig-holsteinischen Windstromerzeuger, dass jährlich etwa zehn Prozent der elektrischen Energie, die erzeugt werden könnte, nicht ins Netz eingespeist werden können.

Aber erst 2006 hat E.on, der Netzbetreiber im Land zwischen den Meeren, den Bauantrag für drei 110-Kilo-Volt-Leitungen gestellt. Damit hat das Unternehmen pro Forma seine gesetzliche Verpflichtung erfüllt. Das Erneuerbare-Energie-Gesetz verlangt von ihm, dass er den Windmüllern den Strom abnehmen muss, und mit dem Bauantrag demonstriert er sein Bemühen. Faktisch, so Matthiessen, wird jedoch weiter verzögert. Beantragt wurden nämlich für die drei Trassen von jeweils etwa 30 Kilometern, Überlandleitungen. Die sind bei den Anwohnern unbeliebt und haben daher hohe juristische Hürden zunehmen, bis mit dem Bau begonnen werden kann. Viel schneller könnte es gehen, wenn Erdkabel verlegt würden, wie es nicht nur die Grünen, sondern auch der Südschleswigsche Wählerverband SSW, die Partei der dänischen Minderheit, seit Jahren fordert.

Bei E.on hält man Erdkabel für zu teuer, doch die Meinungen der Experten gehen auseinander. Eine Anhörung im Kieler Landtag hat Anfang 2007 kein klares Votum erbracht. Auf jeden Fall hätte die Erdkabel-Variante neben der Schnelligkeit aufgrund kürzerer Genehmigungsverfahren noch manchen Vorteil auf ihrer Seite: Das Landschaftsbild würde nicht gestört, die Leitungsverluste wären geringer und die Kabel auch sicherer. Ein Ausfall wie im Münsterland, wo im November 2005 Hochspannungsmasten wie Streichhölzer unter Schnee- und Eislasten umknickten und Zehntausende bei Temperaturen unter Null Grad tagelang ohne Strom ausharren mussten, wäre nicht möglich.

Aber bisher gibt es keine rechte Handhabe gegen den Stromkonzern, und die in Kiel regierenden Sozial- und Christdemokraten zeigen wenig Neigung, auf E.on Druck auszuüben. Der SSW hat derweil im Landtag eine Vorlage eingebracht, die eine Bundesratsinitiative des Landes fordert. Käme die durch, würden künftig Erdkabel für neue 110-Kilo-Volt-Leitungen zur vom Gesetzgeber vorgeschriebenen Norm. Das könnte den Umbau der Netze beschleunigen, gegen den sich, wie das Beispiel Schleswig-Holstein zeigt, E.on und Konsorten mit hinhaltendem Widerstand wehren.

Schaut man sich die ökonomischen Ressourcen der Stromkonzerne an – RWE hat im letzten Jahr zum Beispiel 44,26 Milliarden Euro umgesetzt und einen Nachsteuergewinn von 3,85 Milliarden Euro gemacht und bei E.on waren die entsprechenden Werte noch etwas höher –, dann wird schnell klar, dass es sich keinesfalls um harmlose Rückzugsgefechte handelt. Die Konzerne mögen gegen Windmühlen zu Felde ziehen, aber mit dem Ritter von der traurigen Gestalt haben sie leider wenig gemein. Sie strotzen vielmehr vor ökonomischer Potenz und haben ihre Gewinne in den letzten Jahren mehrfach im zweistelligen Bereich steigern können. Die Windenergiebranche andererseits, hat zwar längst die selbst gestrickten Pullover gegen die graue Uniform der Geschäftsleute getauscht, aber ihr Geschäftsvolumen ist im Vergleich zur fossilen Konkurrenz noch immer bescheiden. In der Herstellung wurden 2006 knapp sechs Milliarden Euro umgesetzt und in der Stromerzeugung noch einmal 750 Millionen.

6.3 Erneuerbare weltweit auf dem Vormarsch

Die Umsätze der Windbranche steigen allerdings noch schneller und langfristig eventuell beständiger als die von RWE & Co., und somit werden sich die Kräfteverhältnisse in den nächsten Jahren vermutlich verschieben. Großen Anteil hat daran auch das Exportgeschäft, auf das bei den deutschen Herstellern 2006 61 Prozent der Umsätze entfielen. Der Weltmarkt stürmt derzeit von Rekord zu Rekord. 2005 galt als ein fantastisches Jahr, als in 30 Ländern rund 11.000 MW Windenergieleistung neu ans Netz gingen. Doch 2006 betrug der Zuwachs schon 15.000 MW, ein Plus von weiteren 25 Prozent. Insgesamt waren Anfang 2007 in aller Welt Windräder mit einer Leistung von 75.000 MW installiert, und alles deutet darauf hin, dass es in diesem Tempo noch viele Jahre weitergehen wird.

Tabelle 6.2: Die größten Windenergienationen 2006

Land	Neuinstallation 2006 in MW	Zuwachs 2006 in %	Ges. Kapazität Ende 2006 in MW
Deutschland	2223	12	20622
Spanien	1587	16	11615
USA	2454	17	11603
Indien	1840	42	6270
Dänemark	14	0,5	3122
China	1347	104	2604
Italien	417	24	2123
Großbritannien	634	47	1963
Portugal	694	68	1716
Frankreich	810	107	1567

Quelle: BWE

Der weltgrößte Windanlagenhersteller ist mit Vestas zwar ein Däne, weil der nördliche Nachbar die Windenergie schon gefördert hat, als hiesige Politiker noch ihren nuklearen Träumen nachhingen, aber dennoch haben auch deutsche Unternehmen sich ein ansehnliches Stück vom Weltmarktkuchen abgeschnitten. Von den 8.000 neuen Arbeitsplätzen, die 2006 in der deutschen Windindustrie entstanden, ging die Hälfte auf das Konto des Exports. Insgesamt arbeiteten Ende 2006 73.800 Menschen im Geschäft mit dem Windstrom, und 2007 wird voraussichtlich die 80.000er Marke überschritten. Zum Vergleich: In der Braunkohleindustrie, Tagebau und Kraftwerke, gab es 2006 etwa 23.000 Beschäftigte.

Andere erneuerbare Energien: Sonne

Ähnlich wie die Windbranche hat in den letzten Jahren auch die Fotovoltaik enorme Zuwächse erlebt, jedoch auf deutlich niedrigerem Niveau. Mit zwei Milliarden Kilowattsunden, oder knapp 0,4 Prozent der Jahresproduktion war 2006 der Beitrag zur deutschen Stromerzeugung noch recht gering. Allerdings sind die Wachstumsraten beachtlich. Hierzulande – hauptsächlich in Bayern – wurden 2006 rund 1.150 MW installiert, ein Jahr zuvor waren es etwa 912 MW. Damit hat Deutschland inzwischen Japan eingeholt, das bisher Vorreiter in der Fotovoltaik war. Mit einiger Zeitverschiebung beginnt der Solarboom auch in einer Vielzahl anderer Länder, so dass die Hersteller zeitweise Schwierigkeiten hatten, den Bedarf zu decken. Selbst in den Vereinigten arabischen Emiraten, sonst eher als Bastion der fossilen Energien bekannt, plant man den Bau von Solarkraftwerken. Für die nächsten 25 Jahre rechnet man beim Bundesverband der Solarwirtschaft international mit jeweils zweistelligen Wachstumsraten.

Aufgrund der hohen Stückzahlen, die inzwischen produziert werden, und in Folge von Fortschritten in den Fertigungstechniken beginnen die Herstellungskosten inzwischen deutlich zu fallen. Eine Studie der US-amerikanischen Beratungsfirma PHOTON kam im April 2007 zu dem Schluss, dass Solarstrom 2010 in Südeuropa, wo die durchschnittliche Sonnenscheindauer länger ist, bereits mit Gestehungskosten produziert werden kann, die mit denen von Strom aus Kohlekraftwerken vergleichbar wären.

Auch in der Solarbranche ist von dem betulichen Ökoimage früherer Zeiten nichts mehr zu spüren. Die deutschen Hersteller fuhren 2006 satte Gewinne ein. Nach einem Bericht des Spiegel vom 4. April 2007 hat das westdeutsche Unternehmen Solarworld, das 2004 die Solarsparte von Shell übernommen hatte, 2006 einen Gewinn von 130,6 Millionen Euro eingestrichen. Bei Q-Cells aus Thüringen waren es 97,1 Millionen Euro. Beide Unternehmen hatten ihre Gewinne gegenüber dem Vorjahr um jeweils rund 150 Prozent gesteigert.

Bei der Fotovoltaik wird das einfallende Sonnenlicht in Halbleiterzellen direkt in elektrische Energie umgewandelt. Im Gegensatz dazu nutzt die Solarthermie die Sonnenwärme. Das kann im Prinzip auf zweierlei Art und Weise geschehen. Zum einen, indem die Kollektoren die Wärme zum Heizen von Gebäuden verwenden. Durch geeignete Speicher wie etwa große Wassertanks lässt sich im Sommer Sonnenenergie speichern und im Winter nutzen. Wie beim Kühlschrank kann man auch die Sonnenwärme zum Kühlen von Gebäuden verwenden. Diese Form der Solarthermie könnte in Deutschland selbst im hohen Norden eingesetzt werden und hätte ein enormes CO_2-Einsparpotenzial, wird aber bisher nicht nach dem Erneuerbare-Energien-Gesetz gefördert. Das wird sich allerdings vermutlich 2008 mit der nächsten Gesetzesnovelle ändern.

Zum anderen lässt sich die Solarthermie in Ländern mit intensiverer Sonneneinstrahlung auch zur Stromgewinnung nutzen. Mit Spiegeln kann die Strahlung konzentriert und zur Erhitzung von Wasser genutzt werden. Mit dessen Dampf wird dann eine Turbine angetrieben, ganz wie in einem Kohle- oder Atomkraftwerk. Wenn man nicht direkt das Wasser, sondern ein Medium mit einer größeren Wärmekapazität erhitzt, dann lässt sich ein Teil der Wärme ohne weiteres für die Nachtstunden speichern. So kann auch noch Strom produziert werden, wenn die Sonne längst untergegangen ist.

Grund für den Exportboom ist, dass auch in manchem anderen Land die Windkraft inzwischen groß im Kommen ist. Innerhalb der EU hat neben Deutschland besonders Spanien in den letzten Jahren kräftig investiert (siehe Tabelle 6.2). Dort strebt man an, bis 2010 den

Anteil der erneuerbaren Energieträger an der Stromproduktion auf 20 Prozent zu erhöhen, und befindet sich bereits auf dem besten Wege dorthin. Nachdem sich die EU-Staats- und Regierungschefs im Frühjahr 2007 auf die Stärkung der Erneuerbaren geeinigt haben, dürfte es auch in den anderen Mitgliedsländern mit dem Windstrom bergauf gehen. In Schottland, einem der besten europäischen Standorte für Windkraftanlagen, gibt es bereits zahlreiche Projekte. Allerdings hat man dort offensichtlich die Einbindung der Bevölkerung vernachlässigt, sodass die Anlage von Windparks oftmals durch Einsprüche aufgehalten wird.

Insgesamt hat jedoch der Weltmarkt schon 2006 mächtig geboomt. Spitzenreiter beim Neubau waren 2006 wie schon in den Vorjahren die USA mit rund 2.800 MW. Doch die sind für die deutschen Exporteure eher ein unsicherer Kantonist. Die US-amerikanischen Förderprogramme bestehen meist aus zeitlich befristeten Steueranreizen. Das gegenwärtig laufende Programm endet 2008, und keiner kann bisher sagen, ob es eine Anschlusslösung geben oder der Markt wieder einmal zusammenbrechen wird. Der Meinungsumschwung in der US-Öffentlichkeit in Sachen Klimaschutz und der jüngste Wahlsieg der Demokraten geben allerdings Anlass zur Hoffnung.

Mehr Beständigkeit ist aber bisher auf jeden Fall in der EU und bei den beiden asiatischen Giganten Indien und China zu erwarten. Mit rund 1.500 MW bzw. bis zu 1.000 MW Leistungszubau 2006 steht dort die Entwicklung zwar erst ganz am Anfang, doch in beiden Ländern gibt es den festen Willen, den wachsenden Energiebedarf verstärkt mit regenerativen Energien zu decken. Indien hatte 2006 bereits über 6.000 MW installierter Leistung und plant für die nächsten fünf Jahre einen Zuwachs von 8.000 MW. Die Regierung hat bereits 200 geeignete Standorte vor allem im Westen des Landes ausgewiesen.

In China hat unterdessen die politische Führung im Januar 2007 beschlossen, ihr Windenergieprogramm aufzustocken. Statt 5.000 MW heißt das Ziel für 2010 jetzt 8.000 MW. 45.6 Milliarden Yuan (rund 4,56 Milliarden Euro) sollen in den nächsten Jahren für den Bau von Windenergieanlagen ausgegeben werden. Insgesamt sind für den ganzen Sektor erneuerbare Energien für die nächsten 15 Jahre Mittel in Höhe von 1,5 Billionen Yuan (150 Milliarden Euro) vorgesehen. Bis zum Ende des zweiten Jahrzehnts sollen Wind & Co. 20 Prozent des schnell wachsenden chinesischen Bedarfs an elektrischer Energie decken. Hinzu kommt noch der Strom aus den großen Stauwerken, der zwar ebenfalls CO_2-frei ist, aber aus verschiedenen Gründen höchst umstritten. Unter anderem können Stauseen, wenn vor der Flutung nicht Bäume und andere Pflanzen entfernt wurden, durch die nachfolgenden subaquatischen Fäulnisprozesse viel Methan produzieren, was, wie erwähnt, ein sehr effektives Treibhausgas ist.

Aber zurück zur Windenergie. Beim BWE rechnet man damit, dass sie beim gegenwärtigen Wachstumstempo 2020 15 Prozent zur globalen Stromerzeugung beitragen kann. Damit würde die Kernenergie überflügelt. Für die Hersteller entstünde ein Markt, auf dem jährlich 100 Milliarden Euro für neue Windräder umgesetzt werden. Doch den werden sicherlich nicht mehr die Europäer unter sich aufteilen. In China befinden sich bereits Fertigungskapazitäten im Aufbau, und in Indien ist man gar schon weiter. Dort gibt es mit Suzlon bereits einen Windenergiekonzern, der als Global Player agiert und auch in Deutschland Entwicklungslabore unterhält. Seit Anfang 2007 lieferte er sich mit dem französischen AKW-Bauer Areva einen Übernahmekampf um den Hamburger Windmühlen-Hersteller REpower, der Ende Mai zu Gunsten der Inder entschieden wurde. Damit steigt das Unternehmen mit einer jährlichen Kapazität von 3.500 MW zum Weltmarktführer auf. Auch bisher schon machte Suzlon seine größten Geschäfte mit dem Export nach China und in die USA, und hatte im Frühjahr 2007 Aufträge für zwei Milliarden US-Dollar in den Büchern stehen. Allerdings werden auch in Indien eifrig Windräder errichtet, und ein Regierungsprogramm zur Elektrifizierung der Dörfer wird, wenn es endlich die bürokratischen Hürden genommen hat, der Fotovoltaik auf dem Subkontinent einen Schub geben.

6.4 Potenziale

Wenn die gegenwärtigen Trends im Energieverbrauch des Planeten fortgeschrieben werden, dann ist »unsere Zukunft ... schmutzig, unsicher und teuer«, so Claude Mandil, seines Zeichens Direktor der Internationalen Energieagentur (IEA) in Paris. Die Agentur beobachtet seit 1974 im Auftrag der westlichen Industriestaaten die internationalen Energiemärkte und gehört eher zu den konservativen Apologeten des Status quo. Diesem Ruf wird sie auch in ihrer jüngsten Projektion gerecht, die Mandil zitiert. Selbst in dem von der IEA entwickelten Alternativszenario räumt diese den erneuerbaren Energieträgern wenig Entwicklungschancen ein, sondern redet lieber dem Ausbau der Atomenergie das Wort.

Ganz finster sieht es allerdings aus, wenn einfach so wie bisher weiter gewirtschaftet wird und die fossilen Energieträger auch im übernächsten Jahrzehnt noch unsere Versorgung dominieren. In einem Business-as-usual-Szenario ohne besondere Förderung der Erneuerbaren und Anstrengungen für einen sparsameren Einsatz der Ressourcen würde bis 2030 der Weltenergiebedarf um 53 Prozent steigen. Für die Kohlendioxidemissionen, so die IEA in einer Mitteilung vom November 2006, würde das eine Zunahme um 55 Prozent gegenüber dem heutigen Niveau bedeuten. Diese Entwicklung, so hat inzwischen auch die IEA begriffen, würde die Klimaveränderungen wesentlich verstärken; und sie würde zugleich, so warnt die Agentur, die Verbraucherländer empfindlich gegenüber Unterbrechungen der Energielieferungen machen. Schwere Preisschocks und damit verbundene Wirtschaftskrisen wären möglich. Im IEA-Alternativszenario, das dem vorbeugen soll, würde aber der Weltenergiebedarf immer noch um rund 38 Prozent zulegen und auch die CO_2-Emissionen würden weiter steigen.

Ein ganz anderes Szenarium entwickelt hingegen der Global Wind Energy Outlook, den Sven Teske von Greenpeace und Arthurous Zervus vom Global Wind Energy Council 2006 erstellt haben. Mit energischer Förderung könnte, so die Autoren, die Windenergie bis 2030 beachtliche 29 Prozent der elektrischen Energie liefern, die weltweit verbraucht wird. Zum Vergleich: Wenn der gegenwärtige Trend anhält, das heißt, wenn die von den Regierungen in aller Welt bisher gesteckten Ziele zum Anteil der erneuerbaren Energieträger erreicht werden, würde es die Windenergie 2030 auf immerhin schon rund 15 Prozent der globalen Stromproduktion bringen.

Tabelle 6.3: Weltweiter Anteil der Erneuerbaren an verschiedenen Energiebereichen im Jahre 2005 in Prozent

Strom	18
Wärme	26
Primärenergie*	13

* Primärenergie bezeichnet die Summe aller Energie, die zum Heizen, Kochen, im Verkehr, für industrielle Prozesse und für die Herstellung von Strom eingesetzt wird.

Quelle: Teske, Sven, Arthourus Zervus und Oliver Schäfer, 2007: Energy [r]evolution. Greenpeace International und European Renewable Energy Council.

Damit wäre aber nur ein Bruchteil dessen ausgeschöpft, was weltweit mit der Windenergie möglich ist. Rund um den Globus gibt es zahllose Standorte mit ausreichend Wind, und selbst wenn man alle Naturschutzgebiete, Städte, Wälder und andere ungeeigneten Regionen abzieht, kommt man immer noch auf ausreichend Plätze für Windräder, mit denen die ganze Menschheit mit Strom versorgt werden könnte. Die beiden Autoren zitieren verschiedene Studien, die zum Teil sehr detailliert die globalen Winddaten der Wetterdienste untersucht haben und dem Wind das Drei- bis Siebenfache des derzeitigen globalen Stromverbrauchs als Potenzial bescheinigen.

Aber elektrische Energie ist nur ein Teil des Primärenergieverbrauchs. In einer anderen Studie kommen die gleichen Autoren zu dem Ergebnis, dass sich mit allen erneuerbaren Energieträger zusammen bis 2050 die Hälfte des Weltenergiebedarfs decken lässt. Voraussetzung ist allerdings, dass es zu einer erheblichen Effizienzsteigerung des Energieeinsatzes kommt.

6.4 Technische Hürden?

Die Frage ist allerdings: Wieviel können die Erneuerbaren hierzulande, wo die Sonnenscheindauer im Winter sehr begrenzt und die windreichen Küsten eher kurz sind, zur Stromversorgung beitragen? Und vor allem: Wie passen Wind und Sonne mit den anderen Energieträgern zusammen? Von den Stromkonzernen wird gerne die Unzuverlässigkeit des Windes ins Feld geführt. Während die Sonne den unschlagbaren Vorteil hat, dann zu scheinen, wenn am meisten Strom verbraucht wird, ist der Wind in unseren Breiten meist eine unstete Angelegenheit. Die Stromerzeugung aus Wind sei schwer vorhersagbar, heißt es beim Verband der Elektrizitätswirtschaft. Daher müssten fossile Kraftwerke als Ersatz vorgehalten werden, um Zeiten mit wenig Wind zu überbrücken.

Was die Vorhersagbarkeit angeht, sind die Ingenieure der Stromkonzerne ganz offensichtlich nicht auf dem Stand der meteorologischen Wissenschaften. Die gängigen Wettervorhersagen sind auch in der Lage die Windverhältnisse mehrere Tage im Voraus zu berechnen. In Dänemark, wo der Anteil des Windstroms bereits bei 20 Prozent liegt, gelingt es dem Netzbetreiber ohne weiteres mit den Vorhersagen der Meteorologen eine zuverlässige Planung zu entwickeln und die Stromprodktion einer Vielzahl kleiner Anbieter zu koordinieren.

Koordination könnte auch helfen, den unzweifelhaften Nachteil der Windenergie, die Unstetigkeit, auszugleichen. Zum einen weisen Betreiber und Anlagenbauer immer gerne darauf hin, dass immer irgendwo Wind weht. Man bräuchte also nur genügend Windparks, die weit genug von einander entfernt sind, zusammenschalten, und schon hätte man eine erhebliche Verstetigung des Stromangebots. Daher werden seit einiger Zeit Konzepte entwickelt, die vor den Küsten Europas entstehenden Offshore-Windparks von der französischen Atlantikküste über den Kanal und die Irische See bis in die Nordsee miteinander durch Seekabel zu verbinden.

Eine andere Antwort auf die Unstetigkeit des Windes sind Speicher. Die Energiewirtschaft benutzt seit vielen Jahrzehnten Pumpspeicherwerke, in denen Wasser mit zeitweise überschüssigem Strom in ein höher gelegenes Reservoir gepumpt wird. Zu Zeiten des Spitzenbedarfs treibt dieses Wasser dann Turbinen an, ganz so, wie es auch in den Stauseen geschieht. In Deutschland gibt es einige derartige Speicherwerke, aber zusätzliche sind aufgrund mangelnder Höhenunterschiede im Norden und wegen des hohen Flächenbedarfs kaum möglich. In Norwegen ließen sich allerdings manche der dort zahlreichen Stauwerke auch als Speicher einsetzen, wenn man den deutschen, dänischen oder auch niederländischen Windstrom in Zeiten des Überangebots in den Norden schicken würde.

Andere erneuerbare Energien: Biogas

Die vermutlich interessanteste Variante der nachwachsenden Kraftstoffe ist Biogas. Zu seiner Herstellung werden landwirtschaftliche Abfälle wie Gülle, Pflanzenreste, aber auch Mais- und Zuckerrübensilage unter Luftabschluss vergoren. Dabei entsteht Methan (CH_4), also das gleiche Gas, das als Erdgas bereits weite Verwendung findet. Da es aber in diesem Fall aus nachwachsenden Rohstoffen erzeugt wird, ist es treibhausneutral, jedenfalls solange kein CH_4 während Produktion und Verteilung in die Atmosphäre gelangt. Besonders vorteilhaft für das Klima ist es, wenn auch die Abwärme der Gärung genutzt wird, zum Beispiel für die Raumheizung, und dadurch zusätzlich fossile Brennstoffe ersetzt. Wenn dann noch das Biogas in Blockheizkraftwerken verbrannt wird, wo es zugleich elektrische Energie und Heizwärme liefert, kann Biogas einen sehr sinnvoller Beitrag zum Klimaschutz liefern, zumal Gaskraftwerke für den Strommix benötigt werden, um Spitzenlasten abzudecken und Zeiten geringer Windstärke zu überbrükken. Im Prinzip kann Biogas in das öffentliche Gasnetz eingespeist werden. Dafür muss es allerdings gereinigt und auf den gleichen Brennwert wie das herkömmliche Erdgas gebracht werden. Die Stadtwerke Aachen sind in Deutschland das erste Unternehmen, das auf diese Weise das klimafreundliche Gas bezieht.

Eine Studie des Leipziger Institut für Umwelt und Energetik, die im Januar 2007 veröffentlicht wurde, kommt zu dem Schluss, dass in der EU der derzeitige Erdgasverbrauch der 28 Mitgliedsstaaten vollständig durch Biomethan ersetzt werden könnte. Dafür müssten alle landwirtschaftlichen Flächen, auf denen keine Nahrungsmittelproduktion stattfindet, mit Energiepflanzen bebaut werden, meint die Autorengruppe um Daniela Thrän. Nötig wären dafür 25.000 bis 50.000 Biogasanlagen, sowie mehrere hundert Fabriken, in denen Holzabfälle und ähnliches vergast würden – eine andere Form, mit der Methan aus nachwachsenden Rohstoffen hergestellt werden kann. Der vollständige Ersatz des Erdgases durch Biogas würde also in Flächenkonkurrenz mit anderen nachwachsenden Rohstoffen treten, aber ein Einstieg wäre sicherlich sinnvoll. Die Autoren schlagen vor, zunächst zehn Prozent des Bedarfs anzustreben.

Generell sollte man in der Diskussion um Biogas, Biomasse und die sogenannten Biokraftstoffe nicht vergessen, dass diese für ganz gewöhnliche Verbrennungsprozesse verwendet werden. Mit anderen Worten: Die Brennstoffe sind zwar CO_2-neutral, weil dieses Treibhausgas von nachwachsenden Pflanzen wieder gebunden wird. Aber es entstehen trotzdem eine ganze Reihe überhaupt nicht erfreulicher Nebenprodukte. Frithjof Staiß und Kolleginnen vom Bundesumweltministerium wiesen 2006 darauf hin, dass bei der Verbrennung von Biomasse die Treibhausgase Methan (CH_4) und Distichstoffoxid (N_2O, auch als Lachgas bekannt) entstehen. Außerdem würden auch Luftschadstoffe freigesetzt, insbesondere Kohlenmonoxid und Feinstaub. Im Auftrag des Ministeriums läuft derzeit eine Studie, mit der diese Emissionen abgeschätzt werden sollen. Besonders herkömmliche Öfen, in denen Holz verbrannt wird, haben sehr schlechte Emissionswerte, in modernen Anlagen kann aber die Feinstaubbelastung erheblich reduziert werden. Weiteres zu Biokraftstoffen siehe Kapitel 8.

Sinnvoll sind auch moderne, gasbetriebene Blockheizkraftwerke, mit denen dezentral Wärme und Strom zur gleichen Zeit erzeugt werden kann. Gaskraftwerke haben den Vorteil, dass sie sehr flexibel und daher besonders geeignet sind, Spitzenlasten abzudecken, wenn kurzfristig Strom benötigt wird, der aus anderen Quellen nicht geliefert werden kann. Erdgas hat zudem den Vorteil, dass es von allen fossilen Energieträgern den geringsten spezifischen CO_2-Ausstoß hat, und es kann zumindest teilweise durch Biogas ersetzt werden (siehe Kasten). Die Technologie dafür ist bereits weitgehend ausgereift und muss nur Verbreitung finden. Blockheizkraftwerke benötigen vor allem im Winter einen halbwegs stetigen Betrieb, um den Wärmebedarf zu decken. Wenn man sich Gedanken über geeignete Wärmespeicher macht – in Dänemark sind zum Beispiel große Wassertanks im Einsatz –, dann könnten sie wesentlich flexibler gefahren werden und sich mehr nach dem Strombedarf richten.

6.5 Neue Netzstruktur notwendig

Die bisherige Struktur der Stromversorgung hat für die Konzerne und ihre Techniker den Vorteil , dass die zentralen Großkraftwerke relativ einfach zu handhaben sind. Zumindest in der Theorie. Sie bedeutet aber auch, dass relativ große Kapazitäten in der Hinterhand gehalten werden müssen, damit es nicht zu Versorgungsengpässen kommt, wenn mehrere Atomkraftwerke gleichzeitig in Jahresrevision sind und dann noch das eine oder andere Kohlekraftwerk ausfällt, oder wenn es im AKW Brunsbüttel mal wieder einen vollkommen unbedenklichen Zwischenfall gibt, sodass der Meiler heruntergefahren werden muss. Wie man allerdings in den Abendstunden des 4. November 2006 gesehen hat, als in weiten Teilen Westeuropas die Lichter ausgingen, hat das Netz schon jetzt seine Tücken. Schuld, war übrigens nicht, wie konservative Politiker reflexartig behaupteten, die Einspeisung der Windenergie. Vielmehr lösten Fehlentscheidungen und Missverständnisse zwischen den zunächst beteiligten Netz-Leitstellen bei E.on und RWE eine Lawine von Ereignissen aus, die schließlich zum schlimmsten Netzausfall in der Geschichte des europäischen Verbundnetzes führten. Beim Wiederanfahren stellte sich dann heraus, dass es an einer sinnvollen Koordination fehlte.

Im Zusammenhang mit den erneuerbaren Energien ist dieser Vorfall in zweierlei Hinsicht von Interesse. Zum einen sind die Netze und ihre Betreiber ohnehin in der Kritik. Konzerne wie E.on, RWE und EnBW nutzen ihre marktbeherrschende Stellung aus, um sich an dem Betrieb der Netze auf Kosten von Verbrauchern und Konkurrenten zu bereichern. Mitte Mai 2007 gab zum Beispiel RWE bekannt, dass man im ersten Quartal des Jahres seinen Vorsteuergewinn um weitere 35 Prozent auf 2,8 Milliarden Euro gesteigert hat, und das, nachdem 2006 bereits ein sehr fettes Jahr gewesen war. Selbst die europäische Kommission fordert inzwischen, dass Netze und Kraftwerksbetreiber in Deutschland getrennt werden müssen. Das wäre nicht nur im Interesse der Stromkunden, deren Rechnungen in den letzten Jahren um ein rundes Drittel gestiegen ist. Auch die Windenergie würde davon sicherlich profitieren, wie das Beispiel Schleswig-Holstein zeigt.

Noch in einem weiteren Punkt sind die Lehren aus dem Zusammenbruch vom November 2006 für die Erneuerbaren wichtig. Wind und Sonne werden dann am meisten zur Stromversorgung beitragen können, wenn es zu einem wirklich kontinentalen Verbund kommt, in dem Fluktuationen in der Verfügbarkeit ausgeglichen werden können. Ganz kühne Visionäre wie Gregor Czisch von der Universität Kassel sprechen gar schon von einem Verbund bis nach Nordafrika und Westasien, der die reichliche Sonnenenergie südlicher Gefilde mit dem Windpotenzial Nordeuropas und der Biogasproduktion der mitteleuropäischen Landwirtschaft verknüpfen würde. Czisch hat darüber eine Dissertation geschrieben, die derzeit bei grünen Energiepolitikern und Verbandsfunktionären der Erneuerbaren Energien sehr populär ist. Das Zauberwort heißt Hochspannungs-Gleichstrom-Übertragung (HGÜ). Mit denen könnte elektrische Energie anders als in herkömmlichen Wechselspannungsnetzen ohne allzu große Verluste übertragen werden. Selbst bei einer Übertragung aus dem Süden Marokkos nach Deutschland entstehen nur etwa 13 Prozent Verluste, was nicht viel ist, wenn dort die elektrische Energie mit geringem Aufwand aus der Sonneneinstrahlung gewonnen werden kann. Mit dieser sogenannten HGÜ könnten, so Czisch, in einem Raum in dem 1,1 Milliarden Menschen leben, dezentrale Biogasanlagen und Fotovoltaikanlagen, Windparks, Wasserkraftwerke und solarthermische Kraftwerke miteinander verknüpft werden. Das System würde zudem vielen ärmeren Staaten beständige Einnahmequellen bieten.

Aber auch ohne diesen ganz großen Wurf müssen die Netze auf die neuen dezentralisierten Strukturen umgestellt werden. Angemessen erscheinen regionale Koordinationen und kleinräumigere Einheiten, die im Falle von zu großen Leistungsschwankungen im Netz dieses auf der unteren Ebene stabilisieren, notfalls in Insellösung. Eines der Probleme nach dem Netzzusammenbruch im November war, dass das Wiederanfahren von Kraftwerken und Windrädern nicht koordiniert erfolgte. Dadurch dauerte es in einigen Regionen mehrere Stunden, bis die Versorgung wieder klappte.

Von unseren nördlichen Nachbarn können wir einiges darüber lernen, wie ein modernes Stromnetz aussehen könnte. In Dänemark spielen zentrale Großkraftwerke nur noch eine vergleichsweise kleine Rolle. Stattdessen ist das Land überzogen mit einem Netz dezentraler Blockheizkraftwerke, die Strom und Wärme zugleich liefern. Letzteres ist unabhängig vom Brennstoff immer sinnvoll, weil so bis zu 90 Prozent der Energie ausgenutzt werden können. Ältere Kohlekraftwerke bringen es meist nicht einmal auf 40 Prozent, moderne sollen es im nächsten Jahrzehnt auf 50 Prozent bringen.

Zu den Blockheizkraftwerken, die oft mit Biomasse, das heißt zum Beispiel Stroh und Holz, befeuert werden, kommt ein Netz von Windparks. Wind liefert in Dänemark, wie bereits erwähnt, rund 20 Prozent der elektrischen Energie. Diesen komplexen Mix verschiedener Anbieter koordiniert der dänische Netzbetreiber Energinet.dk aus einem Kontrollzentrum, in dem es nicht nur stets aktuelle und hochwertige Wettervorhersagen zur Verfügung hat, sondern auch über Telekommunikation Informationen über den momentanen Betriebszustand der wichtigsten Einheiten verfügt und diese auch ansteuern kann. Für die Zukunft wird angestrebt, das Land in verschiedene Zellen aufzuteilen, die in der Lage sind im Falle eines etwaigen Netzzusammenbruches eigenständig zu operieren. Sie sollten, so Antje Orths von Energinet.dk im Februar 2007 auf einem Symposium in Berlin, zumindest in der Lage sein, im Falle eine Zusammenbruchs die Versorgung in ihrem Gebiet zunächst als Insellösung wieder zu starten.

Neben den Erfolgen bei der koordinierten Nutzung klimafreundlicher Stromerzeugung im großen Maßstab ist das Interessante an Energienet.dk, dass es sich um ein staatliches Unternehmen handelt. Es wurde im Rahmen der in der EU verabredeten Liberalisierung der Strommärkte geschaffen. Anders als in Deutschland hat man den Kraftwerksbesitzern das Netz, genauer gesagt, das Hochspannungsnetz, das die Verteilung im Land organisiert, abgenommen. Das ist sicherlich etwas, was auch in Deutschland eine vernünftige Überlegung wäre. Bisher sieht es hierzulande nämlich eher danach aus, als ob die Netze an Private verkauft würden, wenn es zu einer Entflechtung kommen sollte, wie sie die EU-Kommission fordert. Entsprechend hat sich zum Beispiel Hessens Ministerpräsident Roland Koch im Januar 2007 in einem Interview mit dem *Handelsblatt* geäußert.

Aber wieso sollen wir es nicht den Dänen gleich tun? Schließlich ist die Stromversorgung eine sehr elementare Sache, die zur öffentlichen Daseinsvorsorge gehören sollte. Außerdem haben die großen Konzerne in den vergangenen Jahren zur Genüge demonstriert, dass sie weder das Klima noch die Gesundheit der Menschen (siehe ihre Bemühungen, die Atomkraftwerke so lange wie nur irgend möglich zu betreiben) interessiert. Es wäre also Zeit, dass sich die Gesellschaft der Dinge annimmt, und das geht am Besten, wenn die Netze in öffentliches Eigentum überführt werden, und zwar möglichst nicht in ein zentrales Unternehmen des Bundes. Sinnvoller wäre, das Eigentum auf möglichst niedriger Ebene bei den Bundesländern anzusiedeln.

Natürlich ist die Verstaatlichung kein Allheilmittel, keines das per se öffentliche Kontrolle und eine nachhaltige, umweltfreundliche Energiepolitik garantiert. Das kann man unter anderem am Beispiel der französischen EDF studieren, einem der weltweit größten Atomstrom-Konzerne, der dem französischen Staat gehört. Auch wissen wir aus den hiesigen Erfahrungen, dass große staatliche Versorgungsunternehmen eine deutliche Tendenz zeigen, sich zu Domänen einer technokratischen Kaste zu entwickeln, die dazu neigen, die eigenen Fähigkeiten und das Potenzial technologischer Lösungen zu über- und die Bedeutung demokratischer Prozesse sowie der Komplexität der Natur zu unterschätzen. Und schließlich, das kann man am Verhalten des vom schwedischen Staat kontrollierten Vattenfall-Konzerns sehen, ist wenig gewonnen, wenn sich ein staatliches Unternehmen wie ein privates verhält. Agiert es im Ausland, so gibt es für die betroffenen Bürger und Kunden praktisch keinen Unterschied zu einem privaten Konzern.

Allerdings würde eine Verstaatlichung des Stromnetzes die anstehenden strategischen Entscheidungen zur zukünftigen Struktur der Energieversorgung und einer entsprechend angepassten Netzstruktur dorthin holen, wo sie hingehören: auf die politische Ebene. Die Gesellschaft muss bestimmen, und das kann sie am ehesten, indem sie Druck auf Abgeordnete und Regierende ausübt. Die Vorstandsetagen von Konzernen wie RWE, E.on oder auch eines etwaigen künftigen börsennotierten Netzbetriebes sind naturgemäß durch politische Debatten, Demonstrationen und Wahlverhalten weitaus weniger beeinflussbar. Nicht zuletzt würde die Verstaatlichung auch dafür sorgen, dass die enormen Erträge des Netzbetriebs nicht in private Kassen, sondern in den Staatshaushalt fließen. Auch das ist bekanntlich keine Gewähr dafür, dass sie sinnvoll verwendet werden, aber es lässt sich auch darüber zumindest leichter streiten, als wenn sie auf dem Konto von Aktionären landen.

7. Revival der Kohle?

7.1 Konzerne wollen neue Großkraftwerke

Das vorherige Kapitel begann mit einer guten Nachricht, am Anfang diesen Kapitels steht eine schlechte: Die deutschen Energiekonzerne denken nicht im Traum daran, auf ihre Kohlemeiler zu verzichten. Im Gegenteil: Unbeirrt von der Klimadiskussion bauen und planen sie neue Kraftwerke, und die Bundeskanzlerin lässt es sich nicht nehmen, dem Ganzen immer wieder höchste Weihen zu geben. So geschehen zum Beispiel im August 2006, als sie nach Grevenbroich-Neurath ins Rheinland reiste, um dort dem Spatenstich für ein neues Braunkohlekraftwerk beizuwohnen. Ausgerechnet Braunkohle, die mieseste aller fossilen Varianten. Zwar verkündete RWE stolz, sein neuer 2,2-Milliarden-Euro-Meiler werde einen um 30 Prozent erhöhten Wirkungsgrad haben, aber das ist eher Ausdruck dafür, wie unglaublich schlecht die Technologie ist, mit der die älteren Kraftwerke bisher noch arbeiten: Die beiden Blöcke, die 2010 oder 2011 ans Netz gehen, werden mit einem Wirkungsgrad von etwas über 43 Prozent arbeiten. Das heißt, fast 67 Prozent der Energie werden nutzlos über Kühltürme und -wasser an die Umwelt abgegeben. Natürlich sind die neuen Anlagen mit einer Gesamtleistung von 2.100 Megawatt (MW) viel zu groß, als dass ihre Abwärme in der Nachbarschaft sinnvoll genutzt werden könnte. Und dafür lässt sich RWE auch noch auf der Internetseite der Kampagne »Deutschland – Land der Ideen« abfeiern. »Zukunftsorientierung, Ideenreichtum und Verlässlichkeit sind für den Unternehmenserfolg von entscheidender Bedeutung«, heißt es dort über RWE und sein Bauvorhaben in Neurath. Nein, das ist keine Satire, das lässt sich auf www.deutschland-land-der-ideen.de nachlesen.

Die Bundeskanzlerin findet das alles ganz normal und vertraut fest darauf, dass das blöde Volk nicht rechnen kann. »Die deutsche Stromerzeugung beruht derzeit zu mehr als einem Viertel auf der Nutzung von Braunkohle. Ich bin davon überzeugt, dass die Braunkohle im deutschen Energiemix auch in Zukunft eine wichtige Rolle spielen wird«, hatte sie einige Monate zuvor im Brandenburgischen Spemberg verkündet, diesmal zu Gast bei Vattenfall. Angela Merkel war eingeladen worden, um am Standort »Schwarze Pumpe« den Baubeginn eines anderen Braunkohlekraftwerks zu feiern, und zwar einer kleinen Pilotanlage, mit der Verfahren zur Abtrennung von CO_2 erprobt werden.

Doch diese Technik ist bisher noch Zukunftsmusik (mehr dazu weiter unten). Noch blasen sowohl Stein- als auch Braunkohlekraftwerke munter das Treibhausgas CO_2 in die Atmosphäre, und zwar soviel, dass 2004 der Anteil des Stromsektors an den deutschen Treibhausgasemissionen rund 36 Prozent ausmachte. Tendenz zunehmend. Die deutsche Stromerzeugung ist nämlich in den letzten Jahren kräftig gestiegen, und zwar um rund elf Prozent von 1999 bis 2004. In den Jahren davor hatte sie lange Zeit auf halbwegs konstantem Niveau verharrt. Entsprechend nimmt auch der Anteil der Energiewirtschaft (Stromerzeugung sowie Gas- und Stromverteilung) an den CO_2-Emissionen wieder zu. Laut Umweltgesamtrechnung des statistischen Bundesamtes von 2006 sind ihre CO_2-Emissionen von 2000 bis 2004 um gut fünf Prozent gestiegen.

Der Anteil der Braunkohle daran ist überproportional, denn sie hat von allen fossilen Energieträgern den niedrigsten Brennwert. Marcus Machat und Karin Werner, die 2007 für das Umweltbundesamt die CO_2-Emissionen der Stromwirtschaft unter die Lupe genommen haben, kommen zu dem Ergebnis, dass beim Stand der Technik 2002 für jede mit Erdgas erzeugte Kilowattstunde Strom 560 Gramm CO_2 emittiert wurden. Für Steinkohle ergaben sich Emissionen von 938 Gramm CO_2/KWh und für Braunkohle, auf die die Bundeskanzlerin so ungerne verzichten will, beträgt der Wert horrende 1228 Gramm CO_2/KWh. Das hindert aber den vermeintlichen Klimaschutzvorreiter Deutschland nicht daran, Braunkohle wie kein anderes Land auf diesem Planeten zu verbrennen. Nebenbei werden dazu noch ganze Regionen umgegraben, Menschen vertrieben und zum Teil wertvolle Ökosysteme zerstört.

Tabelle 7.1: Durchschnittliche Emissionen des existierenden Kraftwerkparks in Deutschland

	CO_2-Emissionen in Gramm pro Kilowattstunde		Anteil an der deutschen Stromversorgung in Prozent 2006
	Real	*Nach aktuellem Stand der Technik möglich*	
Erdgas	560	365	11,6
Steinkohle	938	750	21,4
Braunkohle	1228	950	23,9

Quellen: Emissionswerte: Machat, Marcus und Karin Werner, 2007: Entwicklung der spezifischen Kohlendioxid-Emissionen des deutschen Strommix. Umweltbundesamt 2007.

Mögliche Emissionswerte: Angaben für Braun- und Steinkohle stammen aus der Diskussion um den Nationalen Allokationsplan II; die zu Gas aus: Anteile an der Stromversorgung: Rundschreiben des Bundesverbandes der Deutschen Industrie.

Auch Bundesumweltminister Sigmar Gabriel hat dagegen keinerlei Einwände: Ende April 2007 versuchte er sich im Bundestag in der Quadratur des Kreises, indem er im gleichen Atemzug ein Klimaschutzprogramm der Bundesregierung und den Bau neuer Kohlekraftwerke ankündigte: »Wir können bis auf weiteres nicht auf den Einsatz der Kohle für die Stromerzeugung verzichten. Zwischen heute und Dezember 2012 werden drei große Braunkohlekraftwerke, sechs Steinkohlekraftwerke und sieben Gaskraftwerke mit einer Gesamtleistung von 12.000 Megawatt gebaut.« Damit setzt sich trotz aller Klimadebatten der Trend der vergangenen Jahrzehnte fort. Wahrscheinlich wurden in den letzten 25 Jahren kaum sonst irgendwo in Europa so viele Kohlekraftwerke gebaut wie zwischen Rhein und Oder. Während in Großbritannien, Belgien oder Dänemark Kohle ein auslaufendes Modell ist, nahm hierzulande die in Kohlekraftwerke installierte Leistung von 1990 bis 1999 von 25.225 auf 30.727 MW zu.

Und so soll es offenbar weitergehen. In Deutschland wird für die Zeit zwischen 2010 und 2020 aufgrund des Ausstiegs aus der Atomkraftnutzung und wegen der Überalterung des übrigen Kraftwerkparks mit einem Ersatzbedarf von 40.000 MW gerechnet, heißt es in einem Bericht des Bundeswirtschaftsministeriums von 2003. In den 15 älteren EU-Mitgliedsländern sind es zusammen gar 200.000 MW. Die Entscheidung darüber, wie diese Kapazitäten ersetzt werden, fällt in den nächsten Jahren. Alle vier großen hiesigen Energiekonzerne, Vattenfall, E.on, EnBW und RWE, haben Kohlepläne in den Schubladen liegen oder bereits entsprechende Anträge gestellt. Auch andere Konzerne wollen sich eine Scheibe vom Kuchen des liberalisierten Marktes abschneiden, zum Beispiel der BAYER-Konzern mit einem Kohlekraftwerk in Krefeld oder das dänische Unternehmen Dong Energy, das zuhause nicht mehr bauen darf. Dafür möchte es jetzt gerne in Lubmin in Ostvorpommern auf dem Gelände eines ehemaligen Atomkraftwerkes für rund 1,5 Milliarden Euro ein neues Steinkohlekraftwerk mit einer Leistung von rund 1700 Megawatt errichten. Bundesweit hat der Bund für Umwelt und Naturschutz Planungen für insgesamt 26 neue Braun- und Steinkohlekraftwerke mit einer Gesamtleistung von 26.000 MW gezählt.

Nicht nur die Dänen gehen über die Grenzen, sondern auch die Deutschen: Während Hessens Ministerpräsident Koch im Handelsblatt vom 26. Januar 2007 in bekannt populistischer Manier zetert, man müsse, wenn man den Konzernen das Netz nehme und es an die Börse bringe, aufpassen, dass es nicht in die Hand von Ausländern falle, gar von Russen oder Chinesen, begehen deutsche Konzerne ihre Klimasünden durchaus auch jenseits der Grenzen. RWE plant zum Beispiel in den Niederlanden den Bau eine Kohlekraftwerks von bis zu 2.100 MW Leistung.

Dass es auch ein bisschen anders ginge, zeigt erneut das Beispiel Dänemark. Dort hatte die Regierung nach dem Ölpreisschock der 1970er Jahre zunächst ganz auf Kohle gesetzt. Mitte der 1990er Jahre wurden rund 80 Prozent des Stroms in Kohlekraftwerken produziert, obwohl das Land schon damals ein Pionier in Sachen Windenergie war. 1996 hat die seinerzeitige sozialdemokratische Regierung aufgrund des drohenden Klimawandels die Notbremse gezogen und den Bau neuer Kohlekraftwerke untersagt. 2006 war der Beitrag der großen Zentralkraftwerke an der Stromerzeugung, die teils mit Kohle, teils mit Erdgas betrieben werden, auf knapp 56 Prozent gesunken. Kleine dezentrale Heizkraftwerke, die oft mit Biomasse betrieben werden, liefern rund 24 Prozent des Stroms, die Windenergie leistet etwa 20 Prozent. Ihr Anteil könnte sicherlich auch noch etwas höher sein, wenn sich nicht die neue neoliberal-konservative Minderheitsregierung in Kopenhagen, die sich von der rassistischen Volkspartei unterstützen lässt, gegen den Ausbau der Offshore-Windparks sperren würde.

Fragt sich, weshalb in Deutschland so hartnäckig an der klimaschädlichen Steinkohle und ihrem besonders schmutzigen Bruder festgehalten wird. Für die Braunkohle wird gerne die Energiesicherheit als Argument ins Feld geführt, aber für die Steinkohle kann das nicht gelten. Der hiesige Bergbau soll bis 2018 auslaufen, haben im Februar 2007 Bundesregierung und Düsseldorfer Landesregierung vereinbart. Zuvor hatte man ihn mit Milliarden Beträgen gefüttert, von denen die erneuerbaren Energien nur träumen können. Nach dem Jahresbericht 2003 des Umweltbundesamtes flossen von 1980 bis 2003 rund 100 Milliarden Euro an Subventionen aus Steuergeldern in den Steinkohlebergbau an Rhein und Saar.

Aber damit ist demnächst Schluss (dann werden nur noch die Folgekosten subventioniert). Schon jetzt wird die Steinkohle für viele Kraftwerke importiert, und künftig wird der Importanteil auf 100 Prozent steigen. Zur Frage, was das für die Versorgungssicherheit bedeutet, schrieb der Gesamtverband des Deutschen Steinkohlebergbaus am 8. November 2006 Erhellendes in einer Pressemitteilung: »Kreise der deutschen Kohleimporteure machen sich zunehmend Sorgen, dass ab etwa 2008 die Nachfrage an Kraftwerkskohle mit dem Angebot nicht mehr Schritt halten kann. Dass eine solche Entwicklung nicht ohne Folgen für die Preisentwicklung der Kohle sowie der Frachtraten bleibt, haben wir in den letzten beiden Jahren gesehen. Für die Versorgungssicherheit bei der Importkohle gibt es somit keine langfristige Garantie,« meinte Bernd Tönjes, Mitglied im Vorstand der

RAG Aktiengesellschaft und Vorstandsvorsitzender der Deutschen Steinkohle AG.

Versorgungssicherheit kann also kein Motiv für Kraftwerkspläne von RWE & Co. sein. Schon gar nicht, wenn man bedenkt, dass die Kohleexportländer ja auch auf die Idee kommen könnten, die Ausfuhren zum Wohle des globalen Klimas einzustellen, wie es der australische Aktivist Zanne Alcorn Anfang Mai 2007 in der sozialistischen Wochenzeitung *Green Left Weekly* vorschlug. Das ist sicherlich kurz- und mittelfristig keine realistische Annahme, aber langfristig vielleicht nicht ganz so abwegig, wie es auf den ersten Blick scheint. Immerhin ist Australien nicht nur mit Abstand der weltgrößte Kohleexporteur, sondern wird auch seit Jahren von einer schweren Dürre gebeutelt, die sich derzeit zu einer großen Krise seiner Landwirtschaft und Wasserversorgung auswächst. Mehr noch als die USA scheint »down under« deren treuester Verbündeter, und Gefolgsmann in allen Kriegen, derzeit am Anfang eines radikalen Umbruchs in der Energie- und Umweltpolitik zu stehen.

Die Steinkohle ist also langfristig nicht ganz so sicher und billig, wie man uns gerne glauben machen möchte. Also sind das Motiv für die neuen Kraftwerke vielleicht die Arbeitsplätze, mit denen im Februar 2007 Gewerkschafter von ver.di und IGBCE zu einer von den Energiekonzernen bezahlten Demonstration nach Berlin gelockt wurden, die sich unter anderem gegen die Absenkung der Netzentgelte richtete? Wohl kaum: Die 2,2 Milliarden Euro, die RWE in die beiden Neurather Blöcke steckt, sichern gerade 2000 Arbeitsplätze im Kraftwerk und Tagebau. Teurere Arbeitsplätze gibt es vermutlich nur auf der internationalen Raumstation. Insgesamt arbeiten in der ganzen Braunkohleindustrie derzeit lediglich noch rund 23.000 Beschäftigte.

Ein anderes Argument ist schließlich der Ausstieg aus der Nutzung der Atomkraft. 2006 produzieren die hiesigen AKW mit etwa 150 Terrawattstunden (TWh, eine TWh entspricht einer Milliarde Kilowattstunden) immerhin rund 26 Prozent des in Deutschland verbrauchten Stroms. Bis 2022 sollen die Meiler nach und nach abgeschaltet werden, doch der Rückgang ihres Anteils an der Stromversorgung wird schon ab 2009 spürbar sein. Um 2013 werden die verbliebenen hiesigen AKWs nur noch etwa 100 Milliarden TWh produzieren. Ersatz muss also her. Bundesumweltminister Gabriel behauptet in der *FAZ* vom 7. April 2007, deshalb müssten neue Braunkohlekraftwerke hochgezogen werden. Doch wenn es schon fossile Kraftwerke sein sollen, dann könnte man genau so gut Gaskraftwerke bauen. Wie Tabelle 7.1 zeigt, sind schon jetzt die spezifischen CO_2-Emissionen herkömmlicher Gaskraftwerke deutlich niedriger als die von Kohle- oder gar Braunkohlekraftwerken, und das obwohl ihr Wirkungsgrad mit rund 36 Prozent ähnlich schlecht ist wie der der schmutzigeren Konkurrenz. Mit modernen Gas- und Dampfturbinenanlagen (GuD) lässt sich jedoch ein elektrischer Wirkungsgrad von rund 58 Prozent erreichen, immerhin 15-Prozentpunkte mehr als RWEs »moderne Technik« in Neurath liefern soll. Die spezifischen CO_2-Emissionen würden damit auf etwa 365 Gramm pro Kilowattstunde sinken. In Neurath werden sie hingegen bei etwa 950 g/KWh liegen. Wenn die GuD-Kraftwerke dann noch klein genug dimensioniert werden, sodass sich die Abwärme nutzen lässt, kann der Gesamtwirkungsgrad auf fast 90 Prozent gehoben werden. Doch soviel Effizienz ist den Stromkonzernen offenbar ein Gräuel.

Bleibt also als nur noch eine Antwort auf die Frage nach der Ursache ihrer Kohlesucht: Die Stromerzeugung ist ein ziemlich gutes Geschäft, das sie sich ungern von den Betreibern erneuerbarer Energieanlagen wegnehmen lassen. Für die Konzerne sind in diesem Zusammenhang die Großkraftwerke als Gegenstrategie die erste Wahl, weil diese durch die zentralisierten Untenehmensstrukturen viel einfacher handhabbar sind als kleine Blockheizkraftwerke oder gar Windanlagen. Die Konzerne sind organisatorisch kaum in der Lage, in viele kleine dezentrale Projekte zu investieren, wie es im Bereich der erneuerbaren Energieträger nötig ist. In den Markt für Windkraft kommen sie, wenn überhaupt, nur in den größeren Offshore-Projekten hinein, wo Parks von einigen 100 Megawatt als einheitliches Projekt zu realisieren sind. Doch an Land ist das Geschehen im Windgeschäft wesentlich kleinteiliger.

Das gilt erst recht für die Fotovoltaik, die noch dezentraler als die

Windenergie arbeitet. Anlagen wie der im Frühjahr 2007 in Brandis im sächsischen Muldenthalkreis in Bau gegangene 40-MW-Fotovoltaik-Park sind wegen ihres großen Flächenbedarfs die absolute Ausnahme und in der Leistung immer noch sehr klein im Verhältnis zu einem der Großkraftwerke. Das Gelände, auf dem für 130 Millionen Euro rund 550.000 Solarmodule aufgestellt werden, ist über einen Quadratkilometer groß. Ein derartiger Flächenverbrauch lohnt sich nur, wenn das Land, wie jener ehemalige Militärflughafen, nicht anders zu nutzen ist.

Der Versuch der Konzerne, möglichst viele neue Großkraftwerke in die Landschaft zu stellen, läuft also darauf hinaus, den Erneuerbaren Marktanteile abspenstig zu machen und die zentralisierten Strukturen der Stromversorgung für die nächsten Jahrzehnte zu zementieren. Zum Glück regt sich allenthalben Widerstand gegen die Pläne. An vielen der geplanten Standorte, die in den letzten Monaten bekannt wurden, bilden sich Bürgerinitiativen gegen die Kohlevorhaben. So zum Beispiel im Umkreis von Lubmin, in Krefeld, Bremen oder Kiel, wo E.on und die dortigen Stadtwerke bauen wollen.

7.2 Privatisierung der Luft?

Finanzielle Munition für ihre Kohleoffensive bekommen Deutschlands Strom- und Gasmultis jedoch ausgerechnet durch ein Instrument, das von führenden Politikern der großen Parteien, der EU-Kommission und dem neo-liberal angehauchten Flügel der Umweltorganisationen als der Königsweg des Klimaschutzes gepriesen wird: dem Emissionshandel. Die Art, wie dieser bisher in der EU umgesetzt wird, hat sich für die hiesigen Energieversorger als äußerst profitabel erwiesen, und zwar ohne dass es bisher einen nachweisbaren Klimaschutzeffekt gegeben hätte.

Aber der Reihe nach: Was ist dieser Emissionshandel, mit dem ein Markt für Luftverschmutzungsrechte geschaffen wird? Die Idee stammt aus der Zeit Ende der 1980er Jahre, als die Grünen und mit ihnen ein großer Teil der Umweltbewegung ihr Herz für die Marktwirtschaft entdeckten. Inzwischen hat sie es in Europa längst in den bürgerlichen Mainstream geschafft. Im Prinzip geht es darum, eine Obergrenze für CO_2-Emissionen zu setzen, die dann auf Verursacher in Industrie, Strombranche und demnächst vielleicht auch in der Luftfahrt aufgeteilt wird. Jeder bekommt Emissions-Zertifikate über eine bestimmte Menge an CO_2, die er in einer bestimmten Frist emittieren darf.

Diese Zertifikate sind frei handelbar. Wer also, weil er zum Beispiel besonders gute Technik verwendet, seine Zertifikate nicht ausnutzt, kann sie verkaufen, und zwar an Unternehmen, die mehr emittieren wollen. Beim Umweltbundesamt wurde eine Emissionshandelsstelle eingerichtet, bei der alle betroffenen Industriebetriebe (zum Beispiel Stahl- und Zementproduktion) und Kraftwerke ihre Emissionen einmal im Jahr melden müssen. Können sie keine entsprechende Zahl von Zertifikaten vorweisen, so werden Strafgelder von 40 Euro pro Tonne CO_2 fällig. Bisher wird dieses Konzept außer innerhalb der EU nicht länderübergreifend eingesetzt. Vielen europäischen Politikern schwebt allerdings vor, den Handel mit CO_2-Zertifikaten zu internationalisieren. Auch wenn es dafür bisher noch keinen vereinbarten Mechanismus gibt, so ist der Handel mit Emissionsrechten im internationalen Umweltrecht, das heißt, konkret im Kyoto-Protokoll, gegen den teils hartnäckigen Widerstand vieler Entwicklungsländer durchgesetzt worden. Inzwischen haben ihn auch andere Staaten außerhalb Europas eingeführt. In China experimentiert man zum Beispiel mit einem ähnlichen Schema für den Handel mit Emissionsrechten für die Schwefelemissionen von Kraftwerken.

Die Idee des Emissionshandels hört sich in der Theorie ganz gut an. Wenn man die Gesamtmenge der Zertifikate begrenzt und schrittweise verkleinert, könnte man in einem Land wie Deutschland, oder auch EU-weit einen erheblichen ökonomischen Druck aufbauen, um die CO_2-Emissionen zu senken. Insbesondere natürlich, wenn die Zertifikate von den Regierungen nicht einfach verschenkt würden, sonden von den Unternehmen bezahlt werden müssten, und wenn die Strafen für nichtzertifizierte Emissionen hoch genug wären.

In der Praxis sieht es allerdings etwas anders aus. Es fängt dabei an, dass die Emissionsobergrenzen, das heißt, die Größe des zu verteilenden Zertifikate-Topfes, Gegenstand intensiven Geschachers hinter verschlossenen Türen sind, bei dem sich wie in diesem Land üblich weitgehend die Interessen der Industrie durchsetzen. Die Verteilung der Zertifikate und ihres Gesamtumfangs wird in den sogenannten Nationalen Allokationsplänen festgelegt, die von der EU-Kommission abgesegnet werden müssen. Diese Pläne sind bisher für zwei Perioden aufgestellt worden. Die erste begann 2005 und endet 2007. Die Zweite reicht von 2008 bis 2012.

Im Plan für die erste Periode hatte die Bundesregierung die Höhe der Zertifikate sehr großzügig auf jährlich 499 Millionen Tonnen CO_2 festgesetzt. Durchschnittlich 22 Millionen Tonnen blieben davon ungenutzt. Außerdem wurden die Zertifikate kostenlos verteilt. Nach der EU-Richtlinie hätte die Regierung fünf Prozent der Zertifikate versteigern können, doch darauf wurde verzichtet, und dem Steuerzahler entgingen etwa 500 bis 750 Millionen Euro im Jahr.

Die derart beschenkten Unternehmen konnten die nicht gebrauchten Zertifikate, die innerhalb der EU frei handelbar sind, also verkaufen und damit ein Zusatzgeschäft machen. Zeitweise betrug der Preis pro Tonne CO_2 30 Euro. Wer seine Zertifikate rechtzeitig absetzte, konnte also ein ansehnliches Schnäppchen machen. Später brach der Markt dann allerdings zusammen, weil sich herausstellte, dass mehr Zertifikate ausgegeben worden waren, als die Unternehmen benötigten.

Der besondere Clou aber war, dass die Stromkonzerne die Zertifikate, die ihnen kostenlos zugeteilt worden waren, als Unkosten auf den Strompreis anrechnen konnten. »Opportunitätskosten« nennt man das. Die Begründung geht etwa so: Da das Zertifikat nicht am Markt verkauft werden konnte, weil CO_2 für die Bereitstellung von Strom emittiert wurde, entging dem Unternehmen eine Einnahme, für die er vom Stromkunden entschädigt werden muss. Absurd, aber wahr. Außerdem wurden die anfänglich sehr hohen Zertifikatspreise unterstellt und der spätere Preisverfall nicht berücksichtigt. Bei der Linksfraktion im Bundestag schätzt man, dass auf diesem Wege zusätzliche

3,8 bis acht Milliarden Euro in die Kassen der Stromkonzerne gespült wurden. Das hat sogar einigen industriellen Stromkunden gestunken, sodass sie gegen die Preispolitik von RWE und E.on beim Bundeskartellamt Beschwerde einlegten.

Die Begründung der Bundesregierung für den Verzicht auf Versteigerung war übrigens gewesen, man wolle die Strompreise nicht in die Höhe treiben, um die Wettbewerbsfähigkeit der deutschen Wirtschaft nicht zu gefährden. Auf eine Anfrage der Linksfraktion antwortet man im Juli 2006 (Bundestagsdrucksache 16/1495), man habe sich über die Opportunitätskosten im Vorfeld des Emissionshandels keine Gedanken gemacht. »...die Prognostizierbarkeit längerfristiger Preisentwicklungen« sei eingeschränkt gewesen.

In anderen Ländern war man offensichtlich schlauer. Großbritanniens Regierung hat zum Beispiel Zertifikate versteigert. Dort und in Schweden wurden an die Kraftwerke auch nur Zertifikate in dem Umfang verteilt, wie sie ein klimafreundlicheres Gaskraftwerk benötigen würde. Für Kohlekraftwerke mussten sich die Betreiber zusätzliche Emissionsrechte kaufen. In Deutschland hingegen wurden Kohlekraftwerken höhere Emissionen zugestanden.

Wenn nun jemand meinen sollte, die Berliner Koalition habe aus all dem gelernt und für die nächste Handelsperiode von 2008 bis 2012 einen besseren Plan vorgelegt, der sieht sich getäuscht. Auch mit dem Allokationsplan II, der Ende Juni vom Parlament verabschiedet wurde, werden die Stromkonzerne sehr großzügig mit CO_2-Zertifikaten bedacht. Als Richtwert werden nicht die Gas-, sondern die doppelt so CO_2-intensiven Steinkohlekraftwerke herangezogen. Nur in Sachen Vergabe gibt es eine leichte Verbesserung. Aufgeschreckt von den Meldungen über die Extraprofite, die die Konzerne durch den Ablasshandel einstreichen konnten, haben die Fraktionen der Regierungsparteien durchgesetzt, dass künftig ein Teil der Zertifikate versteigert wird. Um den Gesamtumfang der Zertifikate war zuvor lange und hoch gepokert worden. Ursprünglich wollte die Bundesregierung die Emissionsmenge über dem Niveau der derzeitigen Emissionen auf 482 Millionen Tonnen jährlich festlegen und hat darüber fast das EU-weite System platzen lassen. Schließlich lenkte man doch noch ein, sodass jetzt jährlich Verschmutzungsrechte in Höhe von 453 Millionen Tonnen CO_2 vergeben werden.

2006 haben die am Emissionshandel beteiligten Unternehmen real 477,3 Millionen Tonnen CO_2 in die Luft geblasen, was übrigens einer Steigerung gegenüber dem Vorjahr von rund vier Millionen Tonnen entsprach. Die neue Höchstgrenze von 453 Millionen Tonnen CO_2 ist also eine Emissionsminderung von etwa fünf Prozent innerhalb von sechs Jahren. Ein ernsthafter Druck zu radikalen Emissions-Einsparungen wird so mit Sicherheit nicht erzeugt. Aber damit nicht genug: Das Wirtschaftsministerium hatte verbissen darum gekämpft, dass die Braunkohle besonders hohe Zuteilungen bekommt. Das war selbst E.on und EnBW zu viel, die keine Braunkohlekraftwerke haben und daher weniger vom Gesamtkuchen abbekommen hätten. Heraus kam schließlich ein Kompromiss: Die Zuteilung der Braunkohlekraftwerke wird auf der Grundlage des Richtwerts der Steinkohle von 750 Gramm pro Kilowattstunde berechnet, allerdings wird unterstellt, dass sie fast ununterbrochen laufen (8250 von 8760 Stunden im Jahr). Da die deutsche Braunkohle sehr billig ist, werden Vattenfall und RWE ohne weiteres damit leben können, dass sie künftig ein paar CO_2-Zertifikate hinzukaufen müssen.

Offensichtlich sind die marktkonformen Klimaschutzinstrumente ziemlich stumpf, und so heißt es denn zum Beispiel beim Solarenergie-Förderverein Deutschland, dass man den Emissionshandel wegen »vorhersehbarer Wirkungslosigkeit« ablehnt. Auch EUROSOLAR, eine rührige Lobbyorganisation für Fotovoltaik, Solarthermie und andere erneuerbare Energieträger, hält nicht viel vom Handel mit heißer Luft.

Aber abgesehen von der Frage nach der Wirksamkeit drängen sich noch andere kritische Anmerkungen auf. Bei Lichte besehen ist es nicht gerade sehr moralisch, einem Unternehmen nur deshalb das Recht zuzugestehen, das Klimasystem über das erträgliche Maß hinaus zu belasten, weil es das ohnehin schon in der Vergangenheit getan hat. Im Grunde genommen ist das Wild West: Der Stärkere hat Recht, weil er es sich nehmen kann. Man könnte ja, wenn man die CO_2-Minderung über Finanzinstrumente durchsetzen will, auch eine Strafgebühr auf CO_2-Emissionen erheben und so einen materiellen Anreiz zur Reduktion schaffen. Dann würden zumindest die Einnahmen aus den ohnehin steigenden Strompreisen ins Staatssäckel fließen und dort vielleicht für die stärkere Förderung sauberer Alternativen eingesetzt werden.

Außerdem ist zu kritisieren, dass der Emissionshandel die Luft zur Ware macht. Vom Allgemeingut wird sie in gewisser Weise zum privaten Besitz und der Verwertung durch das Kapital unterworfen. Ganz so, wie es in der Frühzeit des westeuropäischen Kapitalismus mit der Allmende, dem gemeinsamen Land der Dorfgemeinschaften, geschah, oder wie es in Mexiko durch den NAFTA-Vertrag im Bezug auf das Bauernland erzwungen wird, das bis 1992 unverkäuflich war. Nicht jeder Mensch darf die Luft mehr im gleichen Maße nutzen, sondern nur wer von einer EU-Regierung Rechtstitel zugeteilt bekam oder sie erwerben konnte.

Nun hat aber die Luft keine Grenzen. Kohlendioxid verteilt sich schnell und recht gleichmäßig um den ganzen Planeten und wird überall klimawirksam. Was ist aber mit den Rechten jener Menschen, die anderorts von den »Emissionsrechten« deutscher Unternehmen betroffen sind? Auf diese Perspektive weist die indische Wissenschaftlerin und Umweltaktivistin Sunita Narein vom Centre for Science and Environment in Neu Delhi hin, die die internationalen Klimaschutzverhandlungen seit Anfang der 1990er verfolgt. 2001 meinte sie in einem Interview mit dem Autor:

»Ich denke, dass endlich anerkannt und in die Verträge aufgenommen werden muss, dass die Atmosphäre ein globales Allgemeingut ist. Das Klimaschutzregime, das für sie zum Beispiel mit dem Kyoto-Protokoll errichtet wird, darf kein kolonialistisches sein, nach dem Motto, dir gehört, was du erobert hast. Wir leben in einer demokratischen Welt, und das bedeutet, dass jede Nation ein Anrecht am atmosphärischen Raum haben muss. (...) Wir brauchen eine Zuteilung atmosphärischen Raumes auf einer Pro-Kopf-Basis. Jeder Mensch muss das gleiche Recht haben und die Nationen bekämen entsprechend ihrer Bevölkerungszahl Rechtstitel am atmosphärischem Raum, das heißt, an den Emissionen, die das Klimasystem verträgt, zugeteilt.

Das würde uns eine Reihe von Anreizen und Abschreckungsmechanismen liefern. Eine Nation, die ihren Anteil am atmosphärischen Raum überschritten hat, müsste Anteile anderer Nationen kaufen, die diese nicht ausgenutzt haben. Auch eine Art Emissionen-Handel, aber auf der Basis von Rechten und Verantwortlichkeiten.«

Da Ozeane und Biosphäre bisher etwa zwei Tonnen CO_2 pro Erdbewohner und Jahr aufnehmen, entspräche der atmosphärische Raum, der Deutschland nach dieser Sicht zustünde, einem jährlichen CO_2-Kontingent von etwa 164 Millionen Tonnen. Die restlichen rund 850 Millionen Tonnen müsste es bei Ländern wie Indien oder afrikanischen Staaten kaufen, die ihr Kontingent bisher nicht ausschöpfen. Doch von einem derart verstandenen Emissionshandel möchte man in Berlin und Brüssel natürlich nichts wissen. Deshalb sträubt man sich auch mit Händen und Füßen dagegen, dass die Kategorie der Pro-Kopf-Emissionen in die internationalen Klimaverträge aufgenommen wird.

7.3 Saubere Kohle?

Es gibt Steinkohle, Braunkohle und es gibt »saubere Kohle«. Angeblich. »Saubere Kohle« oder »clean coal« ist der neueste Modebegriff westlicher Politiker in der Klimadebatte. Als sich im Januar 2007 US-Präsident George Bush junior in einer Regierungserklärung dazu durchrang, erstmalig einzugestehen, dass es da ein kleines Problem mit dem Klima gibt, da war sehr viel von diesem orwellesk anmutenden Begriff die Rede. Aber er ist keineswegs eine US-amerikanische Erfindung. Auch in vielen anderen Ländern springt man auf den anrollenden Zug auf und in der EU werden bereits milliardenschwere Programme aufgelegt, die uns 2020 die »saubere Kohle« bescheren sollen.

Worum geht es? In der EU, den USA, Australien, Japan, China und in anderen asiatischen Ländern wird an Verfahren gearbeitet, das CO_2 aus den Abgasen der Kohlekraftwerke abzutrennen und unter Luftabschluss einzulagern, so dass es nicht in die Atmosphäre dringen kann. Etliche Milliarden Euro werden in den nächsten Jahren in Industrie- und Schwellenländern in die Erforschung fließen. Zum Teil kommt das Geld aus der Industrie, zum Teil aus öffentlichen Töpfen. Die EU unterstützt bereits seit 1998 entsprechende Forschung.

Zwei Techniken, die beide noch weit von der Marktreife entfernt sind, bieten sich für das Auffangen des CO_2 zwecks Einlagerung an: Das eine ist das sogenannte Oxyfuel-Verfahren, das andere das integrierte Kohlevergasungs- oder IGCC-Verfahren (Integrated Gasification Combined Cycle). Beim ersteren wird die Kohle mit reinem Sauerstoff verbrannt. Dafür muss zuvor unter einigem Energieaufwand Luft aufgespalten werden. Diese besteht nämlich nur zu knapp 21 Prozent aus Sauerstoff (O_2) und zu gut 78 aus Stickstoff (N_2). Den Rest machen diverse Spurengase aus. Hinzu können noch ein bis zwei Prozent Wasserdampf (H_2O) kommen, dann verschieben sich die anderen Anteile entsprechend. Für die Verbrennung der Kohle reinen Sauerstoff zu nutzen, hat den Vorteil, dass die Abgase, nachdem Flugasche und Schwefel ausgewaschen sind, fast nur noch aus Wasserdampf und CO_2 bestehen. Wenn der Dampf auskondensiert, so beschreibt Isabella Milch in der Zeitschrift Energie-Perspektiven das Verfahren, dann kann das Kohlendioxid komprimiert und für Transport und Einlagerung verflüssigt werden.

In Deutschland baut Vattenfall seit Mai 2006 im südlichen Brandenburg am Standort »Schwarze Pumpe« für 40 Millionen Euro eine Pilotanlage, die das Oxyfuel-Verfahren für Braunkohle erproben soll. Zunächst wird eine 30-MW-Anlage errichtet, die Mitte 2008 den Betrieb aufnehmen soll. Einige der Komponenten sind bisher noch nicht prozessreif, so Isabella Milch. Wenn aber in der Pilotanlage alles nach Plan läuft, soll in der Nachbarschaft bald mit dem Bau eines 300-MW-Kraftwerks begonnen werden, mit dem die Wirtschaftlichkeit des Verfahrens getestet werden kann. Bei Vattenfall schätzt man, dass die Technik ab 2020 serienreif ist. Nach heutigem Stand der Technik kosten in der »Schwarzen Pumpe« Abscheidung, Transport und Lagerung etwa 80 bis 100 Euro pro Tonne CO_2. Vattenfall hofft, die Kosten auf 20 Euro pro Tonne drücken zu können.

Bei RWE setzt man hingegen auf das IGCC-Verfahren, in das der

Konzern in den nächsten Jahren eine Milliarde Euro investieren will. In einem IGCC-Kraftwerk wird die Kohle zunächst unter Druck und bei knappem Sauerstoffangebot zu Kohlenmonoxid verbrannt. Die unerwünschten schwefel- und stickstoffhaltigen Anteile werden ausgewaschen, das übrig gebliebene Kohlenmonoxid kann nun mit Wasser bei hoher Temperatur in einer so genannten Shift-Reaktion zu Kohlendioxid und Wasserstoff umgesetzt werden. Der Wasserstoff ließe sich dann zum Beispiel in einem modernen Gas- und Dampfturbinenkraftwerk verbrennen und damit nahezu abgasfrei Strom erzeugen. (Bei der Verbrennung entsteht Wasserdampf und je nach Anlage auch Stickoxide). Das CO_2 wird unterirdisch deponiert.

RWE plant eine entsprechende Anlage 2014 mit einer netto Leistung von 320 MW in Betrieb zu nehmen. In den USA sind mehrere ähnliche Projekte in Planung, darunter das von der Regierung in Washington geförderte FutureGen-Projekt in Kalifornien, das bereits 2012 starten und eine Leistung von 275 MW haben soll. Dort sind auch zwei chinesische Unternehmen beteiligt, die Interesse an der Technik haben. Für FutureGen ist bisher eine Summe von einer Milliarde US-Dollar veranschlagt. Allerdings ist fraglich, ob man damit auskommen wird. Die Firma Duke Energy musste für ein anderes IGCC-Projekt in Indiana nach einem Bericht der Nachrichtenagentur Reuther vom 18. April 2007 ihren Kostenvoranschlag anheben. Nun geht man von Kosten von 3.250 US-Dollar pro Kilowatt (etwa 2.400 Euro/KW) aus. Damit wäre die »saubere Kohle« schon fast so teuer, wie derzeit ein Fotovoltaik-Kraftwerk. Aber sicherlich muss man der Technologie zubilligen, dass sie mit der Zeit billiger wird, wie sich auch die Preise für Fotovoltaik auf steiler Talfahrt befinden.

Die nächste Frage ist die der Einlagerung. Wie kann man das Treibhausgas deponieren, sodass es für Jahrtausende sicher ist? Der Wissenschaftliche Beirat der Bundesregierung Globale Umweltveränderungen (WBGU) sieht als Mindestanforderung an die Lager eine Leckrate von weniger als 0,01 Prozent pro Jahr und Sicherheit für 10.000 Jahre.

Am umstrittensten ist die Einbringung flüssigen CO_2 in tiefere Schichten der Weltmeere, wie sie von einigen Wissenschaftlern seit langem diskutiert wird. Negative Konsequenzen könnten je nach vorgeschlagener Methode das Abtöten der Bodenökosysteme sowie die Versauerung des Meerwassers sein. Keine der verschiedenen Optionen bietet bisher die Gewähr für eine langfristige Kontrolle des CO_2. Erst Anfang Mai 2007 haben Thomas Marchitto und Kollegen von der Universität von Colorado und einigen anderen US-Instituten gezeigt, dass es gegen Ende der letzten Eiszeit zwei Episoden gegeben hat, in denen die Ozeane größere Mengen CO_2 an die Atmosphäre abgegeben haben. Quelle war übersättigtes Tiefenwasser, das durch Veränderungen der Meereszirkulation aufgrund des Abschmelzens des Eises an die Oberfläche gekommen war. Das lässt nicht gerade darauf schließen, dass der Meeresgrund ein sicherer Ort für das abgetrennte CO_2 aus der Verbrennung der Kohle wäre. Mal davon abgesehen, dass die Transportwege lang und damit teuer wären.

Etwas günstiger ist da schon die Prognose für geologische Formationen. Gedacht ist vor allem an leere Öl- und Erdgaslagerstätten oder tiefe salzhaltige Wasseradern. Auch tiefe, unwirtschaftliche Kohleflöze werden diskutiert, und an der ETH in Zürich denkt man darüber nach, wie das abgetrennte CO_2 in Kalzium- oder Magnesiumcarbonat gebunden werden kann. Dann läge es als fester, vollkommen unbedenklicher Stoff vor, der problemlos deponiert oder gar als Baumaterial verwendet werden könnte. Allerdings fehlt es bisher an einem einfachen und kostengünstigen Verfahren, diese Karbonate herzustellen.

In Norwegen und Kanada wird CO_2 unterdessen bereits kommerziell eingesetzt, um die Ausbeute von Erdöllagerstätten zu erhöhen. In Norwegen ist das besonders attraktiv, weil eine hohe CO_2-Steuer die Abtrennung wirtschaftlich sinnvoll macht. Mit dem verflüssigten CO_2 lässt sich zudem zusätzliches Erdöl aus der Lagerstätte pressen, das anders nicht zu fördern wäre.

Die meisten Geologen sind sich sicher, dass das CO_2 in derartigen geologischen Formationen im tiefen Untergrund auf Dauer gespeichert werden kann. Für einige Aufregung in der Fachwelt sorgte daher im Sommer 2006 eine Arbeit von Yousif K. Kharaka vom U.S. Geological Survey. Kharaka hatte gemeinsam mit Kollegen ein Experiment ausgewertet, bei dem im Oktober 2004 1600 Tonnen CO_2 in die so genannte Frio Formation unter dem Golf von Mexiko gepumpt wurden. In den folgenden sechs Monaten stellten die Geologen fest, dass das Salzwasser, in das das CO_2 eingespritzt wurde, erheblich versauerte. Dadurch wurden ein Teil des Gesteins angegriffen und damit giftige Substanzen freigesetzt, die sich nun im salzigen Grundwasser befinden. Kharaka und Kollegen warnen, dass das saure und giftige Wasser inklusive des gespeicherten CO_2 unter bestimmten Umständen durch Bohrlöcher in höhere für die Wasserversorgung genutzte Schichten vordringen könnte. Beim Ölkonzern Shell, der an dem Experiment beteiligt war, hält man das allerdings für übertrieben. Die von Kharaka und Kollegen beschriebenen chemischen Vorgänge seien seit langem bekannt. Auch Günter Borm, Leiter der Abteilung Geo-Engineering im Geoforschungszentrum in Potsdam, Deutschland, hält die Warnungen für übertrieben. Borm managed selbst ein Projekt, mit dem im brandenburgischen Ketzin westlich von Berlin derzeit die Einlagerung von CO_2 erprobt wird.

Gesetzt den Fall, es können sichere Speicher gefunden und die entsprechenden Techniken für die Deponierung entwickelt werden, bleibt die Frage, wie wirtschaftlich das Ganze ist. Sicherlich müssten die Tiefen-Deponien in der Nähe der Kraftwerke sein, damit der Transport des flüssigen CO_2, keines zu großen Aufwands bedarf. Dennoch wird ein erheblicher Energieaufwand für Abtrennung und Einlagerung betrieben werden müssen. Die EU-Kommission hat als Ziel ihrer Forschungsförderung ausgegeben, die Kosten pro eingelagerter Tonne CO_2 auf 20 Euro zu drücken und eine CO_2-Reduktion in den Abgasen von 90 Prozent zu erreichen.

Die Vorgabe von 90 Prozent CO_2-Reduktion erstaunt, wenn man die Prospekte der Energiekonzerne und Anlagenbauer liest, die gerne von CO_2-freien Kraftwerken sprechen. Tatsächlich ist aber die Abtrennung nicht perfekt. Dietmar Schüwer vom Wuppertal Institut für Umwelt, Klima und Energie rechnet mit einem Rest-CO_2 von fünf bis 25 Prozent, je nach dem, wie groß der zusätzliche Energiebedarf und wie vollständig die CO_2-Abscheidung funktioniert. Hinzu kommen noch Leckagen bei Umwandlung, Transport und Einlagerung.

Ähnlich pessimistisch ist das Fraunhofer Institut für System- und Innovationsforschung, das 2006 in einer Studie die Möglichkeiten von CO_2-Abtrennung und Deponierung unter die Lupe genommen hat. Das Ergebnis: Es handele sich um eine interessante Brückentechnologie, die in den nächsten Jahrzehnten helfen könne, die CO_2-Emissionen deutlich zu mindern, bis erneuerbare Energiequellen in ausreichender Menge zur Verfügung stehen. In einer Pressemitteilung des Instituts vom 19. Oktober 2006 heißt es: »Ein Allheilmittel ist sie (die CO_2-Abscheidung) aber nicht: Kraftwerke mit CO_2-Abscheidung verbrauchen ein Drittel mehr Kohle oder Erdgas und sind deshalb kein Fortschritt in Richtung einer nachhaltigen Energieversorgung. Speichermöglichkeiten für CO_2 sind nach Untersuchungen der BGR (Bundesanstalt für Geowissenschaften und Rohstoffe) vor allem in Norddeutschland zu erwarten. Die Eignung und das Aufnahmevermögen einzelner Untergrundstrukturen sind allerdings noch nicht bekannt. ... Rechnet man alle Kosten wie Abscheidung, Transport und Lagerung zusammen, kostet die Vermeidung einer Tonne CO_2 etwa 40 Euro und damit etwa doppelt so viel, wie die Betreiber von herkömmlichen Kraftwerken für Verschmutzungsrechte im Emissionshandel zahlen müssen. Doch Emissionszertifikate dürften teurer werden, so dass das erste große CO_2-freie Kraftwerk, das RWE 2014 in Betrieb nehmen will, konkurrenzfähig sein könnte.«

7.4 Fazit

Diverse Konzerne wollen also neue Kohlekraftwerke bauen. Sie verweisen gerne darauf, dass durch die Technik der neuen Anlagen die Emissionen abnehmen würden. In der Tat ist bisher der Wirkungsgrad alter Großkraftwerke so unglaublich schlecht – bei der ohnehin minderwertigen Braunkohle sind es nur 32 Prozent –, dass neue Technik einiges ausmachen kann. Wolfgang Breyer von der Uni des Saarlandes meint, dass bei gleichbleibender Stromproduktion, dem Ersatz der Hälfte des Kraftwerkparks und bei konstantem Anteil der Gaskraftwerke bis 2020 die CO_2-Emissionen um 11,7 Prozent gemindert werden könnten. Doch das ist langfristig bei weitem nicht ausreichend, zumal mit den getätigten Investitionen das hohe Emissionsniveau auf Jahrzehnte festgeschrieben werden würde. Langfristig müssen nämlich auch die Emissionen der deutschen Energiewirtschaft um rund 80 Prozent gesenkt werden, wenn der Klimawandel in einem halbwegs erträglichen Rahmen gehalten werden soll.

Der viel gepriesene Emissionshandel hat sich allerdings als vollkommen unbrauchbar erwiesen, um RWE & Co. in die richtige Richtung zu drängen. Nicht einmal ein verbreiteter Umstieg auf die modernen GuD-Kraftwerke ist zu verzeichnen. Der Emissionshandel ist als Klimaschutzinstrument schlicht gescheitert, wie die Bundestagsabgeordnete Eva Bulling-Schröter von der Linksfraktion Mitte Mai 2007 in der Debatte um den nationalen Allokationsplan feststellte, er eignet sich bestenfalls noch zur Bereicherung der Konzerne. Gleichzeitig ist der Erfolg des neuen Wundermittels »saubere Kohle« noch keineswegs sicher. Vor allem können noch zwei Jahrzehnte vergehen, bevor die neue Technik in einem nenneswerten Maße zum Einsatz kommt. Ihre Entwicklung ist dennoch sinnvoll, nicht zuletzt auch im Hinblick auf künftige Anwendungen in Ländern wie China, das unmöglich in den nächsten zwei oder drei Jahrzehnten auf seine Kohlekraftwerke verzichten kann.

Zwischenzeitlich sollten wir uns hierzulande aber nicht durch das Versprechen auf die »saubere Kohle« vertrösten lassen. Kraftwerke, die in den nächsten Jahren gebaut werden, setzen diese Technologie noch nicht ein. Sie mögen einen gegenüber den alten Anlagen etwas verbesserten Wirkungsgrad haben, aber ihr CO_2-Ausstoß ist mit 750 g pro KWh für Steinkohle bzw. 950 g pro KWh für Braunkohle vollkommen inakzeptabel, und sie sind für die Sicherung der Stromversorgung nicht notwendig. Dafür könnten auch moderne Gaskraftwerke gebaut werden, und zwar möglichst als dezentrale Blockheizkraftwerke. Zumindest ein Teil von diesen wäre perspektivisch durch Biogas befeuerbar.

Am besten wäre also ein sofortiges Moratorium für neue Kohlekraftwerke, so lange die Technik zur CO_2-Abtrennung und Deponierung nicht zur Verfügung steht, wie es in letzter Zeit verschiedene

Klimaforscher gefordert haben. Sollten wirklich Engpässe drohen, die nicht mit erneuerbaren Energieträgern geschlossen werden können, sind die GuD-Kraftwerke zu bevorzugen, und zwar vorrangig mit Kraftwärmekopplung. Die zweitbeste Lösung wäre es, für Kohlekraftwerke keine unbefristete Betriebsgenehmigung mehr zur vergeben, sondern diese auf zehn Jahre zu begrenzen, wie es die Deutsche Umwelthilfe vorschlägt.

8. Verkehr auf Abwegen

Neben dem Energiesektor gehört der Verkehr zu den großen Sorgenkindern der Klimapolitik, und zwar aus unterschiedlichen Gründen. Zum einen sind der grenzüberschreitende Luft- und Seeverkehr, obwohl sie seit Jahren erheblich wachsen, nicht von den internationalen Klimaschutzverträgen abgedeckt. Die so genannten Bunker-Treibstoffe, also Kerosin und Schiffsdiesel, sind nicht den Minderungszielen des Kyoto-Protokolls unterworfen, obwohl ihr Beitrag zum anthropogene Treibhauseffekt nicht mehr zu vernachlässigen ist. Zum anderen hat der Straßenverkehr in vielen Industriestaaten einen wichtigen Anteil an den CO_2-Emissionen. Daneben sind die Kraftfahrzeugflotten auch für einen erheblichen Teil der Emissionen von Stickoxiden (NO_x) und anderer chemischen Verbindungen verantwortlich aus denen im Sommer im Zusammenspiel mit der Sonneneinstrahlung bodennahes Ozon (O_3) entsteht. Das ist nicht nur ein sehr aggressives Gas, das als so genannter Sommersmog Nutzpflanzen schädigt und die Atemwege der Menschen angreift. Es ist auch, wie in Kapitel 2 beschrieben, eines der Treibhausgase, das immerhin zu etwa elf Prozent zum Problem beiträgt. Schließlich ist der Straßenverkehr auch für einen kleineren Teil der Emissionen von Lachgas (N_2O), eines weiteren Treibhausgases, verantwortlich.

8.1 Der Straßenverkehr

Auf Deutschlands Straßen hat sich in den letzten Jahren ein kleines Statistik-Wunder abgespielt. Obwohl der Kraftfahrzeugpark unaufhörlich wächst, und obwohl seit Anfang der 1990er Jahre alle Prognosen von einem stark wachsenden Transitverkehr ausgehen, weil in der neuen schönen Welt des freien Marktes norwegische Kekse in Portugal konkurrenzfähig sein müssen und deutsche Nordseekrabben nun nicht mehr in Polen, sondern in Marokko gepult werden,

Tabelle 8.1: Straße, Luft und Wasser im Vergleich: Weltweite Emissionen und Kraftstoffverbrauch im Jahre 2000

	Straßenverkehr	*Luftfahrt*	*Schifffahrt*
CO_2-Emissionen[1]	4110	654	812
NO_x-Emissionen[1,2]	27,3	2,3	21,4
SO_2-Emissionen[1,3]	4,3	0,15	12
Kraftstoffverbrauch[1]	1320	207	280

[1] in Millionen Tonnen jährlich, weltweit
[2] NO_x = Stickoxide. Tragen im Sommer bei ungünstigen Wetterlagen an Land zur Entstehung von Ozon bei, auf einigen Meeren wie der Ostsee haben sie einen erheblichen Anteil an deren Überdüngung.
[3] SO_2 = Schwefeldioxid. Wichtigster Verursacher des sauren Regens, verantwortlich für Atemwegserkrankungen.

Zum Vergleich: Die Menge von 812 Millionen Tonnen CO_2, die im Jahre 2000 von Schiffen auf allen Weltmeeren in die Luft geblasen werden, lagen nur einige Dutzend Millionen unter den deutschen CO_2-Emissionen. Die Zahlen für den Luft- und Schiffverkehr sind aus zweierlei Gründen beunruhigend: Zum einen sind ihre Emissionen bisher nicht von den internationalen Klimaverträgen geregelt. Es gibt also noch keinen Mechanismus, mit dem sie eventuell künftig eingedämmt werden könnten. Zum andern verzeichnen sowohl Schiff- als auch Luftfahrt ansehnliche Wachstumsraten. Zu beachten ist allerdings, dass die Luftfahrt bei fast dem gleichen Beitrag zu den Treibhausgasemissionen einen wesentlich geringeren Anteil an den Verkehrsleistungen hat.

Quelle: Veronika Eyring und James J. Corbett, Comparing Fuel Consumption, CO_2 and Other Emissions from International Shipping and Aircraft: A Summary of Recent Research Findings by Veronika Eyring and James J Corbett
http://www.pa.op.dlr.de/SeaKLIM/Fuel_Emissions_International_Shipping.html

geht der schädliche Effekt des PKW- und LKW-Verkehrs auf das Klima scheinbar zurück.

Diesen Eindruck vermittelt zumindest die offizielle Statistik des Umweltbundesamtes (siehe Tabelle 8.2). Auch die Zahlen, die die Bundesregierung an das Sekretariat der UN-Klimarahmenkonvention übermittelt, zeigen, dass die CO_2-Emissionen des deutschen Straßenverkehrs rückläufig sind. Demnach haben diese 1999 mit knapp 175 Millionen Tonnen ihren Höhepunkt überschritten und nehmen seitdem kontinuierlich ab. Doch selbst wenn man diese Abnahme für bare Münze nimmt, bewegt sie sich bisher eher im bescheidenen Bereich. Tabelle 5.2 zeigt, dass im Jahre 2004 die CO_2-Emissionen des Straßenverkehrs noch immer um rund zehn Millionen Tonnen über dem Niveau von 1990 lagen. Der Rückgang, wenn er denn real wäre, hätte zwischen 1999 und 2005 im Durchschnitt nur knapp vier Millionen Tonnen pro Jahr betragen, kaum mehr als einen Tropfen auf dem heißen Stein. Die für 2005 verzeichneten CO_2-Emissionen von 152,1 Millionen Tonnen sind noch immer viel zu hoch. Sie liegen nur knapp unter der Summe jener Emissionen, die Deutschland insgesamt zustünden, wenn man davon ausgeht, dass das Klimasystem Emissionen von zwei Tonnen CO_2 pro Erdenbürger und Jahr verträgt.

Faktisch sind die Emissionen allerdings noch etwas höher, denn der vom Umweltbundesamt vermeldete Rückgang ist nicht besonders glaubwürdig. Er passt nicht so recht zu den zunehmend verstopften Autobahnen und dem ungebrochenen Aufwärtstrend der Kraftfahrzeugzulassungen. Im Jahre 2000 waren in Deutschland 51,366 Millionen Kfz zugelassen, 2006 waren es laut »Fischer Weltalmanach 2007« bereits 54,9 Millionen. Das Umweltbundesamt bietet in einem Text auf seiner Homepage (siehe: Umweltbundesamt, 2006: »Was sind die Ursachen für den kontinuierlichen Rückgang des Kraftstoffabsatzes bei Diesel und Benzin?«) vier Erklärungen der ungewöhnlichen statistischen Ergebnisse an. Einige davon lassen, bei Lichte besehen, erhebliche Zweifel daran aufkommen, dass es im Straßenverkehr auch nur so etwas ähnliches wie einen für das Klima positiven Trend zu vermelden gibt.

Zumindest die ersten beiden Gründe der Umweltstatistiker sprechen jedoch für eine leichte Verbesserung: »Seit 1999 (ist) der Durchschnittsverbrauch aller in Deutschland zugelassenen Pkw von 8,5 Liter pro 100 km auf 7,9 Liter pro 100 km im Jahr 2004 gesunken«, schreiben sie. Das ist eine Effizienzsteigerung um sieben Prozent – nicht ganz zu verachten, doch technisch ist schon heute wesentlich mehr möglich. Außerdem geht der Benzin- zugunsten des Dieselabsatzes

Tabelle 8.2: Kohlendioxid-Emissionen des Straßenverkehrs in Millionen Tonnen CO_2 pro Jahr

	1995	1996	1997	1998	1999	2000	2001	2002	2003	2004	2005
Busse	4,7	4,6	4,6	4,7	4,7	4,6	4,3	4	3,7	3,5	3
leichte Lkw bis 3,5 t	5,9	6,4	6,9	7,4	7,9	8,1	8,4	8,8	8,7	9	9
motorisierte Zweiräder	1,2	1,3	1,3	1,4	1,4	1,4	1,5	1,5	1,5	1,5	1,5
PKW	110,3	110,5	109,9	110,1	111,5	107,2	107,3	107,2	103,8	106,1	102,8
schwere Lkw über 3,5 t	40,3	39,8	40,8	43,3	46,7	47,1	43,7	41,9	39,5	37,5	33,5
übrige Kfz	2,5	2,5	2,5	2,6	2,6	2,7	2,6	2,5	2,4	2,3	2,3
Summe	164,9	165,1	166	169,5	174,8	171,1	167,8	165,9	159,6	159,9	152,1

Die Tabelle basiert allein auf den Angaben über die Mineralölsteuer, das heißt, die Emissionen wurden auf der Basis der in Deutschland verkauften, steuerpflichtigen Kraftstoffmengen errechnet. Nicht enthalten sind also die Biokraftstoffe. Ebenso unberücksichtigt bleiben »Tanktourismus« sowie Transit- und Lieferverkehr, der mit im Ausland getankten Diesel oder Benzin erfolgt.

Quelle: Webseite des Umweltbundesamtes, Summen nach eigener Berechnung.

zurück. Rund 50 Prozent der neuzugelassenen PKWs fahren in Deutschland inzwischen mit Diesel. Auch das könnte einen kleinen positiven Effekt fürs Klima haben, denn Dieselmotoren sind im Vergleich zu Benzinern meist deutlich sparsamer. Sie haben daher eine geringfügig bessere CO_2-Bilanz, obwohl bei der Verbrennug von einem Liter Diesel mehr CO_2 freigesetzt wird als bei der Verbrennung der gleichen Menge Benzin.

Andererseits pusten Dieselfahrzeuge – auch wenn sie mit Biodiesel betrieben werden – Rußpartikel in die Luft, die es in sich haben. Sie sind klein, dringen in die Lungen der Menschen ein und können dort Krebs auslösen. Ein Teil kann sogar in die Blutbahnen gelangen und dort Unheil anrichten. »Tag für Tag sterben allein in Deutschland 50 Menschen an Dieselruß«, meinte Greenpeace-Verkehrsexperte Stefan Krug Ende November 2006 auf einer Pressekonferenz in Berlin. Dagegen könnten Rußfilter wirksam helfen, doch erfolgreiche Lobbyarbeit der deutschen Automobilindustrie hat sechs Jahre lang ein Programm zur nachträglichen Ausrüstung von Altfahrzeugen mit Filter verhindert, bis es endlich Anfang 2007 auf den Weg gebracht wurde.

Politische Zahlenakrobatik

Auch die Verkehrsstatistik, das heißt der Überblick über die Beiträge der verschiedenen Verkehrsträger zur Gesamtleistung der Personen- und Gütertransporte, wird auf der Basis des Kraftstoffverkaufs berechnet. Das hat in den letzten Jahren zu kuriosen Effekten geführt, auf die der Verkehrsexperte und ehemalige PDS-Bundestagsabgeordnete Winfried Wolf Anfang März 2007 in der *jungen Welt* hingewiesen hat. Obwohl jeder auf Deutschlands Straßen sehen kann, wie die Zahl der PKWs ständig zunimmt, kam bis vor kurzem die offizielle Statistik zu dem Schluss, dass deren Bedeutung seit 1998 abnimmt. Das vom Bundesverkehrsministerium herausgegebene Taschenbuch »Verkehr in Zahlen« verzeichnete, so Wolf, in seiner Ausgabe 2003/2004 eine Abnahme der im PKW-Verkehr geleisteten Personenkilometer, das ist das mathematische Produkt aus der Zahl der transportierten Personen und jener der zurückgelegten Kilometer. Dieser Rückgang soll just 1998 mit dem Antritt der Regierung von SPD und Grünen eingesetzt haben. Auf dem Papier der Statistiker sah alles wunderschön nach einem Erfolg grüner Verkehrspolitik aus: Der Anteil der Bahn nahm zu, während immer weniger Auto gefahren wurde. Nur war das offensichtlich ein Artefakt. Zumindest wurde, wie Wolf beschreibt, in der neuesten Ausgabe von »Verkehr in Zahlen« die Berechnungsgrundlage geändert. Nunmehr berücksichtigte man nicht nur den Kraftstoffabsatz im Inland, sondern bezog auch Schätzungen über den so genannten grauen Import, das heißt, den Tanktourismus mit ein. Die Statistik wurde rückwirkend bis 1994 wurde auf dieser veränderten Grundlage neu berechnet; und siehe da: Die »Erfolge« von SPD und Grünen lösten sich in Luft auf und die Statistik bestätigt nun, was jeder auf den Straßen beobachten kann. Der PKW-Verkehr nimmt fortlaufend zu, während die Bahnreform immer mehr Kunden vergrault.

Doch zurück zu den Treibhausgasen: Die anderen Gründe für den scheinbaren Rückgang der Auswirkungen des Straßenverkehrs auf das Klima lassen aufhorchen. Kurioser Weise berechnet das Umweltbundesamt die CO_2 -Emissionen des Straßenverkehrs allein auf der Grundlage des in Deutschland versteuerten Kraftstoffs. Das Ergebnis: Weder der so genannte Tanktourismus noch der Transitverkehr werden berücksichtigt. Auch der zunehmende Anteil des aus Ölpflanzen gewonnenen »Biodiesels«, bleibt außen vor. Ein nicht unwesentlicher Teil des Verkehrs auf deutschen Straßen und dessen Emissionen werden also in der hiesigen CO_2-Bilanz nicht berücksichtigt.

In vielen Nachbarländern ist der Kraftstoff billiger, wie das

Umweltbundesamt weiß und im oben zitierten Beitrag schreibt. Gegenüber Polen, Österreich, der Tschechischen Republik, Luxemburg und Belgien, dort nur für Diesel, seien die Preisunterschiede so groß, »dass hier Anreize zum Tanken bestehen«. Das gilt erst recht für den Gütertransitverkehr und für die Anlieferungen von Gütern aus dem Ausland. Jeder Spediteur wird seine Fahrer anhalten, nach Möglichkeit nicht in Deutschland zu tanken. Entsprechend taucht dieser Verkehr mit seinen CO_2-Emissionen nicht in der Statistik des Umweltbundesamtes auf.

Dabei geht es nicht gerade um kleine Beiträge. Nach den Angaben des Bundesverkehrsministeriums, die in der Broschüre »Verkehr in Zahlen« nachzulesen sind, wurden 1995 21 Milliarden Tonnenkilometer im Transitverkehr auf Deutschlands Straßen bewältigt. Mit Tonnenkilometern bezeichnen die Statistiker die Leistung im Güterverkehr. Sie multiplizieren einfach das Gewicht der Fracht mit der Zahl der zurückgelegten Kilometer. 2004 wurden im Transit schon 51 Milliarden Tonnenkilometer verzeichnet. Also in einem Jahrzehnt mehr als eine Verdoppelung. Hinzu kommt noch der Verkehr, mit dem Güter in Deutschland angeliefert werden. 1995 umfasste er 34,3 Milliarden Tonnenkilometer, 2004 waren es bereits 57,7 Milliarden Tonnenkilometer. Zusammengenommen ist damit im Jahre 2004 eine Verkehrsleistung von 108,8 Milliarden Tonnenkilometern mit großer Wahrscheinlichkeit durch das Raster des Umweltbundesamtes gefallen, weil sie mit nicht in Deutschland betankten LKW erbracht wurde.

Der Vergleich mit den Zahlen des Statistischen Bundesamtes in Tabelle 8.3 macht deutlich, dass es sich keinesfalls um eine zu vernachlässigende Größe handelt. Dort wird in der Zeile Straßengüterverkehr die Verkehrsleistung deutscher Speditionen im In- und Ausland aufgeführt. Für 2004 werden 303,7 Milliarden Tonnenkilometern aufgelistet. Gehen wir einmal davon aus, dass davon nur 200 Milliarden Tonnenkilometer auf deutsche Straßen entfielen, weil erstens Deutschland sehr viel exportiert und zweitens kostenbewusste deutsche Spediteure mit möglichst leerem Tank ins Ausland fahren und daher nur sehr wenig von dem in Deutschland gekauftem Sprit jenseits der Grenzen verfahren wird. Unterm Strich würden dann die

108,8 Milliarden Tonnenkilometer im Transit- und Lieferverkehr ein stattliches rundes Drittel der auf hiesigen Straßen erbrachten Verkehrsleistung ausmachen. Oder mit anderen Worten: In den Emissionstabellen des Umweltbundesamtes fiel in etwa ein Drittel des Frachtverkehrs auf deutschen Straßen unter den Tisch. Auf die in Tabelle 8,2 für den schweren LKW-Verkehr verzeichneten CO_2-Emissionen von 37,5 Millionen Tonnen für 2004 wären also noch einmal rund 18,5 Millionen Tonnen draufzuschlagen. Allein damit löst sich die vermeintliche Abnahme der CO_2-Emissionen im deutschen Straßenverkehr bereits in Luft auf. Bedenkt man jetzt noch den Tanktourismus in den Grenzregionen und den grenzüberschreitenden PKW-Verkehr, dann liegt der Schluss nahe, dass die Emissionen in den vergangenen Jahren entsprechend dem Trend der 1990er Jahre weiter zugenommen haben müssen.

Tabelle 8.3: Beförderungsleistung im Inland in Milliarden Tonnenkilometern[1]

	2002	2003	2004	2005	2006
Eisenbahnverkehr	81,1	85,1	91,9	95,4	105,8
Binnenschifffahrt	64,2	58,2	63,7	64,1	...
Rohöl-Rohrleitungen	15,2	15,4	16,2	16,7	15,8
Straßengüterverkehr[2]	285,2	290,9	303,7	310,1	...

[1] Tonnenkilometer bezeichnet die Zahl der beförderten Fracht in Tonnen multipliziert mit den zurückgelegten Kilometern.
[2] Beförderungsleistung inländischer LKWs im In- und Ausland.

Quelle: Statistisches Bundesamt 2007, http://www.destatis.de/basis/d/verk/verktab5.php

Als wäre es damit der Tücken der Statistik nicht genug, kommt noch das Problem des Biodiesels hinzu. Dessen Verkauf hat nach Angaben des Umweltbundesamtes in der oben zitierten Stellungnahme in letzter Zeit deutlich zugelegt. 2004 wurde eine Million Tonnen

Biodiesel aus Raps und ähnlichen Pflanzen verkauft, 2005 waren es bereits 1,7 Millionen Tonnen. Dies würde einen Teil des Verbrauchsrückgangs beim Diesel erklären, so das Amt, und es hat zweifelsfrei Recht, wenn es den Biodiesel nicht in der CO_2-Bilanz verbucht. Bei seiner Verbrennung entsteht zwar dieses Treibhausgas ebenfalls, doch wird es von neuen Rapspflanzen, die für die nächste Biodieselernte nachwachsen, wieder gebunden. Es verbleibt also nicht in der Atmosphäre.

Doch was ist mit der Energie, die der Bauer für Saat und Ernte aufwendet. Was ist mit den Düngemitteln und dem Transport? Andreas Ostermeier vom Umweltbundesamt schätzt im Gespräch mit dem Autor, dass der Energieaufwand für die Bereitstellung des Biodiesels sowie die N_2O-Emissionen von den Äckern bedeuten, dass der Einsatz von Rapsöl, der hierzulande üblichen Variante, die Treibhausgase nur um rund 50 Prozent mindert. Allerdings, so Ostermeier, mangelt es an verlässlichen Daten. Viel hänge von Intensität und Zeitpunkt der Düngung, der Bodenbeschaffenheit und der Verfügbarkeit von Wasser für die Rapspflanzen ab. Der Minderungseffekt könne also auch 80 Prozent oder aber nur 20 Prozent betragen. Es gebe gar eine Studie, die davon spreche, dass Biodiesel unter Umständen mehr Treibhausgase in die Luft entlasse als fossiler Kraftstoff.

Biokraftstoffe

Nachwachsende Kraftstoffe gelten im Prinzip als CO_2-neutral, weil die Pflanzen zuvor den Kohlenstoff (C) der Atmosphäre entzogen haben. Zu beachten ist allerdings der Energieaufwand für Ernte und Produktion sowie die Emission von N_2O aus den Ackerböden in Folge der Düngung. In Deutschland kommt vor allem Rapsöl zum Einsatz, das in umgebauten Dieselmotoren direkt verbrannt werden kann. Technisch sinnvoller und häufiger ist allerdings die Verarbeitung des Öls zu Biodiesel, der dem herkömmlichen Diesel sehr ähnlich ist. Daneben erfreut sich auch das Ethanol als Beimischung zum Benzin zunehmender Beliebtheit. Bei ihm handelt es sich um einen Alkohol, der zumeist aus der Vergärung von zucker- oder stärkehaltigen Pflanzen gewonnen wird. In Deutschland werden vor allem Roggen, Gerste, Weizen, Mais und Zuckerrüben verwendet. Entscheidend für die CO_2-Bilanz des Bioethanols ist die Herkunft der Prozessenergie. Eine Studie im Auftrag der EU-Kommission (siehe EUCA, 2005 in der Bibliographie) hat schon 2005 vorgerechnet, dass beim Einsatz von Strom aus Braunkohle in den Anlagen zur Herstellung von Ethanol im Prozess mit etwa 180 Gramm CO_2-Äquivalenten pro Kilometer mehr Treibhausgase anfallen, als heute viele sparsame Autos mit herkömmlichem Benzin produzieren. Die beiden größten deutschen Ethanolhersteller haben ihre Werke in Sachsen und Brandenburg, also im Vattenfallgebiet, wo ein großer Teil des Stroms mit der Verbrennung von Braunkohle gewonnen wird.

Bedenklich ist auch der enorme Flächenbedarf für die Kraftstoffe. Vermutlich werden sie daher schon bald in ernsthafte Konkurrenz mit der Nahrungsmittelproduktion treten. Mehr dazu im nächsten Kapitel. Seit dem 1. Januar 2007 gilt in Deutschland ein Gesetz, das Mindestquoten für die Beimischung von Biodiesel und Bioethanol vorsieht, die in den folgenden Jahren schrittweise steigen werden. Demnach muss seit Anfang Januar Diesel mindestens 4,4 Prozent Biodiesel enthalten, Benzin mindestens 1,2 Prozent Bioethanol. Außerdem wird den Mineralölkonzernen ein Pflichtanteil der Biokraftstoffe an den verkauften Produkten auferlegt, der 2009 mindestens 6,25 Prozent beträgt. Bis 2015 soll dieser Wert auf acht Prozent steigen. Bei Nichteinhaltung drohen empfindliche Strafen.

Nach Statistiken des Bundesumweltministeriums vom Februar 2007, die Dieter Böhme und Kollegen zusammengetragen haben, betrug 2005 der Anteil der Biokraftstoffe am deutschen Kraftstoffverbrauch 3,8 Prozent. 2006 waren es bereits 4,7 Prozent, die sich wie folgt aufteilten: 75,1 Prozent Biodiesel, 13,5 Prozent Bioethanol, 11,4 Prozent Pflanzenöl. Dadurch seien 8,7 Millionen Tonnen CO_2 vermieden worden. Die indirekten Treibhausgasemissionen wie N_2O durch Düngung bleiben allerdings unerwähnt.

Aus Umweltsicht spreche daher nichts für den Biodiesel, zumal dessen Anbau mit anderen Umweltzielen konkurriere, wie dem ökologischen Landbau oder der Vernetzung von Biotopen. Um die zu erreichen, braucht es Brachflächen und Schutzzonen, in denen die Landwirtschaft weniger intensiv betrieben wird. Mit dem fortschreitenden Klimawandel wird diese Vernetzung noch dringender. Die Klimazonen werden sich nämlich verschieben, und viele Arten müssen aussterben, wenn sie ihnen in der von Intensivlandwirtschaft und Straßen beherrschten Landschaft nicht hinterher wandern können.

Ostermeier rechnet vor, dass bei Ausnutzung aller Flächen, die nicht für die Produktion von Nahrungsmitteln oder Futterpflanzen benötigt werden, in Deutschland jährlich etwa zwei Millionen Tonnen Biodiesel hergestellt werden könnten. Damit können etwa 3,5 Prozent der gegenwärtigen Diesel- und Benzinmenge ersetzt werden. Mit Biodiesel aus deutscher Produktion ließen sich also maximal 1,5 bis zwei Prozent der gegenwärtigen Treibhausgasemissionen vermeiden. Es sei denn, der Biokraftstoff würde importiert oder auf Flächen angebaut, die für die Ernährung der Bevölkerung gebraucht werden. Die Pläne der Bundesregierung, die bis 2015 den Anteil der Biokraftstoffe auf acht Prozent erhöhen will, werden also entweder die hiesigen Lebensmittelpreise kräftig nach oben treiben oder müssen durch Importe erreicht werden.

Deutlich besser sieht die Treibhausgas-Bilanz für so genannten BTL-Prozesse aus. Damit werden Verfahren bezeichnet, bei denen Biomasse, das können in dem Fall auch Stängel und andere Abfälle sein, die für Biodiesel und -ethanol nicht zu verwenden sind, vergast und dann in flüssigen Kraftstoff umgewandelt werden. Das Problem: Obwohl die Verfahren im Prinzip seit langem bekannt sind, steckt der Teufel im Detail. Bisher gibt es keine kommerziellen Anlagen, sondern nur diverse Forschungsprojekte. Aber auch damit wird sich bei der begrenzten Fläche die riesige und immer noch wachsende Fahrzeugflotte der Bundesrepublik kaum bewegen lassen.

Der Kraftstoffexperte des Umweltbundesamts Ostermeier hält ohnehin Effizienzsteigerung für den schnellsten Weg zur Reduktion von Treibhausgasemissionen. Bei einem Fahrzeug wie dem VW Golf könne schon mit dem heutigen Stand der Technik der Verbrauch halbiert werden, wenn sie denn angewandt würde. Mittelfristig käme ein solcher Wagen auch mit zwei Liter auf 100 Kilometern aus. Bei der deutschen Automobilindustrie scheint man an sparsameren Motoren allerdings nicht allzu viel Interesse zu haben. Jedenfalls hat sie Anfang 2007 durchsetzen können, dass das EU-Ziel zur CO_2-Minderung im Straßenverkehr aufgeweicht wurde.

Auf 120 Gramm CO_2 pro Kilometer (gCO_2/km) sollte ursprünglich der Treibhausgasausstoß für Neuwagen bis 2012 sinken. Im Januar 2007 hatte EU-Umweltkommissar Stavros Dimas festgestellt, dass bisher der Wert bei 163 gCO_2/km liege. Aus der Selbstverpflichtung der europäischen Automobilindustrie, diesen Wert bis 2008 auf 140 gCO_2/km zu drücken, wird also nichts mehr werden. Dimas hatte daher gesetzliche Vorgaben angemahnt, um das EU-Ziel zu erreichen. Die deutschen Automobilkonzerne schickten jedoch Industriekommissar Günter Verheugen und Bundeskanzlerin Angela Merkel ins Feld, um zu intervenieren. Heraus kam ein fauler Kompromiss. Die Vorgabe heißt jetzt 130 g CO_2/km. Spannend wird in nächster Zeit sein, wie die EU-Richtlinie in nationales Recht umgesetzt wird. Die hiesigen Hersteller von Luxusautos wie Daimler und Porsche haben sich lauthals beklagt, es sei »diskriminierend«, einen einheitlichen Grenzwert für alle Autotypen einzuführen. Auch die Bundeskanzlerin hatte für diese Auffassung viel Verständnis gezeigt. Könnte also gut sein, dass im Gesetzgebungsverfahren die Vorgabe der Richtlinie in einen Mittelwert für alle Modelle umgebogen wird.

8.2 Luft- und Schifffahrt

Es gibt nur einen Verkehrsträger, der das Klima noch mehr schädigt als der Straßenverkehr, und das ist die Luftfahrt. Bei einem Flug fallen nach Angaben des Umweltbundesamtes durchschnittlich 369 Gramm CO_2 pro Personenkilometer an, in der Fahrt im PKW sind es 144 und im Fernverkehr der Bahn 52 (siehe Tabelle 8.5). Das liegt zum einen an dem besonders hohen Energieaufwand, der betrieben werden muss, um ein Flugzeug mit seiner Fracht in die Luft zu bekommen und dort zu halten. Entsprechend sind die spezifischen Emissionen pro transportierter Tonne oder pro beförderter Person besonders hoch. Hinzu kommt aber noch, dass Flugzeuge in einer Höhe fliegen, in der sich bei ausreichender Luftfeuchtigkeit dünne Schleierwolken aus Eiskristallen bilden, die so genannten Cirren. Diese lassen viel Sonnenlicht durch, fangen aber die Wärmeabstrahlung der Erde ab und absorbieren sie. Sie wirken also ganz ähnlich wie die Treibhausgase. Nun entseht bei der Verbrennung von Flugbenzin nicht nur CO_2, sondern auch viel Wasserdampf. Die Flugzeugabgase verstärken entsprechend in den Luftschichten in zehn bis elf Kilometern Höhe die Luftfeuchtigkeit und vergrößern damit die Chance, dass sich »Treibhaus-Wolken« bilden können. Oft kann man am Himmel auch beobachten, wie sich die Kondensstreifen der Flugzeuge ausbreiten und zu Cirren werden.

Der kombinierte Klima-Effekt von Flugzeugen geht also über ihre Treibhausgasemissionen hinaus. (In dem oben zitierten Wert von 369 Gramm CO_2 pro Personenkilometer ist die Wirkung des Wasserdampfes bereits als CO_2-Äquivalent eingerechnet.) Ein Bericht für die schwedische Umweltschutzagentur (ECON 2003) geht davon aus, dass der Anteil des Luftverkehrs am anthropogenen Treibhauseffekt bereits 3,5 Prozent beträgt. Tendenz zunehmend, denn die Luftfahrt verzeichnet in Zeiten der Globalisierung und der europäischen Billig-Airlines enorme Zuwächse: »In den vergangenen 50 Jahren hat die Nachfrage nach Flugreisen um durchschnittlich neun Prozent pro Jahr zugenommen«, schrieb das Stockholmer Umweltinstitut SEI 2004, »und für die nächsten 20 Jahre wird ein Wachstum von drei bis sieben

Prozent jährlich vorhergesagt. Die Luftfahrtgesellschaften befördern derzeit jedes Jahr 1,6 Milliarden Menschen und 30 Millionen Tonnen Fracht.«

Ein beachtlicher Teil davon entfällt offensichtlich auf die Europäische Union, wie Luis de la Fuente Layos von der EU-Statistikbehörde Eurostat berichtet: »Die im Jahr 2005 zwischen den und innerhalb der Mitgliedstaaten der EU-25 (ohne Schweden) beförderte Gesamtmenge an Luftfracht und Luftpost belief sich auf nahezu elf Millionen Tonnen. 80 Prozent des Frachtverkehrs wurde mit Drittländern abgewickelt. Die folgenden vier Mitgliedstaaten meldeten die Beförderung von mehr als einer Million Tonnen: Deutschland an erster Stelle mit 3,0 Millionen Tonnen, gefolgt vom Vereinigten Königreich mit 2,5 Millionen Tonnen, den Niederlanden mit 1,6 Millionen Tonnen und Frankreich mit 1,5 Millionen Tonnen.«

Gefördert wird die Zunahme dieser besonders klimaschädlichen Verkehrsform durch allerlei finanzielle Anreize. Auf manchem Re-

Tabelle 8.4: Beförderte Personen in Deutschland in Millionen

	2002	2003	2004	2005	2006
Linienverkehr (ÖSPV) [1]	7.905	8.034	8.627	8.662	8.764
Gelegenheitsverkehr (ÖSPV)	76	77	99	98	...
Eisenbahnen	1.973	2.024	2.071	2.131	2.212
Luftverkehr [2]	114	121	136	146[3]	154
Individualverkehr	56.663	56.445	57.277	56.140	...

[1] ÖSPV = Öffentlicher Straßenpersonenverkehr, ab 2004 hat sich nach Angaben des Statistischen Bundesamtes die Berechnungsgrundlage geändert.
[2] In- und Auslandsflüge
[3] Davon laut Eurostat (de la Fuente Layos 2007) rund 22 Millionen auf Inlandsflügen.

Quelle: Statistisches Bundesamt 2007, http://www.destatis.de/basis/d/verk/verktab4.php

gionalflughafen müssen die Billig-Airlines nur minimale Gebühren zahlen. Wirtschaftsförderung nennt sich derlei, und führt mitunter dazu, dass der Flughafenbetrieb vom Steuerzahler subventioniert wird. Noch unverständlicher ist, dass zwar der Diesel für den Stadtbus, das Benzin des privaten PKW und der Treibstoff der Bahngesellschaften besteuert wird, das Kerosin für die Flugzeuge jedoch von Abgaben frei bleibt. Im internationalen Verkehr muss nicht einmal Mehrwertsteuer auf die Flugtickets gezahlt werden.

Mit anderen Worten, die umwelt- und klimafeindlichste Verkehrsform wird rundum privilegiert. Entsprechend ist die EU auf dem besten Wege, die USA in Sachen Vielfliegerei einzuholen. In Deutschland wurden nach den Angaben von Eurostat 2005 knapp 22 Millionen Passagiere auf Inlandsflügen verzeichnet. Tabelle 8.4 zeigt, wie rasch der Flugverkehr auch hierzulande zulegt. Das gleiche Bild in den meisten anderen EU-Staaten: Rund 45 Prozent aller Flüge in der Union sind kürzer als 500 Kilometer, gehen also über eine Strecke, die spielend mit einer modernen Bahn in einer angemessenen Zeit zu bewältigen wäre. Diese Kurzstreckenflüge sind besonders ärgerlich, denn beim Starten verbraucht ein Flugzeug überdurchschnittlich viel Treibstoff. Je kürzer der Flug, desto höher sind die spezifischen Emissionen.

Im Schiffsverkehr sind im Gegensatz dazu die spezifischen Emissionen relativ niedrig, weil der Energieaufwand für den Transport auf dem Wasser sehr gering ist. Dennoch wird die internationale Schifffahrt langsam zum Problem, und zwar zum einen wegen ihres Umfangs und schnellen Wachstums. Immerhin wird der größte Teil des interkontinentalen Handels mit Schiffen bewältigt, und selbst in der geografisch kleinen EU ist der Schiffstransport entlang der Küsten oder auf den Kanalnetzen insbesondere für Massengüter oft die einfachste und günstigste Form des Transports. Zum anderen sind wegen ihres internationalen Charakters die Regeln für die Hochseeschifffahrt sehr lasch, weshalb die verwendete Motorentechnik alles andere als umweltfreundlich ist. Davon zeugen nicht zuletzt die extrem hohen Stickoxid- und Schwefeldioxid-Emissionen (siehe Tabelle 8.1). Im Grunde genommen sind Schiffsmotoren eine Art Verbrennungsöfen für Sondermüll aus Erdölraffinerien, denn der Schwefelanteil des Schiffdiesels liegt durchschnittlich bei etwa 2,5 bis 2,7 Prozent.

Tabelle 8.5: Spezifische Kohlendioxidemissionen im Frachtverkehr in Gramm CO_2 pro Tonnenkilometer

Luft	Straße	Schiene	See
501 bis 1073	133 bis 333	30 bis 74	7,7 bis 31

Quelle: Michaelowa, Axel und Karsten Krause, 2000: International maritime transport and climate policy. *Intereconomics*, 35, 3, 2000, S. 127-136.

Nach Angaben von Veronika Eyring von der Deutschen Forschungsanstalt für Luft- und Raumfahrt und James Corbett von der University of Delaware in den USA sind der im Schiffsverkehr verbrauchte Treibstoff und damit auch in etwa die CO_2-Emissionen von 1950 bis zum Jahre 2000 um den Faktor 4,3 gestiegen. Grund für die erhebliche Ausweitung der Schifffahrt ist der rasch expandierende Welthandel. Mit der neuen Welle der Globalisierung, in der die einzelnen Volkswirtschaften ihre gegenseitige Durchdringung wesentlich verstärkt haben, ist der Welthandel seit Beginn der 1990er Jahr für Jahr schneller als die Weltwirtschaft gewachsen, zum Teil sogar erheblich schneller. Insbesondere in den letzten Jahren seit 2003 hat es einen enormen Schub gegeben. Allein die deutschen Ausfuhren sind zum Beispiel nach »Fischer Weltalmanach 2005« und »2007« von 321 Milliarden Euro im Jahre 1993 auf 786 Milliarden Euro im Jahre 2005 gestiegen. Axel Michaelowa vom Hamburger Institut für Weltwirtschaft und Karsten Krause vom Umwelt-Senat der Hansestadt schreiben in einem Artikel über Schifffahrt und Klimagase, dass 95 Prozent des Welthandels auf dem Seeweg abgewickelt werden.

In der EU, die immerhin fast die Hälfte der internationalen Handelsflotte kontrolliert, hat der CO_2 -Ausstoß des Schiffsverkehrs in den 15 Jahren von 1990 bis 2004 um 45 Prozent zugenommen. Bei solchen Wachstumsraten trägt der internationale Schiffsverkehr inzwischen trotz seiner geringen spezifischen Emissionen (siehe Tabelle 8.5) rund drei Prozent zu den globalen CO_2-Emissionen bei, also fast so viel wie Deutschland. Und alles deutet darauf hin, dass sein Anteil am Treibhausproblem in den nächsten Jahren weiter wachsen wird. Der Welthandel expandiert jedenfalls munter weiter, und rund um den Globus boomen die Werften, weil sie gar nicht so schnell Schiffe bauen können, wie sie von den Reedern bestellt werden. Eyring und Corbett sprechen von einer möglichen Verdoppelung der CO_2-Emissionen des Schiffsverkehrs bis 2050. Andere Studien, die John Vidal Anfang März 2007 in der englischen Tageszeitung *The Guardian* zitiert, meinen gar, schon in 15 bis 20 Jahren könnte ein Anstieg von 75 Prozent möglich sein.

8.3 Fazit

Grundsätzlich gibt es drei Ansätze, Treibhausgasemissionen im Verkehrssektor zu verringern: a) Bessere Technik und erneuerbare Antriebe, b) Verkehr vermeiden und c) Verkehr auf die emissionsarmen Verkehrsmittel verlagern. Letzteres wären vor allem Schiff, Schiene und öffentlicher Personennahverkehr (ÖPNV), wobei, wie man Tabelle 8.6 entnehmen kann, sich bei Bahn und ÖPNV die spezifischen Emissionen durch bessere Auslastung noch absenken lassen. Dafür müsste es allerdings eine Umkehr in der bisherigen Politik der Liberalisierung dieser Sektoren geben, die die Leistungen nicht nur verschlechtert, sondern auch verteuert, indem sie die Verkehrsgesellschaften ganz den Marktzwängen sowie den Gewinninteressen privater Eigentümer ausliefert.

Obwohl im letzten Abschnitt die Emissions-Probleme der Seeschifffahrt beschrieben wurden, ist das Schiff, wie Tabelle 8.5 zeigt, das Verkehrsmittel mit den geringsten spezifischen CO_2-Emissionen. Daher ist es noch vor der Bahn das Mittel der Wahl für den Frachttransport, und eigentlich auch für Fernreisen, doch das ist leider vollkommen aus der Mode gekommen. Vor einigen Jahren fiel selbst die Fähre Hamburg-Harwich der Konkurrenz der Billigflieger zum

Opfer, auf der man jahrzehntelang ganz entspannt von Norddeutschland auf die britischen Inseln reisen konnte. Heutzutage ist es so gut wie unmöglich geworden, mit dem Schiff zum Beispiel nach Nordamerika zu reisen. Das ist nicht nur eine Folge der Privilegierung der sehr klimaschädlichen Luftfahrt, sondern auch der Zeitökonomie in den kapitalistischen Gesellschaften, die deren Mitglieder derart in die Zange nimmt, dass sie trotz enorm gestiegener Produktivität und hoher Arbeitslosigkeit, keine Zeit mehr für eine mehrtägige Schiffspassage nach New York oder Bahnfahrt durch Europa haben.

Aber zurück zu den Emissionen der Schiffsmotoren. Die ließen sich durch verbesserte Technik deutlich reduzieren, und im Vergleich mit den anderen Sektoren sind die Probleme des internationalen Schiffverkehrs wahrscheinlich noch am leichtesten in den Griff zu bekommen. Zumindest sind sie leicht einzugrenzen. Mit Verboten und Dieselsteuern müsste Druck auf die Reeder ausgeübt werden, bessere Motorentechnik zu verwenden und vielleicht auch andere Antriebe zu nutzen. So gibt es seit der Ölkrise der 1970er Jahre bereits diverse Studien und auch einige Anwendungen in der Praxis, mit denen die Windkraft für große Frachter nutzbar gemacht werden kann. Nicht als alleiniger Antrieb, aber zumindest als Ergänzung zum Schiffsdiesel.

Verkompliziert wird die Situation im Schiffsverkehr allerdings dadurch, dass es für strengere Standards Abkommen bedarf, die in der Internationalen Schifffahrtsorganisation IMO ausgehandelt werden müssen. Dort spricht man zwar gelegentlich über das Problem, aber Fortschritte gibt es bisher nicht. Für die Stick- und Schwefeloxide gibt es zwar schon einen Vertrag, aber der ist sehr schwach und trat erst 2005, acht Jahre nach Unterzeichnung in Kraft. Nach Angaben der Transport and Environment Federation (T&E), ein Zusammenschluss von Umweltorganisationen in der EU, die sich mit dem Thema Verkehr beschäftigen, liegt zum Beispiel der IMO-Standard für Schwefel im Schiffsdiesel bei 4,5 Prozent. Das ist deutlich über den 2,5 bis 2,7 Prozent die der Schiffskraftstoff in aller Welt durchschnittlich enthält.

Ähnlich schleppend geht es auch in Sachen CO_2 voran. Die EU-

Kommission hat daher im April 2007 laut T&E-Bulletin angekündigt, sie werde einseitig Maßnahmen ergreifen. Konkret diskutiert wird, den Schiffsverkehr in den EU-weiten Emissionshandel einzubeziehen. Ob das allerdings wirklich ein ernsthafter Schritt zur Begrenzung der CO_2-Emissionen ist, muss nach den bisherigen Erfahrungen mit diesem Instrument bezweifelt werden (siehe Kapitel 7). João Vieira von T&E fordert deshalb von der EU »effektivere Maßnahmen wie differenzierte Hafengebühren und Kraftstoffsteuern.«

Daneben sollte auch Verkehrsreduzierung eine Rolle spielen, denn auch die Schifffahrt ist vom Phänomen der »sinnlosen Verkehre« betroffen. Einer der Glaubenssätze des wirtschaftspolitischen Mainstreams lautet, dass Märkte möglichst groß sein müssen. Daher werden die deutschen Autos nicht für Deutschland und seine Nachbarländer produziert und die japanischen nicht für Ostasien, sondern die tonnenschweren Kraftwagen werden jeweils um den halben Erdball verschifft, wenn man vorort keine Fabriken hat. Zuvor waren schon ihre einzelnen Bestandteile weit gereist, denn ein Auto wird längst nicht mehr an einem einzigen Standort gebaut, sondern in Einzelteilen bei Zulieferern in halb Europa zusammengekauft.

Ähnlich geht es mit vielen anderen Produkten. Deutsche Nordseekrabben werden in den Niederlanden konserviert, in Marokko gepult und in ganz Europa verkauft. Italienischer Müll wird nach Süddeutschland verfrachtet, deutscher in die Schweiz, bayrische Milch steht in norddeutschen Regalen und schleswig-holsteinische wird nach Westafrika und Saudi Arabien verschifft. »Die Frachtraten«, schreiben Axel Michaelowa und Karsten Krause in ihrem bereits zitierten Fachartikel über die Preise in der internationalen Schifffahrt, »haben seit Beginn der 1980er Jahre einen steten Abwärtstrend gezeigt. Sie sind inzwischen so niedrig, dass der Export von recyclebarem Müll nach Asien ein lohnendes Geschäft worden ist.«

Ein Mittel, diese unsinnigen Transporte einzudämmen – und das gilt für alle Sektoren –, wäre es, sie zu verteuern. Zum einen müssten die Transportkosten auch die Kosten für die Umweltschäden des jeweiligen Verkehrsträgers beinhalten. Zum anderen geht die in den letzten Jahrzehnten zu beobachtende Verbilligung des Transports meist auf die Kosten der Beschäftigten in diesem Sektor. Die meisten Reeder flüchten in so genannte Billigflaggen, damit die Seeleute nicht in den Genuss europäischer Tarife und Arbeitsschutzgesetze kommen. Hohe internationale Standards für Arbeitsbedingungen, Ausbildung und Heuer würden also nicht nur für menschenwürdige Arbeitsplätze sorgen, sondern könnten vielleicht auch dem Klimaschutz ein wenig helfen, indem durch die höheren Frachtraten zumindest ein Teil der unsinnigen Transporte unterbunden würde.

Tabelle 8.6: Vergleich Personenverkehr in Deutschland, Emissionen in Gramm pro Personenkilometer

	CO_2	NO_x	Auslastung
PKW	144	0,29	1,5 Pers./Pkw
Reisebus	32	0,34	60,00%
Bahn Fernverkehr	52	0,07	44,00%
*Flugzeug**	369	0,58	73,00%
Linienbus	75	0,83	21,00%
Metro/Tram	72	0,07	20,00%
Bahn Nahverkehr	95	0,36	21,00%

* Unter Berücksichtigung aller klimawirksamen Effekte des Luftverkehrs

Quelle: Umweltbundesamt

Das lässt sich im Prinzip auch auf andere Bereiche übertragen. Die Billigflieger können auch deshalb ihre Tickets so günstig anbieten, weil sie beim Personal sparen. Einige entlassen zum Beispiel ihre Piloten in die Scheinselbständigkeit. Derlei könnte ohne weiteres per Gesetz unterbunden werden. Aber der Treibhausgasemissionen der schnell wachsenden Luftfahrt lässt sich sicherlich nicht allein durch bessere Bedingungen für die Beschäftigten Herr werden. Doch eben das wäre dringend geboten. Das Flugzeug ist nämlich das Verkehrsmittel, das mit Abstand das Klima am meisten schädigt, wie an den

Tabellen 8.5 und 8.6 abzulesen ist. Nötig wäre also eine Politik, die den Luftfrachtverkehr massiv einschränkt, den Personenverkehr so weit es geht wieder auf die Schiene holt und bei der zum Teil recht alten Antriebstechnik für eine massive Steigerung der Effizienz sorgt.

Die EU-Staaten planen inzwischen, auch den Luftverkehr in den Emissionshandel einzubeziehen. Das mag ein erster Schritt sein, um das Problem überhaupt in den Rahmen der Klimapolitik einzubeziehen, aber die Vorbehalte sind die gleichen, wie schon gegenüber entsprechenden Plänen für den Schiffsverkehr: Bisher ist der Emissionshandel zahnlos. Den Nachweis, wie durch ihn auch nur ein weiteres Wachstum der Emissionen aufgehalten werden kann, bleibt die EU-Kommission schuldig. Eine kritische Frage wird in diesem Zusammenhang zum Beispiel sein, ob »Verschmutzungsrechte« zwischen Kraftwerken und Industriebetrieben auf der einen und Airlines auf der anderen Seite gehandelt werden können. Sollte das der Fall sein, wird es sicherlich angesichts des tendenziellen Überangebots an Zertifikaten kaum einen positiven Effekt bei den Klimagasemissionen der Flugzeuge geben.

Andere Instrumente müssen also her. Die EU-Staaten könnten damit anfangen, auf Auslandsflüge Mehrwertsteuer zu erheben. Auch ist überhaupt nicht einzusehen, weshalb der Luftverkehr von der Mineralölsteuer ausgenommen ist. Sinnvoll ist sicherlich auch eine Flugticketsteuer, wie sie unter anderem aus Kreisen der Globalisierungskritiker von ATTAC gefordert wird. Mit dieser ließe sich zum Beispiel ein Fonds bestücken, der für die Kosten der Anpassung an Klimaveränderungen in Entwicklungsländern eingerichtet werden muss. Die internationale Hilfsorganisation Oxfam bezifferte den jährlichen Investititionsbedarf für Anpassungsmaßnahmen Ende Mai 2007 mit 50 Milliarden US-Dollar. In Frankreich gibt es seit Juli 2006 bereits eine solche Steuer, die bis zu 40 Euro pro Ticket betragen kann. Aus den Einnahmen wird ein Gesundheitsfonds zur Bekämpfung von Aids und Malaria in Afrika finanziert. Der deutsche Bundestag lehnt ein solches Konzept bisher mehrheitlich ab.

Neben finanzpolitischen Instrumenten wären aber auch Verbote sinnvoll. Zum Beispiel könnten Inlandsflüge rigoros beschränkt werden. Bei Langstreckenflügen könnte auch mit der Bahn zum nächsten Großflughafen gefahren werden, anstatt, wie vielfach üblich, mit einem Zubringerflug zum Beispiel von Berlin nach Frankfurt oder von Hamburg nach Amsterdam zu fliegen.

Darüber hinaus ist im Hinblick auf die Langstreckenflüge über ganz neue Verkehrskonzepte nachzudenken. Hier ist leider nicht der Platz, die Chancen der zahlreichen Luftschiffprojekte zu untersuchen, die es von China über Indien und Deutschland bis in die USA heute gibt. In Friedrichshafen am Bodensee werden zum Beispiel wieder wie vor hundert Jahren Zeppeline gebaut, wenn auch bisher sehr kleine, die nur Werbezwecken und Rundfahrten dienen. Doch im Prinzip müssten Luftschiffe, die in der Luft schweben und daher wesentlich weniger Energie verbrauchen als Flugzeuge, durchaus in der Lage sein, auch im Linienverkehr auf längeren Strecken wieder eine Rolle zu spielen.

Des Weiteren gilt für den Luftverkehr wie für die anderen Systeme: Es muss nicht immer noch schneller sein, besonders nicht, wenn es auf Kosten der Gesundheit der Menschen und des zukünftigen Klimas geht. Das Verbot von Nachtflügen, wie es zum Beispiel vom Stockholmer Umweltinstitut gefordert wird, würde zum Beispiel die Attraktivität der Luftfracht deutlich vermindern und wäre sicherlich auch für die lärmgeplagten Anwohner der Flughäfen ein Segen. Würde eine derartige Regelung EU-weit eingeführt, bestünde auch nicht die Möglichkeit, dass Fluglinien auf Nachbarländer ausweichen könnten.

Mit ähnlichen Regeln könnte man auch den LKW-Verkehr eindämmen. Die Forderung nach einem Nacht- und Wochenendfahrverbot für LKW ist sehr alt, aber immer noch hoch aktuell. Mt einer derartigen Maßnahme könnten nicht nur die Nerven der Anwohner viel befahrener Straßen geschont werden. Sie wäre auch ein gutes Mittel, den Frachtverkehr auf die umweltfreundlichere Schiene zu drängen und zugleich die extrem gesundheitsschädlichen Arbeitsbedingungen der LKW-Fahrer zu verbessern.

Womit wir beim Thema Straßenverkehr und Schiene wären. Den Tabellen 8.5 und 8.6 ist klar zu entnehmen, dass Schienenverkehr und ÖPNV (einschließlich Reisebusse) an Land die umweltfreundlichsten

Verkehrsmittel sind. Dabei ist zu beachten, dass für die Schiene in Tabelle 8.6 ein sehr niedriger Auslastungsgrad zugrunde gelegt wurde. Eine Verlagerung von Verkehr auf die Bahn würde also vor allem im Personenverkehr die spezifischen Emissionen noch weiter senken.

Die Frage ist, wie mehr Menschen und mehr Fracht auf die Schiene zu bekommen sind? Seit Anfang der 1990er Jahre ist diese Frage durch die Bahnreform negativ beantwortet worden: Durch die Schließung von Güter- und Kleinbahnhöfen, durch Strecken- und Serviceabbau, durch ständige Verteuerung und ausgeklügeltes Tarif-Wirrwarr geht es offensichtlich nicht. Der Anteil von Bahn und ÖPNV an den Verkehrsleistungen geht erwartungsgemäß eher zurück. Das ist das Ergebnis einer Politik, die sich allein an betriebswirtschaftlicher Rentabilität der Unternehmen orientiert, aber gleichzeitig den Straßenverkehr weiter massiv subventioniert. Seit Jahrzehnten beklagen Umweltschützer, dass KfZ- und Mineralölsteuer nicht reichen, um den Bau und Unterhalt der Straßen und die enormen Folgeschäden des Straßenverkehrs zu finanzieren. Von der Bahn wird hingegen erwartet, dass sie ihre eigenen Wege finanziert und kostendeckend arbeitet.

Diese neue Politik, die den öffentlichen Verkehr vor allem als einen Sektor ansieht, der in profitable Unternehmen umgewandelt werden soll, hat sich ab Ende der 1980er Jahre in den EU-Staaten nach und nach durchgesetzt. Und wie in anderen Branchen auch, ist Gewinnorientierung gleichbedeutend mit einem massiven Angriff auf Gehälter und Arbeitsbedingungen der Beschäftigten. Winfried Wolf zitiert 2005 in seiner Schrift »Verkehrter Verkehr« verschiedene Untersuchungen, die zeigen, wie überall im Rahmen der Deregulierung von ÖPNV und Bahnen Verschlechterung der Leistungen mit dem Abbau von Arbeitsplätzen, Gehaltskürzungen und größerer Arbeitshetze für die Beschäftigten einher geht.

Letzteres könnte ein guter Anknüpfungspunkt sein, um den politischen Kampf um den Klimaschutz mit dem um menschenwürdige Arbeitsbedingungen und Bezahlung zu verbinden. Konkret geht es in Deutschland derzeit darum, den Börsengang der Bahn AG zu verhindern. Noch ist sie ein Unternehmen in öffentlicher Hand, wenn auch privatwirtschaftlich organisiert. Wird sie erst vollständig privatisiert sein, wird nicht nur der Druck auf die Beschäftigten weiter steigen. Auch die Einbindung des Schienenverkehrs in eine klimafreundliche Verkehrsstrategie, deren Rückgrat die Bahn sein müsste, würde noch schwieriger, als sie es ohnehin schon ist.

9. Alles Bio oder was? Von nachwachsendem Benzin und anderen Sackgassen

Der drohende Klimawandel, das ist in den vorhergehenden Kapiteln hoffentlich deutlich geworden, erfordert einen grundlegenden Umbau unserer Energieversorgung und der Verkehrssysteme. Nun sind mit diesen aber mächtige wirtschaftliche Interessen verbunden. Energiekonzerne und Automobilindustrie bilden seit vielen Jahrzehnten den Kern des globalen Kapitalismus. »Vom addierten Umsatz der 100 größten Industriekonzerne der Welt entfallen rund 60 Prozent auf diejenigen Unternehmen, die Ölkonzerne, Autokonzerne oder Flugzeugbau-Unternehmen sind«, schrieb der bereits zitierte Winfried Wolf in der linken Tageszeitung *junge Welt* im Dezember 2005, und weiter: »Die Abhängigkeit der Weltwirtschaft von dieser Öl-Auto-Flugzeuggruppe und damit von Rohöl und seinen Derivaten Diesel, Benzin, Kerosin und Raketentreibstoff ist in den letzten 15 Jahren trotz Ölpreisschocks, trotz Ölknappheit und in offenem Widerspruch zu den vielfältigen Debatten über Klimazerstörung und ihre Ursachen immer größer geworden.«

Kein Wunder also, dass diese Branche seit Aufkommen der Klimadiskussionen mit Nebelkerzen wirft. Dabei beschränkt sie sich nicht auf die Irreführung der Öffentlichkeit in Bezug auf die naturwissenschaftlichen Hintergründe des Problems. Auch mancher der angebotenen Auswege trägt ihre Handschrift und entpuppt sich bei näherer Betrachtung als Sackgasse. Am deutlichsten wird das sicherlich am Beispiel der Atomkraftwerke, die uns von interessierter Seite als unverzichtbar für die Vermeidung der Klimakatastrophe angepriesen werden. Zu den Werbern für längere Laufzeiten gehören bezeichnender Weise jene Konzerne, die immer noch der Windenergie Steine in den Weg legen, indem sie den Netzausbau verzögern (siehe Kapitel 6). Aber was ist von den Argumenten der Atomfreunde zu halten? Haben wir wirklich nur die Wahl zwischen einer Strahlen-Zukunft und Klimakatastrophe? Oder will man uns hier falsche Alternativen aufzwingen? Ähnliche Fragen stellen sich bei den so genannten Biokraftstoffen, die sich in letzter Zeit hier und anderswo erheblicher staatlicher Unterstützung erfreuen. Schon gibt es die ersten mahnenden Stimmen, die vor den Gefahren eines Booms »grüner« Kraftstoffe warnen. Soll vielleicht nur auf Kosten der Welternährung eine möglichst lange Fortsetzung des automobilen Wahnsinns in Zeiten knapper werdender Ölresourcen erzwungen werden?

9.1 Nicht überall, wo Bio drauf steht, ist auch Bio drin

Ende März 2007 meldete sich Kubas Partei- und Staatschef Fidel Castro vom Krankenbett in Havanna in der Parteizeitung *Granma* zu Wort. Drei Milliarden Menschen drohe der Hungertod, wenn die Pläne umgesetzt würden, aus Lebensmitteln Treibstoffe für den Straßenverkehr herzustellen. Das zielte auf den Erzfeind im Norden, der seit Jahrzehnten versucht, die kleine rebellische Inselrepublik mittels Wirtschaftsblockaden und mitunter auch terroristischer Aktionen mürbe zu machen. Dort, in Washington, hatte US-Präsident George Bush sich gerade mit Vertretern der US-Automobilindustrie getroffen, um über seine »bio fuel«-Pläne zu sprechen.

Zweieinhalb Monate zuvor hatte er in seiner traditionell zum Jahresanfang gehaltenen Rede an die Nation ein groß angelegtes Programm zur Förderung von Treibstoffen aus nachwachsenden Rohstoffen angekündigt. Um 20 Prozent solle in den nächsten zehn Jahren der Verbrauch fossiler Kraftstoffe gesenkt werden, aber nur fünf Prozentpunkte davon will Bush durch effizientere Motoren erreichen. Angesichts des hohen Verbrauchs US-amerikanischer PKW ein sehr bescheidenes Ziel für eine Nation, die sich so viel auf ihre Technik einbildet.

15 Prozentpunkte des Einsparzieles sollen hingegen durch den Einsatz von Biokraftstoffen erreicht werden, das heißt, mit Ethanol, das als Zusatz zum Benzin verwendet werden kann. Die Vereinigten Staaten, wo Ethanol vor allem aus vergärtem Mais gewonnen wird, sind schon jetzt ein eifriger Ethanol-Produzent und teilen sich den

Weltmarkt praktisch mit Brasilien auf (siehe Tabelle 9.1). Schon vor Bushs Ankündigung gab es ein gesetzlich fixiertes Ziel, nach dem Anbieter von Benzin und Diesel bis 2012 jährlich mindestens 7,5 Milliarden Gallonen (28,4 Milliarden Liter) Biosprit beimischen müssen. Dieses Ziel soll nun nach den Vorstellungen des US-Präsidenten auf 35 Milliarden Gallonen (132,5 Milliarden Liter) bis 2017 erhöht werden. Dafür würde noch nicht einmal die gesamte heutige Maisernte ausreichen. Wenn alles Ethanol wie bisher aus Mais gewonnen werden sollte, bräuchte man dafür die stattliche Fläche von 38 Millionen Hektar oder 380.000 Quadratkilometer. Zum Vergleich: Deutschland ist 357.030 Quadratkilometer groß.

Bioethanol in Zahlen

Wie bereits erwähnt, wird Bioethanol aus der Vergärung von zucker- und stärkehaltigen Pflanzen gewonnen. Am besten ist dazu wegen des hohen Zuckergehalts Zuckerrohr geeignet. Die dafür in Brasilien, das bei dieser Technik internationaler Vorreiter ist, verwendeten Prozesse sind auch deshalb sehr günstig, weil sie die Prozessenergie für die Vergärung aus den Pflanzenrückständen gewinnen. Die CO_2-Bilanz für Bioethanol ist daher im Falle des Zuckerrohrs mit Abstand am besten. Rund 80 Prozent des Treibhausgases können im günstigsten Fall eingespart werden. Ethanol wird aber bisher meist nur im Gemisch mit Benzin verwendet, was unter anderem daran liegt, dass es sehr aggressiv ist und selbst Metalle angreifen kann. Die verwendeten Mischungsverhältnisse reichen von 15 Teilen Ethanol zu 85 Teilen Benzin bis zu 85 Teilen Ethanol zu 15 Teilen Benzin.

Der Ethanol-Ertrag beträgt in Brasilien nach unterschiedlichen Angaben 5.300 bis 6.000 Liter pro Hektar. Damit lassen sich, da Ethanol einen um 35 Prozent gegenüber Benzin verringerten Brennwert hat, etwa 3.450 bis 3.900 Liter Benzin ersetzen. Bei einem Gewicht des Benzins von 0,73 Kg/Liter heiß das, dass pro Jahr mit Zuckerrohr auf einem Hektar brasilianischen Boden Ersatz für 2,52 bis 2,84 Tonnen Benzin gewonnen werden kann. In Deutschland lassen sich nach den Angaben des Saatgut-Multis Syngenta folgende Liter-Erträge Ethanol pro Hektar erzielen: Roggen 2.030, Weizen 2.760, Mais 3.520, Kartoffeln 3.550, Zuckerrüben 6.630. Letzteres ist sicherlich eine sehr optimistische Schätzung, denn die Angaben stammen aus einer Hochglanzbroschüre, mit der das Unternehmen seine Rübensaat anpreist und Landwirte animiert, auf den Biosprit-Zug aufzuspringen.

Nach den Statistiken der Internationalen Energieagentur (IEA) werden derzeit jährlich 893 Millionen Tonnen Benzin verbraucht. Wollte man diese Menge durch Bioethanol ersetzen, müssten rund 354 Millionen Hektar Zuckerrohr angebaut werden. Das sind 3,54 Millionen Quadratkilometer oder eine Fläche, die annähernd zehn mal so groß wie Deutschland ist. Brasilien ist ein großes Land, aber soviel Platz gibt es dort nicht einmal, wenn man den ganzen Amazonaswald abholzen würde. Doch die Autoflotte wächst unaufhaltsam. Bis 2025, schrieb das Magazin *The Economist* am 8. September 2005, werden voraussichtlich die Produktionskapazitäten der Autohersteller auf 110 Millionen Fahrzeuge pro Jahr verdoppelt.

Dieser Flächenbedarf ist gigantisch und wird den Verbrauch fossiler Kraftstoffe in den USA lediglich um 15 Prozent reduzieren. Castros Warnungen waren also keineswegs aus der Luft gegriffen, denn schließlich ist fruchtbares Land, mit dessen Erträgen die 6,4 Milliarden Erdenbürger satt gemacht werden können, schon jetzt knapp. Aber obwohl sich die Kritik des wortgewaltigen Kubaners vor allem an Bush richtete, gab es pikierte Reaktionen aus einem Land, in dem der Hunger kein Fremdwort ist: In Brasilien meldete sich Marco Aurelio García, Berater des Präsidenten Lula da Silva von der

Arbeiterpartei zu Wort. Man wolle aus dem Ethanol, bitteschön, kein ideologisches Problem machen.

Der Grund für diese Empfindlichkeit liegt auf der Hand: Nirgendwo anders wird so viel und so günstig Ethanol hergestellt, wie in

Tabelle 9.1: Ethanolproduktion in 2004

Land	Verwendetete Pflanzen	Produktion in Mio. Liter	Anteil an der Weltproduktion
Brasilien	Zuckerrohr	15099,56	37,04
USA	Mais	13381,04	32,82
China	Mais, Weizen	3649,03	8,95
Indien	Zuckerrohr	1748,81	4,29
Frankreich	Mais, Weizen, Zuckerrüben	828,98	2,03
Russland	keine Angaben	749,49	1,84
Südafrika	Zuckerrohr, Mais	416,38	1,02
Großbritannien	keine Angaben	401,24	0,98
Saudi Arabien	keine Angaben	299,04	0,73
Spanien	Weizen, Gerste	299,04	0,73
Thailand	Zuckerrohr, Reis	280,11	0,69
Deutschland	Roggen, Weizen	268,76	0,66
Rest		3346,21	8,21
Welt		40767,68	100

Die meisten der aufgelisteten Staaten und viele andere betreiben eine aktive Förderungspolitik und haben zwischenzeitlich Prozentsätze festgesetzt, zu denen Ethanol dem herkömmlichen Kraftstoff beigemischt werden muss. In Thailand sind es zum Beispiel zehn Prozent. Im dürregeplagten Australien soll bis 2010 mindestens ein Prozent des Kraftstoffes Ethanol sein. Die Produktion wird daher weltweit in den nächsten Jahren stark expandieren. In Deutschland steigt derzeit zum Beispiel die dank jahrzehntelanger Subventionspolitik monopolartig organisierte Zuckerindustrie groß ins Geschäft ein.

Quelle: Earth Policy Institute, http://www.earth-policy.org/Updates/2005/Update49_data.htm. Eigene Umrechnungen.

Brasilien. Bereits 1975 hat das Land begonnen, ein Ethanol-Programm aufzubauen. Nach der Ölkrise wollte man mehr Unabhängigkeit von Ölimporten, also verfiel man darauf, Zuckerrohr zu Ethanol zu vergären. Wegen dieses Vorsprungs, der großen Landfläche und des vergleichbar ergiebigen Zuckerrohrs, das verwendet werden kann, hat Brasilien gute Chancen, zu einem der weltweit wichtigsten Ethanol-Lieferanten aufzusteigen, sollte sich der weltweite Trend zu den vermeintlichen Biokraftstoffen durchsetzen. Entsprechend hat das Land in letzter Zeit bereits Kooperationsverträge zum Beispiel mit China abgeschlossen und plant einen weiteren mit den USA. Außerdem wirbt Staatspräsident Lula da Silva im regionalen Wirtschaftsbündnis Mercosur für eine gemeinsame Biosprit-Initiative. Daher lohnt sich ein Blick auf die dortigen Folgen des Booms.

Brasilien produziert derzeit jährlich nach unterschiedlichen Angaben 14,5 bis 16 Milliarden Liter, wovon 2005 über zwei Milliarden Liter exportiert wurden, wie Délcio Rodrigues von Greenpeace Brasilien und Lúcia Schild Ortiz, vom brasilianischen Forum der NGOs und Sozialen Bewegungen für Umwelt und Entwicklung (FBOMS) in einer Studie über die Ethanolwirtschaft ihres Landes schreiben. Derzeit werden dafür 2,7 bis drei Millionen Hektar Anbaufläche benötigt. Insgesamt wurden im Erntejahr 2005/2006 nach Zahlen, die Rodrigues und Schild Ortiz zitieren, rund 5,7 Millionen Hektar vom Zuckerrohr in Beschlag genommen. Das war gegenüber 2000/2001 eine Steigerung um etwa 17 Prozent.

Noch scheint der Flächenverbrauch in Brasilien kein Problem zu sein. Jedenfalls schätzte der Befreiungstheologe Leonardo Boff in einem Kommentar, den er im Frühjahr 2007 anlässlich eines Gesprächs des brasilianischen Präsidenten mit seinem US-Kollegen über Zusammenarbeit auf dem Ethanolsektor schrieb, dass von Brasiliens nutzbarer Ackerfläche von 90 Millionen Hektar nur 62 Millionen Hektar bestellt würden. Es könnten also noch »einige weitere Millionen Hektar« der Ethanolproduktion gewidmet werden, »ohne dass damit der Regenwald oder der Anbau von Nahrungsmitteln eingeschränkt werden müsste.« Rodrigues und Schild Ortiz sind im Bezug auf das Flächenangebot sogar noch deutlich optimistischer und sprechen von rund 50 Millionen Hektar, die im Prinzip zur Verfügung stünden.

Nach den derzeitigen Plänen soll laut Boff bis 2017 die Produktion auf 38,7 Milliarden Liter ausgedehnt werden. Ein gutes Drittel davon ist für den Export vorgesehen, der für das hochverschuldete Land besonders wichtig ist. Dafür würden, je nach dem welchen durchschnittlichen Ertrag man zugrunde legt, 6,45 bis 7,3 Millionen Hektar Land benötigt. Insofern scheint auf den ersten Blick tatsächlich alles im grünen Bereich.

Dennoch stellen sich einige kritische Fragen: Was sind die Folgen für die Landbevölkerung Brasiliens, von der heute ein großer Teil in bitterer Armut lebt, manche als Ureinwohner doppelt diskriminiert? Würden nicht die Großgrundbesitz-Strukturen gestärkt, die ohnehin schon eine starke Belastung für die Zukunft des ganzen Landes und eine Geißel für die Menschen auf dem Land sind? Welche Auswirkungen haben die Monokulturen auf Ackerböden und Umwelt? Gibt es nicht vielleicht doch Konkurrenz zur Nahrungsproduktion? Und: Schon jetzt drängt die Landwirtschaft massiv in den wichtigen Regenwald. Auch die linke Regierung zeigt sich bisher weitgehend unfähig, die Rodungen zu stoppen. Wird die Ausdehnung der Zuckerrohranbaus nicht unweigerlich direkt oder indirekt diesen Druck erhöhen?

Brasilien ist das Land der Landlosen. Seitdem Kolonialherren und später die Eliten des aus der portugiesischen Abhängigkeit entlassenen Sklavenhalterstaates die ursprünglichen Bewohner massakrierten, enteigneten und an den Rand der Gesellschaft drängten, wird die Landwirtschaft von Großgrundbesitzern dominiert. Nur im Süden gibt es in größerem Umfang bäuerliche Betriebe, die es zu einigem Wohlstand bringen.

Inzwischen sind die Produktionsbedingungen längst modernisiert, feudale Beziehungen zwischen Gutsbesitzern einerseits und Sklaven bzw. Landarbeitern andererseits sind einem Agrobusiness gewichen, in dem große, nicht selten europäische oder nordamerikanische Konzerne das Sagen haben. Doch die Verhältnisse sind gewalttätig wie ehedem. Die Verelendung wächst, und wer sich wehrt, muss mit den Pistoleros der Landbesitzer rechnen. Auch die Regierung der Arbeiterpartei hat daran in den letzten Jahren nichts ändern können: Die Morde haben eher noch zugenommen.

Ein Prozent der Landbevölkerung besitzt 40 Prozent der landwirtschaftlichen Fläche, während 4,8 Millionen der von der Landwirtschaft lebenden Familien keinerlei Land besitzen, berichtet Cedenir de Oliveira von der Bewegung der Landlosen Arbeiter (Movimento dos Trabalhadores Rurais Sem Terra, MST) im Gespräch mit dem Autor. Ursache der wachsenden Armut auf dem Land sei die Exportwirtschaft. Seit 1984 kämpft die MST, der sich etwa eine Million Menschen angeschlossen haben, gegen diese Entwicklung. Durch Besetzungen und politische Aktionen konnten bisher 300.000 Familien mit Land versorgt werden.

Doch auch diese Erfolge müssen weiter verteidigt werden. Der Zuckerrohranbau verdrängt Familienbetriebe und führt zur Konzentration des Landes in der Hand weniger, schreiben Rodrigues und Schild Ortiz. Das könne besonders dort beobachtet werden, wo sich die Alkohol- und Zuckerwirtschaft bisher konzentriert, im Bundesstaat Sao Paulo. Dazu muss man wissen, dass in Brasilien die Landtitel keineswegs so sicher und geregelt wie hierzulande sind. Die Autoren beklagen das schwache Rechtssystem, das die Großgrundbesitzer begünstigt. Oder mit anderen Worten: Je größer der Profit, der mit den Monokulturen zu machen ist, desto wahrscheinlicher wird es, dass die Großbetriebe ihre kleinen Nachbarn schlucken, und zwar mit nicht allzu sanfter Gewalt. Ähnliches ist auch aus dem Nachbarland Argentinien bekannt.

Das meiste Land, auf dem für die Ethanolproduktion angebaut wird, befindet sich in der Nachbarschaft der Zuckermühlen und Destillerien, und wird von deren Besitzern kontrolliert. Nur etwa 28 Prozent der Ernte kamen 2004 von Produzenten, mit weniger als 150 Hektar an Landbesitz. Doch auch das sind keinesfalls alles Familienbetriebe. Der Anbau wird steuerlich begünstigt, und so bestehe »die große Mehrheit« der derzeit 60.000 kleineren Produzenten aus Rechtsanwälten und anderen Mittelständlern, die dem Fiskus ein Schnippchen schlagen wollen und andere für sich arbeiten lassen.

Diese Struktur der »unabhängigen Produzenten«, habe, seitdem sie sich seit Ende der 1990er Jahre ausbreitet, zur Verschlechterung der Lage der Landarbeiter geführt, schreiben die Autoren. Die Arbeiterschaft werde zersplittert und 65 Prozent seien nicht in Gewerkschaften organisiert. In Regionen ohne Jobalternativen seien sklavereiähnliche Bedingungen weit verbreitet. Zuckerarbeiter müssten nicht selten auch ihre Frauen und Kinder mit aufs Feld nehmen, um ihr Soll zu erfüllen. Noch immer würden 80 Prozent der Ernte mit der Hand geschnitten, da Mechanisierung nur im nahezu ebenen Gelände möglich ist. In den Hauptanbaugebieten in Sao Paulo nimmt der Einsatz von Maschinen jedoch zu, sodass noch mehr Menschen vom Land verdrängt werden und in die Favelas der Großstädte abwandern müssen.

Pest oder Cholera heißt die Alternative für die Landarbeiter: Die durchschnittliche Produktivität der Zuckerrohrschneider habe sich seit den 1980ern auf zwölf Tonnen pro Tag verdoppelt, die per Hand mit der Machete geschlagen werden. Doch der Basislohn der Arbeiter habe sich praktisch halbiert. 630 Reais (knapp 250 Euro) betrage er im Monat, doch die Erntesaison dauert maximal acht Monate, schreiben die beiden Autoren. Trotz Ausweitung des Anbaus seit Beginn des Jahrtausends und Boom des Absatzes, erlaubt die Armut auf dem Land den Landbesitzern offensichtlich, die Löhne der Arbeiter zu drücken.

Und wie sieht es mit den Folgen für Nahrungsmittelproduktion und Umwelt aus? Der eingangs zitierte Präsidenten-Berater Garcia meinte in seiner Replik auf Castro, »das Land, auf dem in Brasilien Biokraftstoff produziert wird, ist für den Anbau von Nahrungsmitteln nicht geeignet«. Die Studie von Rodrigues und Schild Ortiz spricht da jedoch eine ganz andere Sprache. Die Autoren zitieren verschiedene Erhebungen, denen zufolge im Bundesstaat Sao Paulo, dem gegenwärtigen Zentrum der Ethanolproduktion, das Zuckerrohr hauptsächlich auf einstigen Weideflächen angebaut wird oder andere Feldfrüchte verdrängt hat. Gut möglich, dass ein Teil davon inzwischen woanders angebaut wird, aber sofern es sich um Kleinbetriebe gehandelt hat, die für den Eigenbedarf und lokale Märkte produzierten, so sind diese

Existenzen definitiv zerstört und die Betroffenen der Möglichkeit der Selbstversorgung beraubt.

In Bezug auf die Böden scheinen hingegen die Auswirkungen des Zuckerrohranbaus bisher nicht negativ zu sein. Jedenfalls kommen Rodrigues und Schild Ortiz nach der Studie verschiedener Untersuchungen zu dem Schluss, dass Zuckerrohr die Äcker besser vor Erosion schützt als Getreide. Selbst auf den einstigen Weiden stelle die neue Nutzpflanze eine Verbesserung dar. Das liegt daran, dass die Pflanzen mehrjährig sind und ein ausgedehntes Wurzelwerk entwickeln, das die Böden auflockert und die Mikrofauna mobilisiert. Ein Problem könnte allerdings der zum Teil hohe Einsatz von Düngemitteln darstellen. Leider waren keine Informationen darüber zu finden, wieviel vom Treibhausgas N_2O durch die Düngung der Zuckerrohrfelder entsteht.

Ein deutlicher Minuspunkt für den Zuckerkraftstoff stellt unterdessen auf jeden Fall die verbreitete Praxis dar, die Felder vor der Ernte in Brand zu stecken, um störendes Blattwerk zu vernichten. Dadurch werden große Mengen Rauchs entwickelt, der zum einen sehr gesundheitsschädlich ist. Zum anderen entstehen bei den Bränden die Vorläufersubstanzen für bodennahes Ozon, das ebenfalls gesundheitsschädlich ist und außerdem als Treibhausgas wirkt.

Bleibt die Frage, ob das Zuckerrohr den Urwald bedroht: Von seinem bisherigen Zentrum im Bundesstaat Sao Paulo breitet sich der Zuckerrohranbau inzwischen in Richtung Westen und Norden aus. Noch hat er das Amazonasgebiet nicht erreicht, doch die Rinderzucht nagt schon seit vielen Jahren an dieser grünen Lunge des Planeten. Eine der Ursachen dafür dürfte sein, dass weiter im Süden das Zuckerrohr einen Teil der natürlichen Weiden in Beschlag genommen hat. Auch dem Sojaanbau wird mehr und mehr Regenwald geopfert. Der Grund: Soja ist in den letzten Jahren zu einem sehr lukrativen Geschäft geworden, denn auf dem Weltmarkt steigen wegen wachsender Nachfrage in Asien die Preise. Nicht zuletzt lässt sich aus Soja auch Biodiesel gewinnen, was ebenfalls den Gewinn steigert.

Im Einzelfall lässt sich sicherlich kaum sagen, ob die Verdrängung durch das Zuckerrohr den Raubbau in der sensiblen Amazonasregion anstößt. Doch festzuhalten ist, dass schon jetzt, obwohl es noch Millionen Hektar ungenutzter Flächen gibt, die steigenden Weltmarktpreise dem Regenwald am Amazonas reichlich zusetzen. Aber nicht nur der ist bedroht. Rodrigues und Schild Ortiz berichten von Plänen im Bundesstaat Mato Grosso do Sul Zuckermühlen im Pantanal zu errichten, dem größten Feuchtgebiet der Erde, an der Grenze zu Paraguay und Argentinien. Nach heftigen Widerstand von Umweltschützern und anderen, nahm die örtliche Regierung ihre Pläne schließlich zurück.

Bayern umpflügen?

Irgendwann ist das Erdöl alle. Können wir dann auf Biokraftstoffe umsteigen und wie bisher immer mehr Autos bauen und fahren?

Nach Ansicht des Mineralölwirtschaftverbandes MWV wird bis 2020 in Deutschland der Benzinabsatz von derzeit 25,4 Millionen Tonnen jährlich auf 17 Millionen Tonnen zurückgehen. Wollte man diese Menge mit Ethanol ersetzen, dann müssten auf 42,8 Millionen Hektar Zuckerrohr angebaut werden, eine Fläche, die grob gerechnet eineinviertel mal so groß´wie Deutschland ist. Nimmt man andere Grundstoffe, bräuchte man eine etwa doppelt so große Fläche. Mit anderen Worten: Knapp 50 Prozent des nutzbaren Ackerlandes in Brasilien würden also allein für die deutsche Benzinerflotte in Beschlag genommen. Und dabei ist die im internationalen Vergleich nicht einmal besonders groß, denn inzwischen hat hierzulande jeder zweite neuzugelassene PKW einen Dieselmotor.

Nehmen wir weiter an, dass die Autohersteller tatsächlich das technisch Machbare an Effizienz zur Anwendung bringen, so dass die MWV-Prognose noch einmal halbiert werden kann. Nehmen wir schließlich noch an, dass die versprochenen neuen Verfahren zur Herstellung von Biokraftstoffen zur Anwendung kommen, die den Flächenertrag maximal vervierfachen. Dann würde der Flächenbedarf um den Faktor 8 auf 5,35 Millionen Hektar oder 53.500 Quadratkilometer sinken. Das heißt, es würde unter diesen günstigen Bedingungen, die derzeit noch Zukunftsmusik sind, ausreichen, wenn wir Brandenburg, Berlin und Hessen (einschließlich aller Wälder, Dörfer und Städte) umgraben, um die Benzinerflotte am Laufen zu halten. Für die Dieselfahrzeuge müsste zusätzlich unter den gleichen überaus günstigen Annahmen wahrscheinlich noch Bayern dran glauben.

Doch der Vorstoß wird sicherlich nicht der letzte gewesen sein, denn die Verlockungen des Weltmarkts wachsen. Überall werden Biosprit-Pläne geschmiedet, und Brasiliens Präsident Lula lässt keinen Zweifel daran aufkommen, dass sein Land ganz vorne mitmischen soll (siehe Kasten). China will bis 2020 rund 14 Milliarden Liter Ethanol einsetzen, die US-Vorhaben wurden bereits oben geschildert, und Japan spricht von sechs Milliarden Litern Ethanol die ab 2030 jährlich verbraucht werden sollen. Dafür werden ein bis zwei Millionen Hektar Ackerland benötigt, und das in einem überaus gebirgigen Land, das schon jetzt Schwierigkeiten hat, seine Bevölkerung aus eigenem Anbau zu ernähren. Auch das Land der Mitte wird vermutlich kaum in der Lage sein, Biosprit und Nahrungsmittelproduktion unter einen Hut zu bekommen. In den letzten Jahren hat sich die Volksrepublik nämlich bereits zum Nahrungsmittelimporteur entwikkelt. Schuld daran ist unter anderem die prekäre Wasserversorgung am Gelben Fluss, die die Bewässerung eines Teils der fruchtbarsten Gebiete des Landes inzwischen extrem einschränkt. Beschrieben hat das jüngst der englische Umweltjournalist Fred Pearce in seinem Buch »Wenn die Flüsse versiegen«.

»Brasilien wird in 20 bis 30 Jahren die größte Energiemacht des Planeten sein. Die Selbstversorgung mit Erdölprodukten haben wir bereits erreicht, in zwei Jahren werden wir den größten Teil des Gases, das wir verbrauchen, selbst produzieren, und wir sind bereits die Wettbewerbsfähigsten in der Produktion von Ethanol. Brasilien erlebt eine Energierevolution. Die Ethanolrevolution haben wir schon hinter uns, und jetzt kommt der Biodiesel dran.«

Brasiliens Präsident Lula da Silva am 25. Mai 2006 in der argentinischen Zeitung *Clarin.*

Die Reihe der Länder ließe sich fortsetzen. Fast überall dämmert den Regierenden, dass die Erdöllagerstätten endlich sind und in nicht allzu ferner Zukunft erschöpft sein werden. Biosprit, sei es aus Diesel aus Palmöl, Raps oder Soja sowie Benzin-Ersatz aus Ethanol, ist daher überaus populär. Doch die wenigsten Industriestaaten werden ihren Bedarf im Inland decken können, nicht einmal die USA mit ihrer großen Landwirtschaft. Daher wird die Nachfrage auf dem Weltmarkt rasch steigen und Großgrundbesitzer in Brasilien und anderswo werden alles dransetzen, sie zu befriedigen.

Brasilien ist hier nur als Beispiel herausgegriffen worden. In vielen tropischen und subtropischen Ländern mit günstigen Bedingungen für den Zuckerrohranbau wird es ähnliche Konflikte geben. In Uganda tobte zum Beispiel im Frühjahr 2007 eine heftige Auseinandersetzung um ein Zuckerrohrprojekt, dem ein Teil eines Naturschutzgebietes geopfert werden sollte. Auch da ging es um Ethanol, und auch da musste wie in Mato Grosso do Sul nach erfolgreichem Widerstand die Regierung vorerst einen Rückzieher machen.

Biodiesel, der hier kaum erwähnt wurde, ist eine ganz ähnliche Geschichte. Wie Tabelle 9.2 zeigt, ist sein Flächenbedarf noch größer als der von Ethanol. Für einige Gebiete im Norden Argentiniens ist das Soja, was für Brasilien das Zuckerrohr ist. Und auch Soja wird in den nächsten Jahren sicherlich zunehmend für die Biodieselproduktion angebaut werden. Das Nachsehen haben die Kleinbauern. »Biosprit bringt das Big business ins Spiel und macht die Reichen reicher«, zitiert Shane Romig von der Nachrichtenagentur Associated Press Anfang Mai 2007 einen protestierenden argentinischen Bauern, und weiter: »Für die Armen bedeutet es nur noch mehr Hunger und Elend. Sie wollen argentinisches Agrarland aufkaufen, um es zu zerstören und Biosprit zu produzieren, den sie dann mit zurück in die USA nehmen.«

Aber es geht noch schlimmer: In Malaysia ist die Palmölproduktion seit langem ein lukratives Geschäft, denn damit lässt sich in der Lebensmittelindustrie mancherlei herstellen. Nun hat man entdeckt, dass es sich auch für Biodiesel eignet. Für so genannten Biodiesel. Denn in Malaysia ist kaum noch etwas vom einstigen Regenwald stehen geblieben. Einst haben die britischen Kolonialherren ihn für Kautschuk-Plantagen abgeholzt, den Rest gab ihm in den letzten Jahrzehnten die Palmölindustrie. Nur im malayischen Teil Borneos gibt es noch nennenswerte Refugien, die nun bedroht sind.

Doch längst hat Malaysias Plantagenwirtschaft den Sprung über die Straße von Malakka auf die indonesische Insel Sumatra gemacht. Dort wird nun im großen Stil der Wald abgeholzt, der natürlich, wie auch auf Borneo, am Kongo oder am Amazonas, Heimstätte und Existenzgrundlage von Menschen ist, die vertrieben und entwurzelt werden. Und er ist Lebensraum eines unserer Vettern, des Waldmenschen oder Orang Utan, wie ihn die Bewohner Sumatras nennen. Wenn die Rodungen auf ihrer Insel und dem benachbarten Borneo nicht bald gestoppt werden, dann wird der geheimnisvollste unter den Menschenaffen demnächst nur noch im Zoo zu bewundern sein.

Für das Herz eines Technikers, den nur interessiert, dass genügend Treibstoff für die unaufhaltsam wachsende Kraftfahrzeugflotte herangeschafft wird, ist die Sorge um Regenwald und Orang Utans vielleicht nur Romantik. Aber es gibt noch ein anderes gewichtiges Argument, das gegen den gezielten Anbau von Biokraftstoffen spricht: Sie sind energetisch höchst ineffizient, wie Tabelle 9.2 zeigt. Auf der gleichen Fläche lässt sich selbst im nicht gerade sonnenreichen

Deutschland mit Fotovoltaikanlagen ein Vielfaches der Energie gewinnen, und zwar ohne aufwändige Ernte- und Verarbeitungsprozesse und ohne den Einsatz von Düngemitteln, die ihrerseits das Treibhausgas N_2O freisetzen können. Die Aussage gilt selbst dann noch, wenn irgendwann die so genannten Biokraftstoffe der zweiten Generation marktreif sein sollten. Sie könnten die Ausbeute pro Hektar um maximal das Vierfache erhöhen, doch damit würde diese noch immer

Tabelle 9.2: Vergleich der Energieerträge von Biokraftstoffen und Fotovoltaik

Kraftstoff	Brennwert in KWh/L	jährl. Litertrag pro Hektar in l/ha	jährl. Energieertrag pro Hektar in 1000 KWh/ha
Ethanol (Mais)	6,47	3520	23
Ethanol (Zuckerrohr)	6,47	6000	38
Ethanol (Zuckerrüben)	6,47	6600	42
Biodiesel (Raps)	9,72	1200	12
Fotovoltaik-Anlage in Brandis			360

KWh/ha = Kilowattstunden pro Hektar.
KWh/L = Kilowattstunden pro Liter.

Die Brennstoffwerte sind einem Beitrag der deutschsprachigen Wikipedia-Ausgabe entnommen und auf Liter umgerechnet. Die Litererträge für Mais und Zuckerrüben sind aus der bereits oben erwähnten Syngenta-Broschüre von Enno Blumenberg und Stefan Mittler. Jene für Zuckerrohr ergeben sich aus verschiedenen Angaben über Produktion und Anbauflächen in Brasilien. Der Wert für Biodiesel stammt aus einer Studie von Matthias Fawer für die Bank Sarasin & Cie AG in der Schweiz. Die Angabe über den erwarteten Energieertrag im Fotovoltaikpark »Waldpolenz« in Brandis, Sachsen sind einer Pressemitteilung des Bauherrn und Betreibers juwi international entnommen. Zugrunde gelegt wurde nicht die Fläche der Solarkollektoren, sondern des Betriebsgeländes.

weit hinter der Fotovoltaik zurückbleiben. Und bei all dem ist noch nicht einmal berücksichtigt, dass ein Verbrennungsmotor nur 30 bis 40 Prozent der Energie des Kraftstoffes ausnutzt. Der Rest wird als Abwärme an die Umgebung abgegeben.

Zusammenfassend lässt sich also sagen, dass die so genannten Biokraftstoffe eine Vielzahl negativer Aspekte haben. Sie benötigen enorme Flächen, ihr CO_2-Einsparpotenzial ist nicht immer überzeugend, und sie werden schon bald die Nahrungsmittelpreise hierzulande wie auch weltweit kräftig nach oben treiben. Dabei heißt »Bio« nicht einmal sauber: Der Stickoxidausstoß von Biodiesel kann je nach Motor, Fahrweise und anderen Faktoren ein bis 15 Prozent höher sein, als wenn herkömmlicher Diesel verwendet wird, schreibt Ron Kotrba in der US-Fachzeitschrfift *Biodiesel Magazine.* Was ihre ökonomischen Auswirkungen angeht, so können Biokraftstoffe hierzulande die Einkommenssituation der Bauern verbessern und damit die Krise der Landwirtschaft beenden, allerdings zum Preis einer für Böden und Ökosysteme nicht gerade zuträglichen Intensiv-Bewirtschaftung. In Ländern wie Brasilien oder Argentinien werden sie jedoch die Macht des Großgrundbesitz stärken, der schon heute für massive Gewalt und Verelendung großer Teile der Landbevölkerung verantwortlich ist.

Wenn überhaupt, dann können Biokraftstoffe nur dann nachhaltig und damit sinnvoll sein, wenn gleichzeitig der Kraftstoffbedarf durch eine drastische Einschränkung des Individualverkehrs in Verbindung mit erheblichen Effizienzsteigerungen gesenkt wird und wenn sie aus Abfällen oder Pflanzen gewonnen werden, die nicht mit Nahrungsmitteln konkurrieren. Doch selbst dann ist wahrscheinlich die Produktion von Biogas für die Verwendung in Blockheizkraftwerken energetisch noch die sinnvollere Variante.

Andreas Ostermeier vom Umweltbundesamt meint in einem unveröffentlichtem Manuskript, dass »bei stationärer energetischer Biomassenutzung eine etwa drei- bis siebenfach höhere Klimagasminderung je Hektar Anbaufläche erreichbar (ist) als mit den heute verfügbaren Biokraftstoffen.« Selbst wenn eines Tages tatsächlich die Vergasung von ganzen Pflanzen kommerziell nutzbar sein und der Energieertrag pro Hektar dadurch maximal vervierfacht werden sollte, würde die Energie in einem Blockheizkraftwerk noch immer eineinhalb bis zweieinhalb Mal so gut ausgenutzt.

Vielleicht sollten wir uns also ganz vom Verbrennungsmotor verabschieden, der unsere Städte mit Lärm und unsere Lungen mit Ruß und anderen Abgasen füllt? Schließlich lassen Bahnen sich auch bestens mit Strom betreiben, und auch mobile Anwendungen sind in Zukunft sicherlich denkbar, wenn der Anspruch nicht gerade Tempo 250 auf der Autobahn lautet. Auf Ostasiens Straßen fahren bereits dank verbesserter Speichertechnik einige 100.000 batteriebetriebener Motorroller.

9.2 Strahlende Trittbrettfahrer

Der Atomausstieg ist in Deutschland eine beschlossene, gesetzlich geregelte Sache. Voraussichtlich 2023 wird der letzte Meiler vom Netz gehen, ab dem nächsten Jahr werden die AKW schrittweise abgeschaltet. Besonders ab 2010 soll es Schlag auf Schlag gehen. Aber mit Gesetzen ist das so eine Sache, wie jeder weiß, der schon mal Polizisten, die sich als schwarzer Block verkleidet hatten, beim Steinewerfen zusah. Sie gelten nicht für jedermann im gleichen Maße und ihre Auslegung ist immer eine Sache der gesellschaftlichen Kräfteverhältnisse.

So können wir denn seit Anfang 2007 erleben, wie der Atomausstieg mal wieder massiv in Frage gestellt wird, und zwar nicht nur von der Energiewirtschaft, sondern auch von der regierenden CDU. Ansatzpunkte sind dafür zwei Dinge: In den nächsten 15 Jahren muss Ersatz für rund 150 Milliarden KWh Strom geschaffen werden, der bisher noch jährlich von den deutschen AKW produziert wird. Das ist keine kleine Aufgabe, denn es geht um rund 27 Prozent des hiesigen Verbrauchs. Der andere Hebel, den die Atomlobbyisten nutzen, ist die Klimadiskussion. Nur durch Verlängerung der Laufzeiten könne genügend CO_2 gespart werden, ist eines ihrer beliebtesten Argumente.

Eine mächtige Verbündete haben sie in der Bundeskanzlerin, die schon als Umweltministerin gerne die Werbetrommel für die Kernspalter rührte. Im Februar fuhr sie eine heftige Attacke gegen ihre Koalitionspartner aus der SPD, weil diese angeblich keine Alternativen zum Atomstrom zu bieten haben. Dabei hatte der sozialdemokratische Umweltminister Gabriel sich längst auf die Scheinalternative Atom oder Braunkohle eingelassen. Merkel kündigte an, das Thema Laufzeiten in den kommenden Gesprächen über die Zukunft der Energieversorgung in Deutschland auf den Tisch bringen zu wollen.

Vorsorglich hat sie aber schon mal ein paar kräftige Duftmarken gesetzt: Im Dezember 2006 ernannte sie den Vorstandsvorsitzenden des schwedischen Energiekonzerns Vattenfall Lars Göran Josefsson zu ihrem Klimaberater. Vorausgegangen waren dem zwei spektakuläre Unfälle in den schwedischen Atomkraftwerken Forsmark I und Ringhals II. Der Meiler Forsmark I war im Juli 2006 nur knapp an einer Kernschmelze vorbeigeschrammt. Im Anschluss daran verbreitete der Konzern die Unwahrheit über die Ausrüstung seiner hiesigen Atomkraftwerke. Ein Unfall wie in Forsmark sei ausgeschlossen, weil die fragliche Technik, die in Forsmark eingesetzt wurde, in Deutschland nicht verwendet werde. Im Falle des von Vattenfall betriebenen AKW Brunsbüttel in Schleswig-Holstein stellte sich das nur wenige Wochen später als falsch heraus, aber mit einer derartigen Informationspolitik hat sich Josefsson offensichtlich zum Klimaberater der Bundeskanzlerin qualifiziert.

Die Botschaft der Kanzlerin ist eindeutig: Die Energiepolitik soll auch in Zukunft von den großen Konzernen bestimmt und die Option auf neue AKW grundsätzlich offen gehalten werden. Zumindest soll – den Klimaschutz als Vorwand nutzend – die Laufzeit der Meiler so lange wie möglich ausgedehnt werden. Der Grund ist simpel, aber sehr verlockend: Die alten Anlagen sind längst abgeschrieben und somit reine Gelddruckmaschinen, zumal für einen großen Teil der Entsorgungskosten die Allgemeinheit aufkommt. Je nach Anlage würde jedes Jahr, das ein AKW länger laufen kann, dem Betreiber 200 bis 400 Millionen Euro Ertrag in die Kasse spülen, schrieben 2006 Felix Matthes und Beate Kallenbach-Herbert in einer für die Heinrich-Böll-Stiftung erstellten Studie.

Angesichts solcher Summen überhört denn auch die Bundeskanzlerin lieber den Rat ihres Wissenschaftlichen Beirats für Globale Umweltveränderungen (WBGU). Der hatte ihr Anfang 2007, als sie die EU-Ratspräsidentschaft antrat, mit auf den Weg gegeben: »Ein substanzieller Beitrag der Kernenergie ließe sich in Zukunft wegen der begrenzten Uranvorräte nur mit Hilfe der unausgereiften Brütertechnologie erreichen. Damit wäre aber ein Einstieg in die Plutoniumwirtschaft und ein erhöhtes Risiko für militärischen und terroristischen Missbrauch verbunden. Auch gibt es nach rund 50 Jahren Kernenergienutzung weltweit immer noch kein anerkanntes Konzept zur sicheren Endlagerung radioaktiver Abfälle. Weil die Nutzung der Kernenergie mit nicht akzeptablen Risiken verbunden ist, empfiehlt der WBGU, diese auslaufen zu lassen.«

Neben den seit langem diskutierten Risiken der Atomkraft spricht der WGBU im obigen Zitat am Rande auch ein Thema an, das in der öffentlichen Debatte bisher kaum beachtet wurde: Das Uran wird nicht mehr allzu lange reichen. Der Ausbau der Atomkraft wäre nicht nur größenwahnsinnig, sondern auch vollkommen unrealistisch. »Selbst wenn wir einkalkulieren, dass die Preise für Uran enorm steigen und dadurch auch die Ausbeutung von jetzt noch unwirtschaftlichen Minen interessant wird, sind die Uranlager in spätestens siebzig Jahren erschöpft«, meint Werner Zittel, Energieexperte bei der Ludwig Bölkow Systemtechnik. Für die Energy Watch Group, der er angehört, hat er im Dezember 2006 einen Bericht über die Uranreserven auf dem Planeten veröffentlicht. Darin kommt er zu dem Schluss, dass die Förderung bei der derzeitigen Entwicklung 2035 ihren Höhepunkt überschritten haben wird. Spätestens dann sei die Versorgung mit Brennstäben fraglich. Schon jetzt werde mehr Uran verbraucht als gefördert, was nur gehe, weil Lagerbestände sowie Spaltmaterial aus alten Atomwaffen verbraucht werden können.

Bleibt noch die Frage, ob die AKWs zumindest in den nächsten zweieinhalb Jahrzehnten vielleicht eine Option wären, CO_2-Emissionen einzusparen. Für Urangewinnung, -transport und -aufbereitung müssen große Mengen Energie aufgewendet werden. Hinzu kommt ein intensiver Atommülltourismus und nicht zu vergessen Bau und späterer Abriss der Atomkraftwerke. Unterm Strich muss reichlich Diesel verbrannt werden, um ein AKW am Laufen zu halten, für die Anreicherung des Urans wird Strom verbraucht, der in Länder wie den USA und Russland vor allem aus Kohlekraftwerken stammt, und für den Beton des Kraftwerks wird viel Zement verbraucht, bei dessen Herstellung CO_2 auf chemischem Wege entsteht. Uwe R. Fritsche vom Darmstädter Ökoinstitut hat es etwas genauer ausgerechnet. Sein Ergebnis: Atomstrom, der in hiesigen AKWs erzeugt wird, führt zu Emissionen von rund 32 Gramm CO_2-Äquivalente je Kilowattstunde (g C_2-Äqu./KWh). Wenn das Uran allerdings aus Russland importiert wurde, dann fallen bereits 65 g CO_2-Äqu./KWh an. Im Vergleich zu den Emissionen eines Braunkohlekraftwerks ist das lächerlich wenig. Allerdings muss man bedenken, dass die Alternative nicht unbedingt Braunkohle heißt, sondern kleine, dezentrale Kraftwerke, die zugleich Heizenergie erzeugen und so in Privathaushalten und Büros Emissionen vermeiden. Oder anders ausgedrückt, eigentlich müsste man den AKW auch noch die Emissionen aus den Heizungen anrechnen, die anfallen, wenn der Strom aus großen Atomkraftwerken kommt, deren Abwärme nicht genutzt werden kann.

Das Öko-Institut hat in 20 Jahren eine Datenbank diverser Industrie-, Bergbau- und Verkehrsprozesse zusammengetragen, mit der sich auch für die anderen Energieträger entsprechende Berechnungen für einen Vergleich mit dem Atomstrom anstellen lassen. Das Ergebnis: Erdgas-Blockheizkraftwerke können mit 49 g CO_2-Äqu./KWh durchaus ganz gut mithalten (siehe Tabelle 9.3). Der Wert liegt deshalb so niedrig, weil von den CO_2-Emissionen des Kraftwerks die vermiedenen Emissionen für Heizen in den mit der Abwärme versorgten Wohnungen und Büros abgezogen werden. Die Windkraft steht mit 24 g CO_2-Äqu./KWh noch besser da, für Solarzellen ist hingegen der Produktionsaufwand noch sehr hoch, sodass sie auf 101 g CO_2-Äqu./KWh kommen. Unschlagbar sind allerdings Blockheizkraftwerke, die mit Biogas betrieben werden. Ihre annähernd Treibhaus-neutrale Stromproduktion kann zugleich noch Emissionen beim Heizen mit fossilen Brennstoffen vermeiden, daher ist ihr Emissionswert sogar stark negativ.

Tabelle 9.3: Emissionen in g/KWh

Strom aus:	CO_2-Äquivalente	nur CO_2
AKW (Uran nach Import-mix)	32	31
AKW (Uran nur aus Russland)	65	61
Import-Steinkohle-Kraftwerk	949	897
Import-Steinkohle-Heizkraftwerk	622	508
Braunkohle-Kraftwerk	1153	1142
Braunkohle-Heizkraftwerk	729	703
Erdgas-GuD-Kraftwerk[1]	428	398
Erdgas-GuD-Heizkraftwerk[1]	148	116
Erdgas-Blockheizkraftwerk	49	5
Biogas-Blockheizkraftwerk	-409	-414
Wind Park onshore	24	23
Wind Park offshore	23	22
Wasser-Kraftwerk	40	39
Solarzelle (multikristallin)	101	89
Solarstrom-Import (Spanien)	27	25

[1] GuD-Kraftwerk = Gas- und Dampfturbinenkraftwerk

Im Falle der verschiedenen aufgeführten Heizkraftwerkstypen wurden die durch die Fern- bzw. Nahwärme vermiedenen Emissionen in Heizungsanlagen in den Haushalten und öffentlichen Gebäuden von den Emissionen des Kraftwerks abgezogen. Für alle Anlagentypen wurden die Emissionen aus Bau sowie Aufbereitung und Transport der Kraftstoffe etc. berücksichtigt. Bei den Gaskraftwerken fällt ins Gewicht, dass ein Teil des methanhaltigen Gases in die Atmosphäre entweichen kann. Deshalb ist zum Beispiel bei einem Biogaskraftwerk die Gesamtbilanz etwas schlechter als die reine CO_2-Bilanz.

Quelle: Fritsche, Uwe R., 2007: Treibhausgasemissionen und Vermeidungskosten der nuklearen, fossilen und erneuerbaren Strombereitstellung – Arbeitspapier. Öko-Institut e.V. Darmstadt.

Tabelle 9.3 belegt eindrucksvoll, dass AKW auch unter reinen Klimaschutz-Aspekten alles andere als die erste Wahl sind. Es gibt andere Optionen wie Wind und vor allem Biogas, die weniger Treibhausgase emittieren. Biogas hätte außerdem den Vorteil, dass es anders als AKW sehr flexibel einsetzbar ist. Das heißt Gaskraftwerke können sehr schnell hoch und runter gefahren werden, sind daher also ideal als Ergänzung zur unstetigen Windkraft. Diesen Vorteil verbindet die Biogasanlagen auch mit den ebenfalls treibhausfreundlichen Gas-Blockheizkraftwerken, die mit Erdgas betrieben werden. Außerdem sind beide Gase austauschbar. Das heißt, wenn man heute ein modernes Blockheizkraftwerk baut, das mit einer Gas-und Dampfturbine ausgerüstet ist, dann kann man dieses morgen vielleicht mit Biogas betreiben, wenn die entsprechende Infrastruktur steht.

AKW sind in diesem Zusammenhang auch deshalb kontraproduktiv, weil sie die zentralisierten Versorgungsstrukturen zementieren. Statt ihre Laufzeiten noch weiter zu verlängern, wäre es höchste Zeit, die vorsichtig geschätzt über vier bis sechs Milliarden Euro, die mit dem Betrieb der längst abgeschriebenen Altanlagen verdient wird, abzuschöpfen, um dieses Kapital in eine nachhaltige Energieversorgung zu investieren.

10. Ausblick

Hier und da breitet sich in der neuesten Klimadiskussion ein wenig Fatalismus aus. Einige der so genannten Skeptiker, die seit den 1980ern ihren Lebensunterhalt damit verdienen, den drohenden Klimawandel anzuzweifeln und den wissenschaftlichen Kenntnisstand zu verdrehen, schalten inzwischen um. Man könne sowieso nichts mehr machen, lautet die neue Botschaft.

Doch für Weltuntergangsstimmung besteht eigentlich kein Anlass. Zum einen wird hier wie anderswo schon manches getan, besonders in Sachen Aufbau erneuerbarer Energieträger. Zum anderen geht es nicht um eine Schwarz-Weiß-Frage, um Klimawandel oder nicht Klimawandel. Die Aufgabe wird in den kommenden Jahrzehnten vielmehr sein, den Klimawandel soweit wie möglich zu begrenzen, also soviel wie möglich an Treibhausgasemissionen zu vermeiden. Auf jedes einzelne neue Kohlekraftwerk, das verhindert werden kann, wird es ankommen, um eine der hierzulande wichtigsten Fronten der Auseinandersetzung herauszugreifen.

Dabei drängt ohne Zweifel inzwischen die Zeit. Die beobachteten Veränderungen der globalen Mitteltemperatur und des Meeresspiegels liegen bereits am oberen Ende der Projektionen. Außerdem sollte man immer im Hinterkopf behalten, dass das Klimasystem sich nicht mehr im Gleichgewicht befindet. Das heißt, es hat sich vor allem aufgrund der Trägheit der Ozeane noch nicht voll auf die zusätzlichen Treibhausgase in der Atmosphäre eingestellt. Derzeit strahlt die Erde weniger Energie ab, als sie von der Sonne erhält, das heißt sie heizt sich auf.

»Wenn die Treibhausgaskonzentration auf dem Niveau des Jahres 2000 konzentriert würde, was – im Falle des Kohlendioxids – eine Reduktion der Emissionen um 70 Prozent nötig machen würde, sagen unsere Berechnungen voraus, dass die mittlere globale Temperatur weiter steigen würde, bis sie schließlich ein Grad Celsius über der heutigen liegt«, berichten auf ihrer Internet-Seite die Klimaforscher vom Metoffice, dem britischen Gegenstück zum Deutschen Wetterdienst.

Die große Frage ist, wieviel Erwärmung wir uns noch leisten können. In der UN-Klimarahmenkonvention haben sich die Staaten darauf geeinigt, dass gefährliche Eingriffe in das Klimasystem vermieden werden sollen. Doch bisher ist nicht richtig geklärt, was eigentlich als gefährlich anzusehen ist. Die Bundesregierung und die EU haben inzwischen eine Erwärmung um zwei Grad als die Zielmarke ausgegeben, auf die die Klimaveränderungen beschränkt werden sollen.

Doch einigen geht das zu weit. Der renommierte Klimatologe Jim Hansen vom NASA Goddard Institute for Space Studies in New York hat im Mai 2007 gemeinsam mit einer ganzen Reihe von Kollegen Modellrechnungen veröffentlicht, die die Schwelle zu gefährlichen Veränderungen bei einer langfristigen Erwärmung um lediglich ein weiteres Grad Celsius sehen. Die Wissenschaftler stellen Vergleiche zu früheren Warmzeiten an und versuchen, die Stabilität des westantarktischen Eisschildes abzuschätzen. Das Ergebnis: Bei mehr als einem Grad könnte die Erwärmung tieferer Wasserschichten das Eisschild destabilisieren und eventuell auch einige Vorkommen von Gashydraten auflösen. Letzteres hätte womöglich Tsunamis zur Folge (siehe Kapitel 3), würde aber auf jeden Fall eine Verstärkung der Erwärmung durch zusätzliches Treibhausgas in Form von Methan (CH_4) bewirken.

Natürlich ist schwer zu sagen, ob es wirklich schon bei 1,2 oder 1,8 Grad zusätzlicher globaler Erwärmung so weit kommt. Das westantarktische Eisschild wird seit mindestens 30 Jahren intensiv erforscht, doch in den letzten Jahren sind die Unsicherheiten eher gewachsen. Aber daraus zu schließen, man müsse abwarten, bis auch endgültige Klarheit über das letzte Detail erreicht ist, wäre grob fahrlässig. Zu groß sind die Gefahren, sollten sich die düsteren Prognosen bewahrheiten. Das Auseinanderbrechen und Abschmelzen der Gletscher in der Westantarktis südlich von Feuerland könnte weltweit den Meeresspiegel in den nächsten Jahrhunderten um vier bis sechs Meter steigen lassen. Dabei handelt es sich keinesfalls um Prozesse, die der Mensch nach Belieben ein- oder ausschalten könnte. Wenn wir abwarten, bis wir den Beweis vor Augen haben, wird es schon zu spät sein. Hansen und Kollegen kommen zu dem Schluss, dass die Konzentration des wichtigsten Treibhausgases CO_2 bei 450 Millionstel Volumenanteilen stabilisiert werden muss, vorausgesetzt, das Wachstum der anderen Treibhausgase bleibt auf dem derzeit niedrigen Niveau. Beim derzeitigen Tempo der CO_2-Anreicherung wäre dieser Wert in 30 bis 35 Jahren erreicht.

Wir sollten uns also nicht mit dem Zwei-Grad-Ziel der Bundesregierung zufrieden geben. Schon gar nicht, weil wir sicher sein können, dass uns irgendwann drei Grad als »annehmbarer Kompromiss« zwischen den Interessen des Klimaschutzes und denen der Energiekonzerne präsentiert wird, wenn der politische Druck nicht erhöht wird. Auch das offizielle EU-Ziel von 20 Prozent Treibhausgasreduktion bis 2020 ist unzureichend. Wie alle entsprechenden Ziele bezieht sich die Angabe auf das Jahr 1990. Durch die Osterweiterung hat die Union jedoch inzwischen zahlreiche Mitglieder hinzugewonnen, die in Folge des ökonomischen Zusammenbruchs in Osteuropa Anfang der 1990er inzwischen weit unter dem Referenzwert liegen. Unterm Strich bedeutet dieses Ziel, das der europäischen Öffentlichkeit als ehrgeizig verkauft wird, dass die EU nach 2012 ihre Emissionen um lediglich acht Prozent vermindern will.

Das ist angesichts der Größe der Gefahren und des Umfangs der Aufgaben, die in den nächsten zwei bis drei Jahrzehnten bewältigt werden müssen, viel zu wenig. Die EU-Staaten gehören zu jenen Ländern, deren Pro-Kopfemissionen weit über dem Durchschnitt liegen, und daher müssen sie auch eine größere Last in der Verminderung der Emissionen tragen. Langfristig, das heißt bis spätestens zur Jahrhundertmitte, muss der Ausstoß der Treibhausgase hierzulande um über 80 Prozent gesenkt werden. Ein Ziel von 30 bis 40 Prozent bis 2020 (wovon 9,7 Prozentpunkte im Jahre 2004 ohnehin schon erreicht waren) wäre also angemessen. Je schneller die Emissionen vermindert werden, desto eher werden Folgekosten von Umweltschäden vermieden und desto mehr Raum bekämen die Länder des Südens, ihre Industrialisierung voranzutreiben.

Ende 2012 läuft das Kyoto-Protokoll aus, der einzige Vertrag, der bisher die Industriestaaten zur Reduktion ihrer Emissionen verpflichtet. Für Verhandlungen über einen Nachfolgevertrag ist es höchste Zeit, und mit einigem Glück wird dafür trotz US-Störmanöver Ende 2007 auf der jährlichen UN-Klimakonferenz der Startschuss gegeben. Es zeichnet sich allerdings ab, dass die EU-Regierungen die Taktik Washingtons übernehmen und versuchen werden, den Schwellenländern den Schwarzen Peter zuzuschieben.

Das wäre für die Sache des Klimaschutzes aus zwei Gründen fatal: Zum einen verstellt es den Blick auf die realen Verhältnisse. Viele Industriestaaten sind, wie die Abbildung »Veränderungen der CO2-Emissionen« auf Seite 30 zeigt, noch weit davon entfernt, ihre bescheidenen, vollkommen unzureichenden Verpflichtungen zu erfüllen. Dabei geht auf ihr Konto der allergrößte Teil des bisherigen Anstiegs der Treibhausgaskonzentrationen um rund 36 Prozent oder 100 Millionstel Volumenanteilen seit Beginn der Industrialisierung. Zum anderen ist eine Frontstellung gegen die Schwellenländer das beste Mittel, die Verhandlungen zu blockieren. Schwellenländer wie China und Indien werden allein schon aus Gründen der Selbstachtung keine verbindlichen Begrenzungen ihrer Emissionen akzeptieren, solange die Industriestaaten nicht ihrerseits endlich mit dem Klimaschutz ernst machen. Doch dafür gibt es nach fast 20 Jahren internationaler Verhandlungen im Großen und Ganzen noch immer kein ernsthaftes Zeichen. Die vorhergehenden Kapitel haben hoffentlich deutlich gemacht, dass auch in Deutschland entgegen des vielfach verbreiteten Mythos von einer Klimaschutz-Vorreiterrolle bisher nicht die Rede sein kann.

Parallel zur Rechtsentwicklung der grünen Partei seit Ende der 1980er Jahre hat sich auch in den etablierten Umweltverbänden das marktwirtschaftliche Denken breit gemacht. Begann es zunächst als Hilfsargument, um der Kritik der Wirtschaftsverbände den Wind aus den Segeln zu nehmen, so setzte sich die Vorstellung schon bald allgemein durch, Klimaschutz sei am besten mit marktkonformen Mitteln durchzusetzen. Das führte sogar dazu, dass ein Teil der Umweltverbände vollends ins Lager des Neoliberalismus überlief und die Proteste, die sich ab 2003 gegen den sozialen Kahlschlag »ihrer« Regierung entwickelten, mit großer Skepsis beobachtete. Für den Klimaschutz ist das aus mehreren Gründen äußerst kontraproduktiv. Zum einen gehören der Kampf um eine gesicherte, würdevolle Existenz für alle mit dem Klima- und Umweltschutz eng zusammen. Denn schließlich ist die Frage der Lebensqualität nicht nur eine Frage des Einkommens und der Höhe der sozialen Absicherung, sondern auch der sauberen Umwelt und der sicheren Zukunft. Außerdem könnten mit der notwendigen Energie- und Verkehrswende sehr viele sinnvolle Arbeitsplätze geschaffen werden.

Zum anderen ist »der Klimawandel... das größte Versagen des Marktes, das die Welt je gesehen hat«, wie es der ehemalige Weltbank-Ökonomen Nicholas Stern in seinem Bericht an die britische Regierung formuliert. Demonstriert wird das nicht nur vom Versagen des Emissionshandel, sondern auch von der anhaltenden Dominanz der Energiekonzerne, die ihre finanzielle Macht und den Betrieb der Netze einsetzen, um klimafreundliche Alternativen zu behindern.

Bei den Umweltverbänden sind in letzter Zeit große Risse im neoliberalen Konsens auszumachen, aber die etablierten Parteien lassen keinen Zweifel daran aufkommen, dass der Markt für sie eine heilige Kuh bleibt. 2003, Gehard Schröder hatte gerade als Wellenreiter auf dem Elbhochwasser seine Wahl gewonnen, hieß es aus dem von einem Sozialdemokraten geleiteten Wirtschaftsministerium: »Als Konsequenz des scharfen Wettbewerbs im liberalisierten Strommarkt Europas werden für solche Neubauprojekte (gemeint sind neue Kraftwerke, der Verf.) die Wirtschaftlichkeitsdaten von entscheidender Bedeutung sein. Niedrige spezifische Stromerzeugungskosten eines Kraftwerks sowohl im nationalen als auch im europäischen Wettbewerb sind hierbei das wichtigste Entscheidungskriterium.«

Nichts ist dagegen einzuwenden, ökonomische und andere Ressourcen möglichst sparsam und gezielt einzusetzen, aber angesichts der Probleme vor denen die Menschheit steht, ist es schlichtweg inakzeptabel, Markt und Wettbewerb zur obersten Instanz zu machen, wenn über Fragen des zukünftigen Kraftwerkparks entschieden wird. Energieversorgung und Klimaschutz gehen die ganze Gesellschaft an, deshalb müssen sie demokratisch behandelt werden und dürfen nicht elitären, der parlamentarischen Kontrolle entzogenen »Energiegipfeln« im Kanzleramt überlassen werden.

Auch in den Vorstandsetagen der Energiekonzerne sind diese Fragen, wie wir seit den großen Auseinandersetzungen um den Bau der Atomkraftwerke gesehen haben, denkbar schlecht aufgehoben. Während für die Bevölkerung und zukünftige Generationen Atommüll, Klimawandel und die Kraterlandschaften des Braunkohletagebaus bleiben, steigen die Gewinne des Strom-Oligopols in immer neue Höhen. Wie wäre es, dieses Geld für den nötigen Umbau der Energieversorgung einzufordern? Schließlich stammt es aus der Arbeit der Beschäftigten und den Taschen der Stromkunden.

Man könnte ja zum Beispiel die sieben Milliarden Euro nehmen, mit denen E.on zum Segen seiner Aktionäre eigene Aktien aufkaufen will, und statt dessen mit ihnen Windenergieanlagen in China finanzieren. Das wäre noch nicht die Lösung des ganzen Klimaproblems, aber es wäre eine deutliche Geste, die die internationalen Verhandlungen sicherlich beflügeln würde. Man könnte diese Summe als einen kleinen Beitrag zu einem gemeinsamen Problem bezeichnen oder auch als eine bescheidene Wiedergutmachung für die deutschen Kolonialverbrechen im 19. und 20. Jahrhundert.

Viele Entscheidungen über neue Kraftwerke, Windanlagen, Wärmeversorgung und Ähnliches sind am effektivsten auf der kommunalen Ebene zu treffen. Weil diese den Verbrauchern am nächsten ist, weil sie noch am ehesten demokratisch zu kontrollieren ist und weil auch die Natur vieler erneuerbarer Energieträger für dezentrale Strukturen spricht. Insofern liegt es auf der Hand, wenn sich zahlreichen Initiativen gegen Privatisierung bzw. für eine Rekommunalisierung der Stadtwerke auch des Themas Klimawandel und des Kampfes gegen neue Kohlekraftwerke annehmen. In verschiedenen Städten gibt es tatsächlich schon solche Ansätze.

Mancherorts gibt es auch erfreuliche Bündnisse mit der Gewerkschaft ver.di, in der die Stadtwerker meist organisiert sind. Wo in den letzten Jahren Stadtwerke an größere Konzerne verkauft wurden, ging dies meist mit einem drastischen Abbau der Arbeitsplätze und einer

Intensivierung der Arbeit im Betrieb einher, die für viele Beschäftigte sehr belastend ist. Doch mit den Entlassungen wurde in den betroffenen Kommunen auch wichtige Kompetenz abgebaut, die für einen klimafreundlichen Umbau der Strom- und Wärmeversorgung benötigt würde. Daher ist es nicht nur aus taktischen Erwägungen wünschenswert, dass das Beispiel der Bündnisse zwischen Globalisierungskritikern, die die Privatisierung bekämpfen, Gewerkschaftern und Umweltschützern, die es in einigen Städten bereits gibt, Schule macht und vielleicht sogar zu einer bundesweiten Bewegung wird.

Glossar

Aerosole. Kleine Partikel in der Luft. Quellen können sein: Staub, der von trokkenen Landflächen aufgewirbelt und zum Teil über hunderte von Kilometer verweht wird; Auswürfe von Vulkanen, die, wenn sie in Höhen über zwölf bis 16 Kilometern gelangen, dort einige Jahre bleiben und sich um die ganze Erde verteilen; feste Bestandteile der Abgase von Kohlekraftwerken und Dieselmotoren. Vulkan-Aerosole können zu regional begrenzten oder auch globalen Abkühlungen führen, da sie Sonnenlicht reflektieren. Von verschiedenen Ausbrüchen in historischer Zeit ist bekannt, dass sie aufgrund dieser Abkühlung in ihrer weiteren Umgebung schwere Ernteeinbußen verursacht haben. Zuletzt hat der Ausbruch des Mount Pinatubo auf den Philippinen Anfang der 1990er Jahre zu einer globalen Abkühlung von einigen wenigen Zehntel Grad Celsius geführt.
Von besonderer Bedeutung sind die Aerosole aus Kraftwerken, die vor allem aus Ruß und Schwefeldioxid bestehen. Sie haben zwar nur eine Verweilzeit von ein bis zwei Wochen in der Atmosphäre, sind aber sehr klimawirksam, da ihre Quellen äußerst beständig sind. Vor allem das Schwefeldioxid reflektiert Sonnenstrahlung, und verstärkt ebenso wie Ruß die Wolkenbildung. Insgesamt hebt der Kühlungseffekt der anthropogenen Aerosole laut IPCC 2007a immerhin rund die Hälfte des Effekts der anthropogenen Treibhausgase auf. Außerdem verursacht Schwefeldioxid sauren Regen und stellt gemeinsam mit Ruß insbesondere in vielen chinesischen Städten ein enormes Gesundheitsproblem dar. China wird daher als einer der weltweit wichtigsten Emittenten dieser Partikel in den nächsten Jahren seine Maßnahmen dagegen verstärken. Das wird jedoch zu einer Verstärkung des Treibhauseffektes führen.

Anthropogen. Vom Menschen verursacht.

Atmosphärischer Raum. Auch Umweltraum. Darunter ist die Menge der Ressourcen zu verstehen, die nachhaltig genutzt werden kann, d.h. ohne dass sie unwiderrufbar verbraucht werden oder künftigen Generationen eine Umwelthypothek aufgebürdet wird, wie sie der globale Klimawandel darstellt. Im Falle der Atmosphäre heißt das, dass der nutzbare »Raum« aus der Hälfte des heute emittierten Kohlendioxid besteht. Das ist jener Anteil, den Biosphäre und Ozeane aufnehmen, der also nicht in der Luft verbleibt und somit nicht zur Verstärkung des Treibhauseffektes beiträgt. Pro Jahr und Kopf der Weltbevölkerung sind das zwei Tonnen CO_2. In Deutschland liegen die durchschnittlichen Pro-Kopf-Emissionen bei zehn Tonnen, rechnet man die übrigen Treibhausgase als CO_2-Äquivalente ein, sind es es sogar zwölf Tonnen.

Braunkohle. Hat von allen fossilen Energieträgern den geringsten Brennwert und daher den höchsten spezifischen Ausstoß an Kohlendioxid. Nach Angaben der Firma Buderus lässt sich aus Braunkohlebriketts eine Heizleistung von 5,3

KWh pro Kilogramm herausholen. Beim Koks sind es hingegen 8,2 KWh/kg und beim Heizöl 10 KWh pro Liter. Zudem kommt hinzu, dass Braunkohle in Deutschland im Tagebau gewonnen wird, was zu einer großflächigen Vernichtung von Dörfern und Landschaft in den betroffenen Regionen führt. Größere Abbaugebiete gibt es in der Lausitz (Südost-Brandenburg, Ost-Sachsen), im Raum Leipzig-Halle und im Rheinland westlich von Köln. Ein kleineres Revier liegt bei Helmstedt im östlichen Niedersachsen. Dennoch erfreut sie sich bei den Energiepolitikern von CDU und SPD großer Beliebtheit, weil sie der einzige fossile Energieträger ist, der sich in Deutschland in großem Maßstab rentabel abbauen lässt. Nach Angaben des Bundesverbandes Braunkohle waren Ende 2006 gut 23.000 Personen in der Braunkohleindustrie beschäftigt. In dieser Zahl inbegriffen sind 6.100 Arbeiter und Angestellte in den Kraftwerken, die den Braunkohleunternehmen gehören.
Mit über 20 Prozent war Deutschland 2005 der weltweit größte Braunkohleproduzent. Andere wichtige Förderländer sind die USA, Russland, Griechenland und Australien.

Clean Coal. Siehe *saubere Kohle.*

Clean Development Mechanism (CDM). Mechanismus für Saubere Entwicklung. Industriestaaten können unter diesem Mechanismus Projekte zur Treibhausgasreduktion in Entwicklungsländern finanzieren und sich die Reduktion gutschreiben lassen.

CO_2. Siehe *Kohlendioxid.*

COP. Conference of Parties. Vertragsstaatenkonferenz der Klimarahmenkonvention. COP1 war 1995 in Berlin.

Energie. Dem Geophysiker sträuben sich die Nackenhaare, wenn er von Energieerzeugung liest, aber dennoch erlaubt sich der zum Journalisten mutierte Autor des öfteren diesen Lapsus. Die Naturwissenschaften sagen jedenfalls folgendes: Energie hat verschiedene Erscheinungsformen, die ineinander umgewandelt werden, wobei die Gesamtenergie immer erhalten bleibt. Es gibt also weder Energiesenken noch Energiequellen. Die Strahlungsenergie der Sonne erwärmt Luft, Wasser und Erde (Wärmeenergie), was wiederum die Zirkulation in den Ozeanen und der Atmosphäre in Gang setzt (Bewegungsenergie). Die kann schließlich mit Windrädern eingefangen und in elektrische Energie umgewandelt werden. Oder die Sonnenstrahlung wird von den Pflanzen mittels Fotosynthese genutzt, um Kohlendioxid (CO_2) in Kohlenstoff (C) und Sauerstoff (O_2) aufzuspalten (chemische Energie). Der Kohlenstoff dient dann den Pflanzenfressern als Energielieferant bzw. dem Menschen als Feuerholz oder Biosprit. Fotosynthese ist allerdings ein sehr ineffizienter Prozess, sodass auf der gleichen Fläche wesentlich mehr Strahlungsenergie mittels der *Fotovoltaik* oder der *Solarthermie* eingefangen werden kann. Was gewöhnlich Energieverbrauch genannt wird, zum Beispiel Strom für Beleuchtung, oder Kraftstoffe für den Transport, ist meist eine mittel- oder unmittelbare Umsetzung von verschiedenen Energieformen in Wärmeenergie. Siehe auch *Wirkungsgrad, Watt* und *Leistung.*

Erdbeben. Erdbeben haben entgegen manchen Spekulationen nichts mit Klimaveränderung zu tun. Die schweren, zerstörerischen ihrer Art sind ohne Ausnahme Ergebnis der ständigen Verschiebung der Platten der Erdkruste. Leichte Erdbeben können auch durch Stauseen ausgelöst werden, was in Indien und anderswo bereits mehrfach beobachtet wurde. Wenn der Meeresspiegel steigt, vergrößert sich dadurch in den Küstenmeeren die Auflast auf den Kontinentalrändern. Dadurch könnten eventuell kleine Beben ausgelöst werden, die allerdings höchstens dann gefährlich werden würden, wenn sie unterseeische Lawinen an den Kontinentalabhängen verursachen. Die wiederum könnten zu Auslösern von *Tsunamis* werden.

Fotovoltaik. Mit dieser bereits seit den 1950er Jahren genutzten Technik, die allerdings erst in den letzten Jahren den Durchbruch zu einem internationalen Massenmarkt geschafft hat, wird die Strahlungsenergie der Sonne direkt in elektrischen Strom umgesetzt. Dafür werden Halbleitermaterialien verwendet, bisher vor allem das auf der Erde sehr häufige Element Silizium, in dem das Sonnenlicht eine elektrische Spannung erzeugt. Der *Wirkungsgrad* der kommerziell hergestellten Anlagen liegt gegenwärtig etwa zwischen sechs und 17,5 Prozent, allerdings sind in den nächsten Jahren weitere Verbesserungen zu erwarten. Siehe auch *Solarthermie.*

Gashydrate. Bei niedrigen Temperaturen und hohem Druck bildet sich am Meeresboden, oft im Sediment, eine besondere Form von Eis: Die Wassermoleküle schließen in ihrem Gitter Gasmoleküle wie in einem Käfig ein. Meist handelt es sich um *Methan*, das ein sehr effektives Treibhausgas ist. Die Gashydrate stabilisieren gelegentlich *Kontinentalhänge*, die andernfalls abrutschen würden. Die Meereswissenschaftler am IFM/Geomar in Kiel halten dringend weitere Forschung für notwendig, um das Gefahrenpotenzial der Gashydrate abzuschätzen. In einem wärmeren Klima könnten eventuell Kontinentalhänge destabilisiert und damit *Tsunamis* ausgelöst werden. Auch wäre es denkbar, dass größere Mengen Methan freigesetzt werden. Bisher ist allerdings unklar, wie groß die Methanlager am Meeresboden tatsächlich sind.

Handel mit Emissionen. Nach heftigem Widerstand der Entwicklungsländer erlaubt das Kyoto-Protokoll, dass ein Industriestaat, der die ihm zugestandenen Emissionen nicht wahrnimmt, diese Emissionsrechte verkaufen kann. Haken: Russland und die Ukraine werden aufgrund des Niedergangs ihrer Schwerindustrie nach 1990, die bis dahin sehr ineffizient mit Energie umgegangenen ist, die hohen Emissionsraten, die ihnen zugestanden wurden, niemals wahrnehmen können. Andere Länder könnten sie ihnen abkaufen und für das Klima wäre nichts gewonnen.

IPCC. Intergovernmental Panel on Climate Change. Zwischenstaatlicher Ausschuss für den Klimawandel. Internationales Wissenschaftlergremium, das die Aufgabe hat, den Kenntnisstand der internationalen Klimaforschung zusammenzutragen und dem Verhandlungsprozess zur Verfügung zu stellen. 2007 wurde in drei Schritten der vierte umfassende Bericht erstellt, an dem rund 2.500 Autoren mitgewirkt haben. Aufgrund dessen, dass die meisten Staaten Mitglied im IPCC sind, haben die Regierungen ein Mitspracherecht bei der Formulierung der Berichte. Auf der einen Seite macht das den Editionsprozess zäh und verschafft konservativen Staaten die Möglichkeit zu intervenieren, wenn es ihnen zu kritisch wird. Auf der anderen Seite verleiht dieses Verfahren den trotz allem eindringlichen Warnungen des IPCC besonderes Gewicht und zwingt zu äußerster wissenschaftlicher Sorgfalt.

Isotopenverhältnis. Chemische Elemente haben oft unterschiedliche Variationen, die sich voneinander nur im Gewicht, aber nicht in den chemischen Eigenschaften unterscheiden. Ursache dafür ist die unterschiedliche Zahl der Neutronen im Atomkern. Aus dem Verhältnis von ^{18}O und ^{16}O (O steht für Sauerstoff, die hochgestellte Ziffer gibt die Zahl der Neutronen an) lässt sich die Temperatur ableiten. Das Verhältnis der Kohlenstoffisotope ^{14}C und ^{12}C gibt Aufschluss über das Alter organischen Materials, sofern es bereist abgestorben ist.

Klimarahmenkonvention (UNFCCC). 1992 auf dem UN-Gipfel für Umwelt und Entwicklung in Rio de Janeiro verabschiedet. In Artikel drei wird davon gesprochen, dass die Vertragsparteien das Klima auf der »Basis der Gleichheit und ihrer gemeinsamen, aber unterschiedlichen Verantwortung« schützen sollen. Sie verpflichten sich darauf, »die Treibhausgaskonzentration in der Atmosphäre auf einem Niveau zu stabilisieren, das gefährliche menschliche Beeinflussung des Klimasystems vermeidet.« Die Industriestaaten verpflichten sich in der Konvention, bis zum Jahre 2000, ihre Emissionen auf dem Niveau von 1990 zu stabilisieren. Später behaupteten einige Staaten, dass dies nicht verbindlich sei. Die wenigsten haben dieses Ziel tatsächlich erfüllt.

Kohlendioxid (CO_2). Entsteht, wenn Kohlenstoff mit Sauerstoff reagiert. Grob skizziert gibt es zwei natürliche Kreisläufe. Der erste wird von der Biosphäre bestimmt: Alle tierischen Lebewesen produzieren CO_2, während Pflanzen es mit Hilfe der Photosynthese wieder aufspalten und den Kohlenstoff in ihre Organismen einbauen. Diese dienen wiederum Mensch und Tier als Nahrung, wodurch sich der Kreislauf schließt. Der zweite ist ein geologischer: Durch Lösung in Wasser, Reaktion mit Gesteinen und Einbau in die Krusten von tierischem Plankton wird CO_2 der Atmosphäre entzogen und in Sedimenten in Form von Karbonaten gespeichert. Die werden durch die Plattentektonik im Laufe vieler

Millionen Jahre recycelt, und der Kohlenstoff wird der Atmosphäre durch Vulkanismus wieder als CO_2 zugeführt. Gemessen an diesen sehr langsamen Prozessen sind die vom Menschen in den letzten zwei Jahrhunderten verursachten Veränderungen äußerst rasant. Durch die Verbrennung von Öl, Kohle und Erdgas entlässt er CO_2 in die Atmosphäre, das ihr in der Erdgeschichte über einen Zeitraum von vielen Millionen Jahren entzogen worden war. Entsprechend steigt die atmosphärische CO_2-Konzentration. Ende des 18. Jahrhunderts betrug sie 280 ppm (parts per million), Anfang 2007 ist sie auf rund 380 ppm angestiegen. Wobei das Tempo zunimmt: In den letzten zehn Jahren wuchs die Konzentration durchschnittlich um 1,9 ppm pro Jahr. Die Konzentration befindet sich bereits weit außerhalb des natürlichen Bereichs, der in den letzten 650.000 Jahren zwischen 180 und 300 ppm gelegen hat, wie man aus der Untersuchung von Luftbläschen in Eisbohrkernen weiß.

Kontinentalhang. An den Rändern der Kontinentalplatten fällt der Meeresboden mehrere tausend Meter ab. Dort haben sich im Laufe der Jahrmillionen durch Sedimentation Abhänge gebildet, die mitunter ins Rutschen kommen können. Auslöser können unter anderem Erdbeben, Ströme von Geröll aus abtauenden Gletschern oder sich auflösende Gashydrate sein, die zuvor die Hänge zementiert hatten.

Kyoto-Protokoll. 1997 in Japan verabschiedete Weiterentwicklung der Konvention. Sieht erstmals konkrete Reduktionsziele für die sechs wichtigsten Treibhausgase vor. Tritt erst in Kraft, wenn mindestens 55 Staaten ratifiziert haben, die 55 Prozent der Emissionen der Industriestaaten repräsentieren. Wegen dieser Bedingung müssten fast alle Industriestaaten sich einig sein, damit das Protokoll auch ohne die USA in Kraft treten kann. Auf deren Konto gingen 1990, das immer als Bezugsjahr genommen wird, 36,1 Prozent der Emissionen der Industriestaaten.

Leistung. Leistung ist Arbeit bzw. Energie pro Zeit. Die Einheit der elektrischen Leistung ist Watt. Die Kapazität von Kraftwerken, Windrädern, Solarzellen wird in Watt angegeben, das heißt meistens in Megawatt (=Millionen Watt). Multipliziert man diesen Betrag mit der Zeit, in der das Kraftwerk unter Volllast bzw. das Windrad oder die Solarzelle unter optimalen Bedingungen betrieben wird, dann erhält man die produzierte Energie in Wattstunden (Wh). Ein Großkraftwerk mit einer Leistung von einem Gigawatt produziert also in einer Stunde Volllastbetrieb 1GWh elektrische Energie oder den Jahresbedarf von 250.000 durchschnittlichen vierköpfigen Haushalten. Siehe auch *Energie*.

Luftfahrt. Flugzeuge sind nicht nur die mit Abstand energieintensivsten Transportmittel, sie haben durch ihre Kondensstreifen auch noch einen zusätzlichen negativen Effekt für das Klima. Dünne hohe Wolken wirken nämlich erwärmend. Der derzeitige Anteil des Luftverkehrs am anthropogenen Treibhauseffekt wird daher auf 3,2 Prozent geschätzt. Alle Prognosen gehen davon aus, dass der Luftverkehr in den nächsten Jahrzehnten weiter stark zunehmen wird (um jährlich 3 Prozent bis zum Jahre 2050, so eine Schätzung des *IPCC*).

Methan (CH_4). CH_4 ist ein deutlich effektiveres, aber zum Glück nicht so häufiges Treibhausgas wie CO_2. Seine Konzentration hatte ein vorindustrielles Niveau von 715 Milliardstel Volumenanteilen (ppb, parts per billion, englisch billion entspricht dem deutschen Milliarde). Bis 2005 ist die CH_4-Konzentration auf 1774 ppb angestiegen, allerdings hat sich die Wachstumsrate im letzten Jahrzent deutlich abgeschwächt. Die natürliche CH_4-Konzentration hat in den letzten 650.000 Jahren stets zwischen 320 ppb und 790 ppb geschwankt.
Anthropogene Quellen: CH_4 entweicht entweder aus kaputten Erdgasleitungen, denn Erdgas besteht im wesentlichen aus CH_4, oder es entsteht in anaeroben Fäulnisprozessen, d.h. dort, wo sich Müll und Pflanzenreste unter Abschluss von Sauerstoff zersetzen. Wichtige Quellen sind Hausmülldeponien, Reisfelder und Rindermägen.

Methanhydrate. Siehe *Gashydrate*.

Permafrost. Im Norden Sibiriens, Kanadas und Alaskas sowie auf dem Tibetischen Plateau ist der Boden zum Teil mehrere hundert Meter tief gefroren. Nur die oberen Schichten tauen im Sommer auf, sofern die Lufttemperatur für längere Zeit über den Nullpunkt steigt. Viele Straßen, Häuser und die neue Eisenbahn, die die tibetische Hauptstadt Lhasa seit 2006 mit dem chinesischen Schienennetz verbindet, benutzen den Permafrost als Fundament. Taut er auf, können Gebäude zusammenstürzen, Straßen wegrutschen und Eisenbahnbrücken einstürzen.

Saubere Kohle. In verschiedenen Ländern wird an Verfahren geforscht, mit denen künftig CO_2 aus Kraftwerksabgasen abgetrennt und langfristig eingelagert werden soll. Mit dem Bau erster Pilotanlagen wurde 2006 begonnen. Auch die Einlagerungstechnik ist noch in einem frühen Erprobungsstadium. Marktreife wird nicht vor 2020 erwartet. Problem: Abtrennung, Verflüssigung, Transport und Einlagerung benötigen viel Energie, sodass der Gesamtwirkungsgrad der Kohlekraftwerke um schätzungsweise zehn Prozentpunkte sinken wird. Offene Frage: Kann sichere Einlagerung tatsächlich für viel Jahrtausende garantiert werden?

Schwefeldioxid (SO_2). Kohle und Erdöl enthalten Schwefel. Der Dieseltreibstoff des Straßenverkehrs wird in den Raffinerien entschwefelt, aber nicht unbedingt Treibstoff für Schiffsdiesel, der eher als eine Art Sondermüll anzusehen ist. Auch die Abgase von Kohlekraftwerken lassen sich nachträglich entschwefeln, was aber bisher bei weitem nicht in allen Ländern üblich ist. Die Folgen sind saurer Regen und ein Abkühlungseffekt, der Treibhaus entgegenwirkt. Siehe *Aerosole*.

Senke. Gegenteil von Quelle. Gemeint sind vor allem Wälder oder Baumplantagen, die, während sie wachsen, CO_2 aufnehmen. Einige Staaten wollen statt Emissionen zu senken, Wälder anlegen. Diese Politik ist äußerst umstritten, unter anderem, da vollkommen unklar ist, welchen langfristigen Effekt ein neuer Wald auf die CO_2-Bilanz hat. Umweltschützer befürchten sogar, dass die Regeln einen Anreiz dafür bieten könnten, Urwälder abzuholzen und durch Eukalyptusplantagen zu ersetzen.

Solarthermie. In der Solarthermie wird die Wärmeenergie der Sonne eingefangen. Das geschieht zum Beispiel mit den sich hierzulande zunehmender Beliebtheit erfreuenden Sonnenkollektoren, mit denen Brauch- und Heizungswasser erwärmt wird. Wenn man Zwischenspeicher wie große Wassertanks nutzt, lässt sich auf die Art selbst in Norddeutschland ein nennenswerter Teil der Heizenergie von der Sonne gewinnen. In südlicheren Gefilden lohnt es sich, die Sonnenstrahlen mit Spiegeln zu konzentrieren und damit zum Beispiel ein flüssiges Salz zu erhitzen. So können große Mengen Wärmeenergie eingefangen werden, mit der sich dann Dampf zum Betreiben einer Turbine erzeugen lässt.

Steinkohle. Abbau und Verstromung von Steinkohle hat in den letzten 20 Jahren weltweit stark zugenommen.1985 wurden nach Angaben des World Energy Councils 3,196 Milliarden Tonnen abgebaut, 2005 waren es schon fast fünf Milliarden Tonnen. Etwa 40 Prozent der Weltstromproduktion stammt aus Stein- und Braunkohlekraftwerken. In Deutschland betrug 2006 der Anteil der Steinkohle an der Bereitstellung elektrischer Energie 21,4 Prozent.

Strafmechanismen. Ein wesentliches Manko des Kyoto-Protokolls und der Rahmenkonvention ist bisher, dass weder eine Kontrolle der Erfüllung der Verpflichtungen festgelegt, noch etwaige Strafmechanismen vereinbart wurden, die regeln würden, was bei Vertragsverletzung geschieht.

Technologietransfer. Die Klimarahmenkonvention sieht vor, dass die Entwicklungsländer vom Norden mit »sauberer« Technologie versorgt werden sollen. Seit der ersten Vertragsstaatenkonferenz 1995 in Berlin geht der Streit um die Ausgestaltung dieser Vorschrift. Die Entwicklungsländer beklagen sich regelmäßig, dass sie von den Industriestaaten nicht ernst genommen wird.

Treibhaus. Wenn vom Treibhauseffekt die Rede ist, dann ist meist nur der zusätzliche, durch Entwaldung und industrielle Aktivitäten erzeugte gemeint. Es gibt jedoch auch einen natürlichen Treibhausgaseffekt, der dafür sorgt, dass die Erde nicht zum Eisklumpen wird, wie es bereits mindestens einmal in der Erdgeschichte geschehen ist. In der Erdatmosphäre sorgen verschiedene Spurengase dafür, dass die Wärmeabstrahlung des Erdbodens und der Meere nicht direkt in den Weltraum entweichen kann. (Siehe auch Wärmestrahlung.) Sie wird zum Teil von diesen Gasen absorbiert, sodass sich insbesondere die unteren Luftschichten erwärmen. Gäbe es diesen physikalischen Effekt nicht, wäre es auf der Erde um durchschnittlich 33 Grad Celsius kälter. Das wichtigste natürliche Treibhausgas ist der Wasserdampf, eine geringere Rolle spielt das Kohlendioxid, dessen atmosphärische Konzentration vor Beginn der Industrialisierung 280 ppm (Teile pro Million) betrug.

Treibhausgase, anthropogene. Das wichtigste ist das Kohlendioxid (CO_2), das bei der Verbrennung von Kohle, Erdöl und -gas sowie bei Entwaldung freigesetzt wird. Auf sein Konto gehen derzeit 54,6 Prozent des vom Menschen verursachten zusätzlichen Treibhauseffektes. Weitere Übeltäter sind die FCKW (11,2 Prozent), die kaum noch hergestellt werden, aber sehr langlebig sind, das Methan (CH_4, 15,8 Prozent), das bodennahe Ozon (O_3, 11,5 Prozent), das zumeist im Zusammenhang mit Sonnenlicht aus Stickoxiden entsteht, die wiederum vor allem aus Automotoren stammen, und Stickstoffdioxid (N_2O, 5,3 Prozent), das in der modernen Landwirtschaft z.B. aus Düngemitteln freigesetzt wird sowie in einigen Prozessen der chemischen Industrie.

Tsunami. Tsunami sind große Flutwellen, die meist durch Erdbeben unter dem Meeresgrund ausgelöst werden. Sie können Geschwindigkeiten von über 800 Kilometer in der Stunde erreichen und türmen sich an den Küsten zu Wasserfronten auf, die die Zerstörungskraft normaler Orkanwellen um das 8000fache übersteigen können. Auslöser können auch schwere Ausbrüche von Inselvulkanen und Lawinen an den *Kontinentalhängen* sein. Der Begriff stammt aus dem Japanischen.

Versauerung. Durch die höhere CO_2-Konzentration in der Atmosphäre wird auch eine größere Menge des Gases im Meerwasser gelöst. Dort führt es zur Versauerung. Der sogenannte ph-Wert, der dafür ein Maß ist, wurde gegenüber vorindustriellen Zeiten bereits um 0,1 abgesenkt. Geht die Entwicklung weiter wie in den letzten Jahrzehnten, könnten sich die Bedingungen für Meerestiere – oft tierisches Plankton am unteren Ende der Nahrungskette –, die ihre Schalen oder Skelette aus Kalk bilden, dramatisch verschlechtern.

Vulkanismus. Vulkane sind in gewisser Weise Teil des natürlichen Kohlenstoffkreislaufs. Sie emittieren CO_2, aber zumindest in den letzten 650.000 Jahren deutlich weniger, als derzeit die Menschheit. Es gibt jedoch Hinweise darauf, dass Serien schwerer Vulkanausbrüche in der geologischen Vergangenheit den CO_2-Gehalt der Atmosphäre stark ansteigen ließen und damit das globale Klima aufheizten. Kurzfristig können Vulkane durch die ausgestoßenen *Aerosole* auch einen kühlenden Einfluss haben.

Wälder. In Europa und Nordamerika sind im Spätmittelalter bzw. in der frühen Neuzeit große Waldflächen abgeholzt worden. Heute setzt sich die Entwaldung in einigen Entwicklungsländern wie Indonesien, Brasilien und in Zentralafrika fort. Neben vielen anderen ökologischen Problemen hat die Entwaldung auch Auswirkungen auf die CO_2-Konzentration der Atmosphäre. Bei Verbrennung und Verrottung von Holz wird das Treibhausgas freigesetzt. Wächst nicht im gleichen Maße Holz nach, führt dieser Prozess wie auch die Verbrennung fossiler Energieträger zu einer Anreicherung des CO_2 in der Atmosphäre. Ungewiss ist, wie sich die Wälder in einem veränderten Klima verhalten werden. Geraten sie durch Trockenheit oder zu schnelle Verschiebung der Klimazonen unter Stress, so ist zu erwarten, dass die Biomasse abnimmt und zusätzliches CO_2 freigesetzt wird. Ebenso hat sich bereits in Experimenten gezeigt, dass höhere CO_2-Konzentrationen in der Luft und höhere Temperaturen die Zersetzung des organischen Materials im Boden durch Bakterien und Pilze beschleunigen. Dadurch könnte der Waldboden zu einer zusätzlichen CO_2-Quelle werden. Andererseits wird unter ansonsten nicht allzu ungünstigen Bedingungen ein höherer CO_2-Gehalt in der Atmosphäre einen Düngeeffekt auf die Wälder haben. Das Wachstum wird beschleunigt, wodurch der Luft mehr CO_2 entnommen wird. Welcher Effekt überwiegen wird, ist offen und Gegenstand teils hitziger wissenschaftlicher Debatten. Siehe auch *Senken.*

Wärmestrahlung. Jeder Körper, jedes Gas und jede Flüssigkeit strahlt, wenn sie sich nicht gerade am absoluten Nullpunkt der Temperatur (etwa -272 Grad Celsius) befinden, Energie in Form von elektromagnetischen Wellen ab. Zusammensetzung des abgestrahlten Wellenlängenspektrums und Energiedichte der Strahlung hängen von der Temperatur des Körpers und dessen chemischer Zusammensetzung ab.

Watt (W). Einheit der elektrischen *Leistung.* Wird meist mit den Vorsätzen Kilo (= Tausend), Mega (=Millionen), Giga (=Milliarden) und Tera (=Billionen) benutzt. Wattstunden (Wh) ist die Einheit der elektrischen *Energie.*

Windenergie. Ein Windrad treibt ganz wie die Turbine eines thermischen Kraftwerks oder die Motorwelle in einem Notstromaggregat einen Generator an. Der besteht im wesentlichen aus einer Leiterspule, die in einem Magnetfeld gedreht wird, das dadurch einen elektrischen Strom induziert. Der Unterschied besteht darin, dass die Antriebsenergie nicht aus fossilen Brennstoffen, sondern aus dem Wind kommt.

Wirkungsgrad. Der Wirkungsgrad einer Anlage oder eines Prozesses beschreibt, wieviel der hineingesteckten Energie, zum Beispiel der chemischen Energie, der Kohle oder der Strahlungsenergie der Sonne, in nutzbare Energie, also Strom, Wärme oder Bewegungsenergie, umgewandelt wird. Er wird meist in Prozent angegeben, in den Naturwissenschaften auch als eine Zahl zwischen Null und Eins.

Bibliografie

Agarwal, Anil und Sunita Narain, 1991: Global Warming in an Unequal World. Center for Science and Environment, New Delhi. http://www.cse.org.

Agarwal, Anil, Sunita Narain und Anju Sharma, 1999: Global Environment Negotiataions 1 – green politics. Centre for Science and Environment, New Delhi.

Aisi, Robert, 2007: UN Security Council: Speech by Papua New Guinea Ambassador on Behalf of Small Island Developing States. http://www.yokwe.net/modules.php?name=News&file=article&sid=1747

Alcorn, Zane, 2007: Imagine: a real alternative energy plan. *Greenleft Weekly* Nr. 709, 10. Mai 2007. http://www.greenleft.org.au/2007/709/36800

Altvater, Elmar, 2006: Das Ende des KApitalismus wie wir ihn kennen. 3. Auflage, Verlag Westfälisches Dampfboot Münster.

Bao Quan, 2004: Wind power generation is an important strategic choice to solve the shortage of China's electricity and energy. http://en.ce.cn/Insight/200406/26/t20040626_1154851.shtml

Blumenberg, Enno und Stefan Mittler, 2007: Mit BioETHANOL Kraft durch Sonne tanken. Syngenta Seeds GmbH.

Böhme, Dieter, Wolfhart Dürrschmidt, Frithjof Staiß, Christel Linkohr, Marlene Kratzat, 2007: Entwicklung der erneuerbaren Energien im Jahr 2006 in Deutschland – Stand: 21. Februar 2007. Herausgeber: Bundesministerium für Umwelt, Naturschutz und Reaktorsicherheit – Referat KI III 1.

http://www.erneuerbare-energien.de/files/pdfs/allgemein/application/pdf/hintergrund_zahlen2006.pdf

Boff, Leonado, 2007: Die Äthanol-Giganten. *junge Welt* vom 14. März 2007.

Breyer, Wolfgang, 2006: Kohle- und Erdgaskraftwerke hoher Effizienz als Beitrag zum Klimaschutz.

http://www.uni-saarland.de/fak7/fze/AKE_Archiv/DPG2006-AKE_Muenchen/Buch/DPG2006_AKE7.1_Breyer_FossileKraftwerke-hoherEffizienz.doc

Broeker, Wallace S., 1987: Unpleasant Surprises in the Green House?, Nature, Vol. 328, 123 – 126.

Brohan, P., J.J. Kennedy, I. Haris, S.F.B. Tett and P.D. Jones, 2006: Uncertainty estimates in regional and global observed temperature changes: a new dataset from 1850. *J. Geophysical Research,* Vol. 111.

Buesseler, Ken O., Carl H. Lamborg, Philip W. Boyd, Phoebe J. Lam, Thomas W. Trull, Robert R. Bidigare, James K. B. Bishop, Karen L. Casciotti, Frank Dehairs, Marc Elskens, Makio Honda, David M. Karl, David A. Siegel, Mary W. Silver, Deborah K. Steinberg, Jim Valdes, Benjamin Van Mooy, Stephanie Wilson, 2007: Revisiting Carbon Flux Through the Ocean's Twilight Zone. *Science,* Vol. 316. no. 5824, pp. 567 – 570.

Bundesministerium für Verkehr, Bau und Stadtentwicklung, 2006: Verkehr in Zahlen 2005/2006, S. 205 und S. 219.

Bundesministerium für Wirtschaft und Arbeit (BMWA), 2003: Forschungs- und Entwicklungskonzept für emissionsarme fossil befeuerte Kraftwerke – Bericht der COORETEC-Arbeitsgruppen. BMWA-Dokumentation Nr.527.

Capelle, Alfred, 2007: UN Security Council: Intervention by Republic of the Marshall Islands Ambassador Alfred Capelle. http://www.yokwe.net/modules.php?name=News&file=article&sid=1746

Christian Aid, 2007: Human tide: the real migration crisis – a Christian Aid report May 2007. http://www.christian-aid.org.uk/indepth/705caweekreport/human_tide.pdf

Czisch, Gregor, 2006: Szenarien zur zukünftigen Stromversorgung, kostenoptimierte Variationen zur Versorgung Europas und seiner Nachbarn mit Strom aus erneuerbaren Energien. Dissertation an der Universität Kassel. https://kobra.bibliothek.uni-kassel.de/handle/urn:nbn:de:hebis:34-200604119596.

Deffeye, Kenneth, 2007: Join us as we watch the crisis unfolding. http://www.princeton.edu/hubbert/current-events.html

de la Fuente Layos, Luis, 2007: Luftverkehr in Europa im Jahr 2005. eurostat. Katalognummer: KS-SF-07-008-DE-N. http://www.eds-destatis.de/de/downloads/sif/sf_07_008.pdf

de Menocal, Peter B., 2001: Cultural Responses to Climate Change During the Late Holocene, Science, Vol. 292.

Donosa, Aurora, 2002: An Alliance to Stop the Destruction of Southern Peoples' Livelihoods and Sustainability, in: Journal of Jubilee South. http://www.jubileesouth.org/journal/alliance.htm

Donosa, Aurora, 2003: We are not Debtors, We are Creditors, in: No more looting and destruction! Southern Peoples' Ecological Debt Creditors Alliance. http://www.debtwatch.org/es/inicio/enprofunditat/plantilla_1.php?identif=382

DWD, 2007: Deutscher Wetterdienst: Neue Fakten zum Klimawandel in Deutschland – Anpassung an Klimaveränderung muss frühzeitig beginnen. Pressemitteilung des DWD vom 24. April 2007.

ECON Centre for Economic Analysis, 2003: GHG Emissions from International Shipping and Aviation. Commissioned by Swedish Environmental Protection Agency.

Energy Watch Group, 2007: Coal: Resources and Future Production. EWG-Series No 1/07. http://www.energywatchgroup.org/files/Coalreport.pdf

Environmental Defense, 2007: ExxonMobil 2003 giving report. http://www.environmentaldefense.org/documents/5910_2003.giving_report.pdf

EUCAR, JRC, CONCAVE, 2005: Well-to-Wheels analysis of future automotive fuels and powertrains in the European context. A joint Study by European Council for Automotive R&D, European Commission Derectorate-General Joint Research Center and CONCAVE. Overview of Results.

http://www.energy.ca.gov/bioenergy_action_plan/documents/2006-03-09_workshop/WTW_STUDY_2005.PDF

Fawer, Matthias, 2006: Biokraftstoffe – erdölfreie Fahrt in die Zukunft? Sustainable Investment. Bank Sarasin & Cie AG. http://www.biomasseenergie.ch/Portals/0/1_de/03_Wie_nutzen/Pdf/biotreibstoffe-studiebanksarasin.pdf

Fairley, Peter, 2007: China's Coal Future, MIT Technology Review. http://www.technologyreview.com/Energy/18069/

Franken, Marcus, 2006: Die dänische Lösung. *Neue Energie* 12/06. http://www.neueenergie.net/index.php?id=1357

Fritsche, Uwe R., 2007: Treibhausgasemissionen und Vermeidungskosten der nuklearen, fossilen und erneuerbaren Strombereitstellung – Arbeitspapier. Öko-Institut e.V. Darmstadt, http://www.bmu.de/files/pdfs/allgemein/application/pdf/hintergrund_atomCO_2.pdf

Gabriel, Sigmar, 2007: Klimapolitik der Bundesregierung nach den Beschlüssen des Europäischen Rates Klimaagenda 2020. http://www.bmu.de/reden/bundesumweltminister_sigmar_gabriel/doc/39239.php

Gärtner, Edgar, 2006: Wider den Klima-Totalitarismus, *Die Welt* vom 26.11.2006. http://www.welt.de/print-welt/article93023/Wider_den_Klima-Totalitarismus.html

Gerstengarbe, Friedrich-Wilhelm, Franz Badeck, Fred Hattermann, Valentina Krysanova, Werner Lahmer, Petra Lasch, Manfred Stock, Felicitas Suckow, Frank Wechsung, Peter C. Werner, 2003: Studie zur klimatischen Entwicklung im Land Brandenburg bis 2055 und deren Auswirkungen auf den Wasserhaushalt, die Forst- und Landwirtschaft sowie die Ableitung erster Perspektiven. PIK-Report Nr. 83. Potsdam Insitut für Klimafolgenforschung.

Hansen, J., Mki. Sato, R. Ruedy, P. Kharecha, A. Lacis, R.L. Miller, L. Nazarenko, K. Lo, G.A. Schmidt, G. Russell, I. Aleinov, S. Bauer, E. Baum, B. Cairns, V. Canuto, M. Chandler, Y. Cheng, A. Cohen, A. Del Genio, G. Faluvegi, E. Fleming, A. Friend, T. Hall, C. Jackman, J. Jonas, M. Kelley, N.Y. Kiang, D. Koch, G. Labow, J. Lerner, S. Menon, T. Novakov, V. Oinas, Ja. Perlwitz, Ju. Perlwitz, D. Rind, A. Romanou, R. Schmunk, D. Shindell, P. Stone, S. Sun, D. Streets, N. Tausnev, D. Thresher, N. Unger, M. Yao, und S. Zhang, 2007: Dangerous human-made interference with climate: A GISS modelE study, *Atmos. Chem. Phys.*, 7, 2287-2312. http://pubs.giss.nasa.gov/abstracts/2007/Hansen_etal_1.html

Heinrich, Hartmut, 1988: Origin and consequences of cyclic ice rafting in the Northeast Atlantic Ocean during the past 130,000 years, *Quaternary Research*, **29**, 142-152.

Holland, Marika M, Cecilia M Bitz und Bruno Tremblay, 2006: Future abrupt reductions in the Summer Arctic sea ice. http://www.cgd.ucar.edu/oce/mholland/abrupt_ice/holland_etal.pdf

IEA, 2006: Key World Energy Statistics 2006. International Energy Agency, Paris.

Jacobson, Mark Z., 2007: Effects of Ethanol (E85) Versus Gasoline Vehicles on Cancer and Mortality in the United States, Environmental Science and Technology, Vol 41, Issue 9. http://www.stanford.edu/group/efmh/jacobson/E85PaperEST0207.pdf

Jiang Yu, 2007: Mitschrift der Pressekonferenz des chinesischen Außenministeriums vom 6. Februar 2007. http://www.fmprc.gov.cn/eng/xwfw/s2510/t295875.htm

IEA, 2006a: Key World Energy Statistics 2006.

IEA, 2006b: The World Energy Outlook 2006 Maps Out a Cleaner, Cleverer and More Competitive Energy Future. Presseerklärung der Internationalen Energieagentur vom 7. November 2006. http://www.iea.org/Textbase/press/pressdetail.asp?PRESS_REL_ID=187

IPCC, 2007a: Working Group I Contribution to the Intergovernmental Panel on Climate Change Fourth Assessment Report Climate Change 2007: The Physical Science Basis – Summary for Policymakers. http://www.ipcc.ch/SPM2feb07.pdf

IPCC, 2007b: Working Group II Contribution to the Intergovernmental Panel on Climate Change Fourth Assessment Report Climate Change 2007: Climate Change Impacts, Adaptation and Vulnerability – Summary for Policymakers. http://www.ipcc.ch/SPM6avr07.pdf

IPCC, 2007c: Working Group III Contribution to the Intergovernmental Panel on Climate Change Fourth Assessment Report Climate Change 2007: Mitigation of Climate Change – Summary for Policymakers. http://www.ipcc.ch/SPM040507.pdf

Jiang Yu, 2007: Mitschrift der wöchentlichen Pressekonferenz der Sprecherin des chinesischen Außenministeriums. http://www.fmprc.gov.cn/eng/xwfw/s2510/t295875.htm

Jin Liya et al.,2005: Impacts of snow and glaciers over Tibetan Plateau on Holocene climate change: Sensitivity experiments with a coupled model of intermediate complexity, *Geophys. Res. Lett.*, 32. http://www.agu.org/pubs/crossref/2005/2005GL023202.shtml

Kemfert, Claudia, 2007: Klimawandel kostet die deutsche Volkswirtschaft Milliarden, in: DIW Wochenbericht 11/2007.

Kharaka, Yussuf K., D.R. Cole, S.D. Hovorka, W.D. Gunter, K.G. Knauss, B.M. Freifeld, 2006; Gas-water-rock interactions in Frio Formation following CO_2 injection: Implications for the storage of greenhouse gases in sedimentary basins. *Geology;* July 2006; v. 34; no. 7; p. 577–580; doi: 10.1130/G22357.1

Kiani, Khaleeq, 2007: Glacier depletion to hit river flows after 50 years. *Dawn*, 12.3.2007. http://www.dawn.com/2007/03/12/top14.htm

Kotrba, Ron, 2005: Knocking out NOx. Biodiesel Magazine, Juni 2005. http://www.biodieselmagazine.com/article.jsp?article_id=426

Lean, Geoffrey, 2006: The hungry Planet, *The Independent*, 3.9.2006. http://news.independent.co.uk/environment/article1325467.ece

Machat, Marcus und Karin Werner, 2007: Entwicklung der spezifischen Kohlendioxid-Emissionen des deutschen Strommix. Umweltbundesamt 2007. http://www.umweltdaten.de/publikationen/fpdf-l/3195.pdf

Marchitto, Thomas M., S. J. Lehman, J. D. Ortiz, J. Flückiger, A. van Geen,

2007: Marine Radiocarbon Evidence for the Mechanism of Deglacial Atmospheric CO_2 Rise. Scienceexpress, 10. Mai 2007, 10.1126/science.1138679.

Marland, Gregg, Tom Boden und Robert J. Andres, 2003: National CO_2 Emissions from Fossil-Fuel Burning, Cement Manufacture, and Gas Flaring: 1751-2000.

Matthes, Felix Chr. und Beate Kallenbach-Herbert, 2006: Mythos Atomkraft – Über die Verlängerung von Laufzeitverlängerung von Atomkraftwerken. Herausgegeben von der Heinrich-Böll-Stiftung.

McGuire, Bill , 2006: Climate Change: Tearing the Earth apart? *New Scientist*, 2553.

Merkel, Angela, 2006: Rede von Bundeskanzlerin Dr. Angela Merkel beim ersten Spatenstich für Vattenfalls CO_2-freies Braunkohlekraftwerk am 29. Mai 2006 in Spremberg. Bulletin Nr. 55-1 vom 30.05.2006. http://www.bundesregierung.de/nn_1514/Content/DE/Bulletin/2006/05/2006-05-29-rede-von-bundeskanzlerin-dr-angela-merkel-beim-ersten-spatenstich-fuer-vattenfalls-CO_2-fre.html

Michaelowa, Axel und Karsten Krause, 2000: International maritime transport and climate policy. *Intereconomics*, **35**, 3, 2000, S. 127-136.

Milch, Isabella, 2006: Future Generation. Energie-Perspektiven 01/2006. Herausgegeben vom Max-Planck-Institut für Plasmaphysik in Garching. http://www.ipp.mpg.de/ippcms/ep/ausgaben/ep200601/0106_kohle.html

Ministerium für Umwelt und Verkehr Baden-Württemberg, 2001: Umweltplan. http://www.umweltplan.baden-wuerttemberg.de/text/umpl58.htm

Morici, Peter, 2007: Getting Sensible about Global Warming, Asia Times Online, 26. Januar 2007. http://www.atimes.com/atimes/Global_Economy/IA26Dj01.html

Münchener Rück, 2006a: Schadensbilanz 2006 – Pressemitteilung. http://www.munichre.com/de/press/press_releases/2006/2006_12_28_press_release.aspx

Münchener Rück, 2007b: Naturkatastrophen 2006 – Vergleich zu den Vorjahren. http://www.munichre.com/app_resources/pdf/press/press_releases/legacy/2006_12_28_app2_de.pdf

Münchener Rück, 2007: Topics Geo Naturkatastrophen 2006. http://www.munichre.com/de/publications/default.aspx?id=953

MWV, 2007: Jahresbericht Mineralöl-Zahlen 2006. Mineralölwirtschaftsverband e.V. http://www.mwv.de/cms/upload/pdf/aktuelles/000_JB.pdf

Narain, Sunita, 2001: »Ihr seit die Verschmutzer, wir die Opfer«, Interview in *LinX* 14/2001. http://www.sozialismus-jetzt.de/linx-01-14/klima1.html

Narisma, Gemma T., Jonathan A. Foley, Rachel Licker, Navin Ramankutty, 2007: Abrupt changes in rainfall during the twentieth century, Geophys. Res. Lett., Vol. 34, No. 6. http://www.agu.org/journals/gl/gl0706/2006GL028628/2006GL028628.pdf

Nitsch, Joachim, Frithjof Staiß, Bernd Wenzel und Manfred Fischedick, 2005:

Ausbau Erneuerbarer Energien im Stromsektor bis zum Jahr 2020. DLR – Institut für Technische Thermodynamik, Abt. Systemanalyse und Technikbewertung, Stuttgart; Zentrum für Sonnenenergie- und Wasserstoff-Forschung Baden-Württemberg, Stuttgart; Wuppertal-Institut für Klima, Umwelt, Energie, Wuppertal. http://www.erneuerbare-energien.de/files/pdfs/allgemein/application/pdf/ausbau_ee.pdf

Oppenheimer, Michael und Richard B. Alley, 2004: The West Antarctic Ice Sheet and Long Term Climate Policy, Climatic Change, 64, 1-10.

Oppenheimer, Michael und Richard B. Alley, 2005: Ice Sheets, Global Warming and Article 2 of the UNFCCC, Climatic Change, 68, 257-267

Pan Yue, 2006: Chinas's Green Debt. http://www.project-syndicate.org/commentary/pan1

Parry, M.L., Rosenzweig, C., Iglesias, A., Livermore, M. und Fischer, G., 2004: Effects of climate change on global food production under SRES emissions and socio-economic scenarios, Global Environmental Change 14 (2004) 53–67. http://www.undp.org/gef/adaptation/docs/foodproduction.pdf

Paerce, Fred, 2007: Wenn die Flüsse versiegen. Verlag Antje Kunstmann, München. 398 Seiten.

Peixoto, José P. und Abraham H. Oort, 1992: Physics of Climate, American Institute of Physics, New York.

Pérez Esquivel, Adolfo et al., 2002: Verdict of the International Peoples' Tribunal on Debt. http://www.jubileesouth.org/tribunal/verdict/verdict.htm

Rahmstorf, Stefan 2000: Anthropogenic climate change: the risk of unpleasant surprises, in: Flexible mechanisms for an efficient climate policy, Hrsg.: K. L. Brockmann und M. Stronzik, Physica-Verlag, Heidelberg, 7-11. http://www.pik-potsdam.de/~stefan/Publications/Book_chapters/zew.html

Rahmstorf, Stefan, 2007: The IPCC sea level numbers. http://www.realclimate.org/index.php/archives/2007/03/the-ipcc-sea-level-numbers/#more-427

Rahmstorf, Stefan und Hans Joachim Schellnhuber, 2007: Der Klimawandel. C.H. Beck München, 4. Auflage.

Rahmstorf, Stefan, Anny Cazenave, John A. Church, James E. Hansen, Ralph F. Keeling, David E. Parker, Richard C. J. Smoerville, 2007: Recent Climate Observations Compared to Projections. *Scienceexpress*, Online veröffentlicht am 2. Februar 2007; 10.1126/science.1136843.

Rodrigues, Délcio und Lúcia Ortiz, 2006: Sustainability of ethanol from Brazil in the context of demanded biofuels imports by The Netherlands. Herausgegeben von Amigos da Terra Brasil und Vitae Civilis – Desenvolvimento, Meio Ambiente e Paz.

Roeckner, Erich et al., 2006: Klimaprojektionen für das 21. Jahrhundert. Max-Planck-Institut für Meteorologie

Romig, Shane, 2007: Argentine Biofuel Craze Creates Tensions. Associated Press vom 11. Mai 2007. http://www.forbes.com/feeds/ap/2007/05/11/ap3713524.html

Sample, Ian, 2007: Scientists offered cash to dispute climate study. *The Guardian* vom 2.2.2007. http://environment.guardian.co.uk/climatechange/story/0,,2004397,00.html

Schallaböck, Karl Otto, Manfred Fischedick, Bernd Brouns, Hans-Jochen Luhmann, Frank Merten, Hermann E. Ott, Andreas Pastowski, Johannes Venjakob, 2006: Klimawirksame Emissionen des Pkw-Verkehrs und Bewertung von Minderungsstrategien. Wuppertal Institut für Klima, Umwelt, Energie GmbH 2006.

Scheer, Herrmann, 2007: Jenseits von Kohle und Atom – Mehr Handlungsmut für Erneuerbare Energien – Eine Denkschrift. http://www.eurosolar.de/de/images/stories/pdf/SZA-1_07_Scheer_Kohle_Atom.pdf

Schöwer, Dietmar, 2006: Strukturell-ökonomisch-ökologischer Vergleich regenerativer Energietechnologien (RE) mit Carbon Capture and Storage (CCS) – Zentrale Schlussfolgerungen aus dem RECCS-Projekt. CCS-Forum auf dem Klimaschutzkongress KyotoPlus in Berlin 29. September 2006.

Shepher, Andrew Und Duncan Wingham, 2007: Recent Sea-Level Contributions of the Antarctic and Greenland Ice Sheets, Science, Vol. 315, 1529-1532.

Simms, Andrew, 2001: An Environmental War Economy – Lessons of Ecological Debt and Global Warming. http://www.neweconomics.org/gen/uploads/lpce0g55xjx5eq55mfjxbb5523102003182245.pdf

Smith, Kevin, 2007: The Carbon Neutral Myth – Offset Indulgences for your climate sins, Trans National Institute, Amsterdam.

Staiß, Frithjof, Christel Linkohr und Ulrike Zimmer, 2006: Erneuerbare Energie in Zahlen – nationale und internationale Entwicklungen. Bundesministerium für Umwelt, Naturschutz und Reaktorsicherheit – Referat für Öffentlichkeitsarbeit.

Stanley, Steven M., 1986: Earth and Life Through Time, W.H. Freeman and Company, New York.

Statistisches Bundesamt, 2006: Umweltgesamtrechnung. http://www.destatis.de/themen/d/thm_umwelt2.php

Stern, Sir Nicholaus, 2006: Stern Review on the economics of climate change. http://www.hm-treasury.gov.uk/Independent_Reviews/stern_review_economics_climate_change/sternreview_index.cfm

Stroeve, Julienne, Marika M. Holland, Walt Meier, Ted Scambos, and Mark Serreze, 2007: Arctic sea ice decline: Faster than forecast, Geophys. Res. Lett., 34, L09501, doi:10.1029/2007GL029703.

Suburban Emergency Management Project, 2006: Epic Vajont Dam Disaster, Italy, 1963: Manmade or Natural? http://www.semp.us/biots/biot_373.html

Teske, Sven, Arthourus Zervus, 2006: Global Wind Energy Outlook. Greenpeace und Global Wind Energy Council. http://www.gwec.net/uploads/media/Global_Wind_Energy_Outlook_2006.pdf

Teske, Sven, Arthourus Zervus und Oliver Schäfer, 2007: Energy [r]evolution. Greenpeace International und European Renewable Energy Council. http://www.greenpeace.de/fileadmin/gpd/user_upload/themen/energie/energyrevolutionreport_engl.pdf

Thrän, Daniela, Michael Seiffert, Franziska Müller-Langer, André Plättner, Alexander Vogel, 2007: Möglichkeiten einer europäischen Biogaseinspeisungsstrategie. Teilbericht I, Potenziale. http://www.oeko.de/service/bio/dateien/ie2007biogas_osteuropa_teilbericht_1.pdf

Umweltbundesamt, 2003: CO_2-Minderung im Verkehr. Ein Sachstandsbericht des Umweltbundesamtes.

Umweltbundesamt, 2004: Jahresbericht 2003.

Umweltbundesamt, 2006: Was sind die Ursachen für den kontinuierlichen Rückgang des Kraftstoffabsatzes bei Diesel und Benzin? www.umweltdaten.de/verkehr/downloads/rueckgang_kraftstoffabsatz.pdf

Umweltbundesamt, 2007: Entwicklungen der CO_2-Emissionen seit 1990. http://www.uba.de/uba-info-presse/hintergrund/Trendtabellen_Emissionen_DE_1990_2004_CO_2.pdf

Umweltbundesamt, 2007: Entwicklung der CO_2-Emissionen des Straßenverkehrs zwischen 1995 und 2005. http://www.uba.de/uba-info-presse/hinter grund/CO_2-emissionen-strassenverkehr.pdf

Umweltbundesamt, 2007: Vergleich Schadstoffemissionen pro Personenkilomenter und Verkehrsträger. http://www.uba.de/uba-info-presse/hintergrund/Vergleich-Personenverkehr.pdf

Umweltbundesamt, 2007: Emissionen in der EU – Treibhausgase und CO_2. http://www.uba.de/uba-info-presse/hintergrund/Emissionen-EU-27.pdf

Umweltbundesamt, 2007: Kohlendioxidausstoß 2006 leicht gestiegen, Presse-Information 016/2007. http://www.umweltbundesamt.de/uba-info-presse/2007/pd07-016.htm

Umweltbundesamt, 2007: Emissionshandel: Kohlendioxidausstoß 2006 ebenfalls leicht gestiegen. Presseinformation Nr. 17/2007. http://www.umweltbundes amt.de/uba-info-presse/2007/pdf/pd07-017.pdf

US Geological Survey, 2006: Mineral Commodity Summaries 2006. http://minerals.usgs.gov/minerals/pubs/mcs/2006/mcs2006.pdf

VDEW, 2006: Fakten – Informationen für Journalisten. Verband der Eelektrizitätswirtschaft.

Vidal, John, 2007: CO_2 output from shipping twice as much as airlines. The Guardian, 3. März 2007. http://environment.guardian.co.uk/climatechange/story/0,,2025726,00.html

Vieira, João, 2007: Emissions trading for shipping 'not enough' to tackle climate change. T&E-Pressemitteilung 17. April 2007. http://www.transportenviron ment.org/Article398.html

Watt-Cloutier, Sheila, 2006: The Arctic and the Global Environment: Making a Difference on Climate Change, Rede auf dem Solution for Communities Climate Summit April 2006 in Los Angeles. http://inuitcircumpolar.com/index.php?auto_slide=&ID=329&Lang=En&Parent_ID=&current_slide_num=

WBGU, 2006: Sondergutachten 2006. http://www.wbgu.de/wbgu_sn2006/wbgu_sn2006_voll_1.html

WBGU, 2007: Politikpapier 5. Neue Impulse für die Klimapolitik: Chancen der deutschen Doppelpräsidentschaft nutzen.

Wemheuer, Felix, 2004: Chinas »Großer Sprung nach vorne« (1958-1961) – Von der kommunistischen Offensive in die Hungersnot – Intellektuelle erinnern sich. Band 12 der Reihe Strukturen der Macht – Studien zum politischen Denken Chinas. 107 Seiten. Lit-Verlag Münster.

White, James W.C., 1993: Don't touch that dial, Nature, Vol 364, 186.

Wille, Joachim, 1990: Das Klima will Bonn schützen, aber das Wachstum nicht bremsen. *Frankfurter Rundschau* vom 2. Dezember 1990.

Williams, John W., Stephen T. Jackson und John E. Kutzbach, 2007: Projected distributions of novel and disappearing climates by 2100 AD, PNAS – Proceedings of the National Academy of Sciences of the United States of America, , Vol. 105, 14. www.pnas.org/cgi/content/full/0606292104/DC1

WMO, 2004: WMO Statement on the Status of the Global Climate in 2003, WMO-No 720. Welmeteorologieorganisation, Genf.

WMO, 2005: Greenhouse Gas Bulletin – The State of Greenhouse Gases in the Atmosphere Using Global Observations through 2005. Welmeteorologieorganisation, Genf.

Wolf, Winfried, 2005: Verkehrter Verkehr. wolfs flugschrift wfs No 5.. Büro für Frieden und Soziales e.V.

Wolf, Winfried, 2005: Krisen, Krach und Krieg. *junge Welt* vom 31. Dezember 2005.

Wolf, Winfried, 2007: Statistik aufgehübscht. *junge Welt* vom 2. März 2007. http://www.jungewelt.de/2006/03-02/001.php

World Coal Instituite, 2006: Coal Facts 2006. http://www.worldcoal.org/pages/content/index.asp?PageID=188

World Energy Council, 2006: Survey of Energy Resources – Coal (including Lignite). http://www.worldenergy.org/wec-geis/publications/reports/ser/coal/coal.asp

Xinhua, Dezember 2006: Global warming threatens plateau. http://news.xinhuanet.com/english/2006-12/30/content_5549132.htm

Xinhua, Januar 2007: Rising temperatures threaten China's food output. http://news.xinhuanet.com/english/2007-01/03/content_5562282.htm

Xinhua, Februar 2007: Meteorological disasters inflict 300 bln yuan annual blow on China. http://211.147.16.25/ywwz/englishread.php?recid=46859

Zebisch, Mac et al., 2005: Climate Change in Germany – Vulnerability and Adaptation Strategies of Climate-Sensitive Sectors – Summary, PIK, UBA. http://www.umweltdaten.de/publikationen/fpdf-k/2974.pdf

Zhu Denreng und Zhang Yozhou, 1999: Major Trends of New technologies for Coal Mining and Utilization Beyond 2000 – Technical Szenarios of Chinese Coal Industry. http://www.worldenergy.org/wec-geis/publications/default/tech_papers/17th_congress/3_1_11.asp#Heading1

Ziesing, Hans-Joachim, 1996: Energieverbrauch und CO_2-Emissionen in Deutschland in der ersten Hälfte der neunziger Jahre. In: DIW-Wochenbericht 04/1996. http://www.diw.de/deutsch/produkte/publikationen/wochenberichte/docs/96-04-2.html

Zimov, Sergey A., Edward A. G. Schuur und F. Stuart Chapin III, 2006: Permafrost and the Global Carbon Budget. *Science*, Vol. 312, 1612- 1613.

Zimprich, Stepan, 2007: Wie Exxon die Welt verdunkelt. Financial Times Deutschland vom 11.1.2007. http://www.ftd.de/politik/international/148773.html

Zittel, Werner und Jörg Schindler, 2006: Uranium Ressources and Nuclear Energy – A background paper prepared by the Energy Watch Group. EWG-Series 01/2006. http://www.energywatchgroup.org/files/uraniumreport.pdf

Diese Bibliographie ist im Internet unter www.WolfgangPomrehn.de/Klima/Buch/Bibliographie.htm zu finden. Dort sind die Quellen direkt verlinkt.

Bitte beachten Sie auch die folgenden Seiten.